읽기만 해도 배부른
최고민수 요리 역사 특강

일러두기

· 독자의 이해를 위해 일부 표현은 국립국어원 외래어 표기법이 아닌 학계에서 통용
되는 표현을 그대로 살려 저자의 의도를 반영했습니다.

· 단어 앞에 붙은 1) 2) 3)은 독자의 이해를 돕기 위해 저자가 정한 문단 내의 순번임
을 밝힙니다.

· 역사적 내용을 기반으로 했지만, 이 책에서 언급한 내용 외에도 학자나 문헌에 따
라 다양한 가설과 해석이 존재할 수 있음을 알립니다.

읽기만 해도 배부른
최고민수
요리 역사
특 강
국가별 요리와
세계사를
한 권에
정복하는
요리·역사
교양서
최고민수
(박민수) 지음
온더페이지

먹고사니즘의 역사를 한 권에!

"주식 전문가가 요리라니!" 하고 놀라시겠다만, 한식 요리도 공부한 최고민수다. 유튜브 '침착맨'에 출연해 사과 듬뿍 김치순두제비 요리를 보여주고, 침착맨 선생님과 일본 다카마쓰에 가 우동학교를 탐방하기도 했다.

최근 들어 침착맨, 빠니보틀, 캡틴따거 선생님과의 여행이 매년 정례화되고 있다. 미리 B4용지 양면을 빼곡히 채워둔 여행지 정보를 만들고, 현지에서 끊임없이 준비한 걸 풀어내고 있다. 오디오가 비지 않을 정도로 장시간 어디서든 최고민수 이야기뿐이란다. 방대한 정보량을 풀어내다 보니 같이 간 동료 귀에서 피가 나지 않느냐는 농도 자주 듣는다. 그래서일까. 많은 이들이 여행지 정보가 담긴 B4용지를 탐내곤 한다. 그 B4용지에는 여행을 가면 무얼 가장 궁금해할까 하는 최고민수만의 지적 호기심을 담았다. 그 주된 테마는 현지인의 삶이 담긴 역사와 요리 이야기다.

B4용지 덕분에 2025년에는 역사와 경제를 다룬 『최고민수 경제

사 특강』 1, 2편을 내놓은 바 있다. 경제 역사라고 해서 어려울 것 같지만, 최고민수만의 화법으로 무겁지 않게 술술 풀어낸다. 함무라비 법전부터 브렉시트까지 총 90개의 주제를 다뤘다. 경제는 먹고사니즘에 대한 이야기다. 그래서『최고민수 경제사 특강』에는 맥주, 커피, 고기, 버터, 올리브, 설탕, 콜라 등의 요리사도 담겼다. 한데, 요리를 많이 담을 수는 없었기에 요리만을 심도 있게 이 책에서 풀어보고 싶었다. 요리에 포커스를 둔『최고민수 경제사 특강 3』이라 할 수 있겠다.

이 책은 요리에 대한 접근법을 기존의 요리책과는 결을 달리한다. 요리가 메인이지만, 그 흔한 레시피나 맛집 소개를 다루지 않는다. 대신에 여행이나 일상에서 지적 호기심을 자극할 만한 궁금증들을 담고 있다. 요리에 얽힌 재미있는 이야기들을 스토리텔링식으로 풀어간다. 단기간 속성 강의를 하는 학원 강사처럼 핵심만 콕 집어서 말이다. 완독하면 짧은 시간 안에 역사, 요리에 박학다식한 연구가가 되어 있으리라. '설마 이것까지 알고 있을 줄이야!' 하는 감탄을 주변에서 듣지 않을까?

이 책은 2가지 주제로 구분된다. 1장은 우리에게 친숙한 빵, 치즈, 홍차, 위스키와 브랜디, 와인에 관한 이야기다. 일상에서, 모임에서, 여행에서 만날 수밖에 없는 친숙한 재료들에 대한 속 깊은 정보들이다. 1장만 몇 차례 읽어둬도 아는 게 많은 신지식인으로 불릴 수 있다. 의외로 기본 요리에 얽힌 상세한 내용들은 잘 모르고 살기 때문이리라. 2장 이후부터는 서양의 특정 역사와 요리를 주제로 풀어냈다. 요리에 진심인 나라 프랑스, 이탈리아를 비롯해 주요 유럽과 미국, 멕시코 등의 요리 스토리텔링이다. 마리 앙투아네트와 브리오슈, 이탈리아 통일과 마르게리타 피자, 스페인 레콩키스타와 코치니요 아사도, 미국 루이지애나와 케이준 요리 등 역사적 이슈가 요리와 버무려진다. 마치 여행지에서 만나는 가이드 선생님의 속사포 공격처럼 말이다.

이 책은 최고민수만의 B4 여행 자료가 궁금한 독자들을 위한 책이다. 또한 수능 논술을 준비하는 수험생, 취업 논술을 준비하는 취준생에게도 좋다. 먹고사니즘을 풀어내는 게 논술의 주된 주제일 테니까. 무엇보다 요리에 진심인 요리덕후, 여행에 진심인 여행덕후, 역사에 진심인 역사덕후를 위한 책이길 바란다.

이 책은 병석에 누워 계신 아버지, 늘 고맙고 든든한 어머니를 포함한 가족들과 함께하고자 한다.

2026년 봄에
B4용지 여행연구가 최고민수

2. 프랑스 요리, 이건 꼭 알아야 해

3. 이탈리아 요리, 이건 꼭 알아야 해

6. 미국·멕시코 요리, 이건 꼭 알아야 해

※ 맥주, 커피, 고기, 설탕, 콜라 등에 관한 이야기는 『최고민수 경제사 특강』을 참조 바랍니다.

주요
유럽
지도

네덜란드
• 증류주: 진
• 치즈: 고다, 에담

영국
• 증류주: 럼
• 치즈: 블루 스틸톤, 체더
• 빵: 번즈

독일
• 와인: 아이스바인
• 빵: 호밀빵, 브레첼

프랑스
• 증류주: 코냑, 아르마냑
• 치즈: 카망베르, 발랑세
• 빵: 바게트, 크로아상

포르투갈
• 와인: 마데이라

스페인
• 와인: 셰리, 상그리아

스위스
• 치즈: 에멘탈, 그뤼에르,
라클레트, 테드 드 무안

이탈리아
• 치즈: 마스카르포네,
파르미지아노 레지아노,
모차렐라
• 빵: 치아바타

와인, 위스키와 브랜디, 홍차, 치즈, 빵

와인, 아는 척하려면
이건 꼭 알아야 해

와인 하면 떠오르는 술의 신 디오니소스

와인(포도주)의 역사를 논할 때 디오니소스(Dionysos)를 빼놓을 수 없다. 그리스 신화에선 디오니소스, 로마 신화에선 바쿠스(Bacchus)라 불렸다. 우리에겐 자양강장제 박카스가 곧 디오니소스다. 디오니소스는 제우스와 인간(내연녀) 사이에 낳은 아들이다. 그의 어머니는 아름다운 인간 세멜레다. 그리스 신화 최고의 신인 제우스는 타고난 바람둥이다. 그의 바람기는 정실부인인 헤라의 분노를 산다. 헤라는 세멜레가 임신한 걸 알고 세멜레의 유모로 둔갑해 접근한다. 헤라는 "제우스가 정말 신인지 증거를 보여달라고 요구하라"며 세멜레를 유혹한다. 결국 세멜레는 제우스에게 신의 증거를 보여달라고 재촉한다. 이미 제우스는 그녀가 원하는 건 무엇이든 들어주겠다고 스틱스 강물에 맹세를 한 상황이었다. 거짓말을 할 수 없던 제우스는 결국 천둥과 번개에 휩싸인 천상 갑옷을 입고 나타난다. 그 결과 인간 세멜레는 불빛에 타버리고 만다. 제우스는 세멜레 배 속에 든 아기를 꺼내 자신의 허벅지 안쪽에서 키운다. 그렇게 태어난 아기가 바로 디오니소스다.

그는 출생과 함께 어머니를 잃었고, 제우스의 아내 헤라에게 끈질긴 구박을 받는다. 헤라는 디오니소스를 미치광이로 만들어 세상을 떠돌게 만든다. 이때부터 광기(狂氣)가 생겨 이집트와 시리아, 아시아 지역을 돌아다녔고, 인간들에게 포도 재배 방법과 포도주 빚는 법 등을 알려줘 기쁨과 즐거움을 주었다. 포도주 양조의 시조가 디오니소스가 된 셈이다. 때문에 '술의 신(와인의 신)', '풍요의 신', '도취의 신'으로 불린다. 디오니소스가 제우스 허벅지에서 키워진 건 포도나무 접붙이 특성과 연관지어 볼 수 있다. 포도는 접붙이기를 통해서 품종 개량을 하기도 한다. 디오니소스 이름은 '두 번(Dio) 태어난 자(Nysos)'란 뜻도 있다. 이는 해를 바꿔서 포도나무가 포도 열매를 맺는 점을 의미하기도 한다.

로마가 전해준 유럽의 와인 문화

와인의 시작은 기원전 6000년경 조지아(코카서스 지역)로 알려져 있다. 조지아에서 와인을 만들었던 흔적(포도씨, 항아리, 와인 제조 도구 등)이 발견되면서다. 아르메니아 동굴에서는 기원전 4000년경 와이너리 흔적이 발견되기도 했다. 성경에는 노아가 포도를 재배하고 와인을 만든 기록이 있다. 노아(노아의 방주)가 정착한 지역이 아르메니아 국경 산악지대 부근이다. 초기 와인 흔적이 발견된 지역 부근이기도 하다. 함무라비 법전에도 와인에 대한 언급이 있다. 술버릇이 나쁜 자에게는 와인을 팔지 말라고 말이다. 조지아 와인은 이후 메소포타미아, 이집트, 페니키아, 그리스를 지나 유럽을 통일한 로마로 전해졌다.

코카서스 3국 : 조지아, 아르메니아, 아제르바이잔

유럽에 와인을 널리 알리게 된 건 고대 로마 군인들 덕이다. 유럽의 물은 석회질이 많다 보니 와인을 더 마시게 되었다. 문제는 로마의 영토가 늘어남에 따라 와인을 장거리 운송할 경우 와인이 변질되거나 신선하지 않았다는 것이다. 아예 현지에서 와인을 심어 자체 조달하는 게 나은 선택이었다. 그 결과 와인을 얻고자 로마 점령지인 프랑스, 독일 등에 포도를 심었다. 와인 양조법을 현지인들에게 가르치는 건 덤이다. 서로마 제국이 멸망하고 가톨릭이 서유럽을 지배하며 수도원을 중심으로 와인 제조법이 발전하게 된다. 성경에서 보면 예수님은 최후의 만찬에서 제자들에게 빵과 와인을 드시며 자신을 기념하라 하셨다. 당연히 와인은 가톨릭 미사에 꼭 필요한 물품이 된다. 수도원에서 와인을 생산할 수밖에 없는 이유이기도 하다.

프랑스를 와인 산지로 만든 사건, 아비뇽유수

서로마제국이 멸망하고 그 땅에 게르만족의 후손 프랑크 왕국이 세워진다. 프랑크 왕국은 가톨릭을 국교로 정했다. 왕국 곳곳에 교회와 수도원이 자리 잡는데, 당시 수도원은 자급자족이 원칙이었다. 미사 등에 사용할 와인을 위해 포도나무 재배, 와인 양조까지 수도사들이 담당했다. 수도원 살림을 위해 남는 와인을 판매하기도 했다. 중세시대 와인산업은 수도원 수도사들이 주도하게 된다. 프랑크 왕국은 이후 서프랑크프랑스, 중프랑크이탈리아, 동프랑크독일로 나뉘졌다. 이 중 프랑스가 와인 종주국이 되는데, 그 이유는 아비뇽유수 때문이다. 유수는 '잡아 가둔다'는 의미다. 십자군 전쟁에서 이슬람에 밀린 로마 교황청의 힘이 쇠락했다. 교황의 권위가 추락하고 종교적 속박이 더 이상 먹히지 않았다. 반대로, 왕권은 강화되고 독립적인 국가체제가 시작되었다. 절대왕권 국가가 된 프랑스의 왕필리프 4세은 교황을 프랑스 땅 아비뇽으로 강제이주아비뇽유수시킨다. 아비뇽유수 이후 70년간 교황은 아비뇽에서 거주했다. 교황과 사제단이 아비뇽에서 거주하다 보니, 미사에 쓸 와인도 프랑스에서 얻어야 했다. 아비뇽이 위치한 프랑스 론 지역은 보르도 다음으로 넓은 와인 산지다. 아비뇽 교황들이 포도 재배와 와인 양조에 힘을 쏟았다. 이 지역 와인은 미사주로 이용되고 교황들이 즐겨 마셨다. 남부 론의 레드와인은 교황의 와인으로 불리는 '샤토네프 뒤 파프'다. 샤토네프 뒤 파프 지역은 아비뇽 근처로 교황의 별장이 위치했었다. 샤토네프 뒤 파프는 병 앞에 교황 문장이 새겨져 있다.

1장

와인의 운송을 담당했던 암포라와 오크통

고대 그리스·로마 시대에는 와인 운반을 위해 '암포라'를 사용했다. 암포라는 와인이나 기름 등을 보관하던 항아리다. 2개의 손잡이가 달린 항아리 모양이다. 암포라는 현대 스포츠의 우승 트로피 기원이기도 하다. 고대 그리스 올림픽 우승자는 승리의 상징인 월계관과 함께 올리브기름이 가득 든 암포라를 선물로 받았다. 17세기 북미뉴잉글랜드 지역 경마대회에서 은제 트로피를 수여하면서 현대의 트로피 문화가 시작되었다. 고대 로마인들은 원거리 와인 운반을 위해 암포라 대신에 오크통을 이용하기 시작했다. 오크통은 와인 저장과 풍미를 위한 숙성 공간이기도 하다. 오크Oak는 도토리나무를 말한다.

색상으로 구분하면 레드, 화이트, 로제

와인을 색상으로 구분하면, 1)레드와인Red Wine, 2)화이트화인White Wine, 3)로제와인Rose Wine으로 나눌 수 있다. 1)레드와인은 검붉거나 짙은 자줏빛으로 적포도를 껍질째 발효시켜 만든다. 붉은 껍질에는 붉은색을 내는 '안토시아닌 색소'가 들어 있다. 안토시아닌은 항염, 노화 방지, 심장병 예방, 소화 촉진을 돕는다. 2)화이트와인은 주로 청포도로 만든다. 포도 껍질과 씨를 제거하고 포도 알맹이로만 만들기에 떫은맛이 거의 없다. 화이트와인 병에서 자주 볼 수 있는 Blanc는 프랑스어로 하얀색을 뜻한다. 3)로제와인은 핑크빛 와인이다. 포도 껍질과 씨를 넣고 발효시키다 붉은빛이 나오면

껍질과 씨를 제거하면서 만든다. 또는 화이트와인에 레드와인을 첨가해서 만들기도 한다.

소믈리에 Sommelier

소믈리에는 와인 전문가다. 레스토랑에서 와인 관리, 와인 추천과 설명 등을 담당한다. 원래 중세 프랑스 수도원에서 식음료 관장 수도사의 직함이었다. 소믈리에는 흰 와이셔츠, 조끼, 앞치마 등 엄격한 복장 규정이 있다. 소믈리에는 항상 와인을 딸 수 있는 와인툴을 지참해야만 한다.

와인을 개봉한 뒤 행하는 디캔팅과 스월링

디캔팅Decanting은 와인병을 연 뒤 디캔터Decanter에 와인을 옮겨 담는 거다. 디캔팅은 와인에 산소를 접촉시키고 장기숙성 와인의 침전물을 제거하는 게 목적이다. 디캔팅 하루 전에는 병을 세우는 게 좋다. 침전물을 바닥에 가라앉혀 두려는 목적이다. 디캔터는 목이 좁은 것과 넓은 것으로 구분한다. 산소 접촉을 많이 하려면 넓은 목의 디캔터를 쓴다. 반면, 장기 숙성한 와인은 목이 좁은 디캔터를 쓴다. 장기숙성 와인은 오랜 기간 산화를 거쳤기에 산소를 만나면 급속도로 산화가 진행되기 때문이다. 디캔팅 대신 스월링Swirling을 할 수 있다. 스월링은 와인을 유리잔에 따른 뒤, 유리잔을 몇 차례 둥글게 돌리는 행위다. 와인의 향을 더욱 즐기기 위해서다. 스월링을 하면 와인의 눈물이 생긴다. 알코올은 물보다 빨리 증발한다. 유리잔 벽에 묻은 와인은 알코올이 증발하고 물만 남는다. 이 물이 흘러내리면 이를 마랑고니 효과(와인의 눈물)라고 한다.

단맛, 신맛, 무게감, 떫은맛을 구분해 보자

와인을 선택할 때는 1)당도(단맛), 2)산도(신맛), 3)바디감(무게감), 4)타닌(떫은맛) 등을 고려하게 된다. 1)단맛이 강하면 스위트Sweet하다, 반대로 단맛이 없으면 드라이Dry하다고 표현한다. 드라이한 맛은 포도당이 모두 발효되어서 그렇다. 드라이 와인은 식전 또는 식사 중에 적합하다. 반면, 포도당이 많이 남아 단맛이 강한 스위트 와인은 식후 디저트와 함께 마시기 좋다. 식사 전에 스위트 와인을 마시면 음식의 맛을 제대로 느낄 수 없기 때문이다. 단맛에 따라 와인을 '드라이-세미(미디엄) 드라이-세미(미디엄) 스위트-스위트' 4단계로 구분할 수도 있다. 알코올은 포도의 당분이 발효되어 생기므로 당분이 높을수록 알코올 도수가 올라간다. 2)와인 산도(신맛)는 단맛과 어울려 신선하고 상쾌한 맛을 낸다. 화이트와인이 레드보다 산도가 풍부하다. 적절한 산도(신맛)는 음식과도 잘 어울린다. 산도 유지는 부패를 방지하는 역할을 하기에 장기숙성을 위해 필수다. 장기간 산소와 접촉이 과다하면 산도가 강해져 식초로 변할 수 있다. 와인은 코르크 마개를 여는 순간부터 산화가 진행된다. 마시고 남은 와인은 산소 유입을 차단해 주어야 한다.

3)바디감은 입안에서 느끼는 와인의 무게감Bodied이다. '라이트바디(Light)-미디엄바디(Medium)-풀바디(Full)' 3단계로 나눈다. 라이트바디는 경쾌한 맛의 와인이다. 보졸레 누보, 화이트와인이 라이트바디다. 보졸레 누보는 프랑스 부르고뉴의 보졸레 지방에서 매년 그해 9월 수확한 가메Gamay라는 단일 품종 포도로 만든다. 4~6주 짧게 숙성한 뒤 11월 셋째 주 목요일부터 전 세계 동시에 출시한다. 반면, 풀바디는 무겁고 진한 와인이다. 높은 알코올 도수, 강한 타닌 맛을 느낄 수 있다. 오랜 숙성기간을 거친 중고가 레드와인이 대표적이다. 초보자라면 라이트바디부터 접근하는 게 좋다. 와인 모임에서도 가벼운 라이트바디부터 마시는 게 좋다. 처음부터 풀바디로 시작하면 강한 맛에 나머지 와인 맛을 즐기기 어렵다. 4)포도의 붉은 껍질과 씨에는 '타닌'이 들어 있다. 타닌은 레드와인의 떫은맛을 내는 원인이다. 타닌은 천연 방부제 역할을 해 와인 산화를 막고 숙성을 돕는다. 와인 초보자는 타닌이 적고 스위트한 화이트와인이 좋다.

마리아주 Mariage

마리아주는 프랑스어로 '결혼'이다. 와인에 어울리는 음식 궁합을 말한다. 메인요리가 육류면 레드와인이 좋다. 반면, 생선이나 크림소스면 화이트와인이 좋다.

와인은 온도와 산소에 민감하다. 12~15도 정도의 온도를 유지하되, 서늘하고 바람이 잘 통하며 어두운 곳에 보관하는 게 좋다. 와인병을 눕혀서 보관하는데, 이는 코르크를 와인으로 적시기 위함이다. 코르크가 마르면 외부 공기를 차단하기 어렵기 때문이다. 외부 공기가 들어가면 와인은 상할 수 있다. 코르크가 상하는 현상을 프랑스어로 부쇼네bouchonné라고 한다. 코르크는 코르크 참나무 껍질을 벗겨서 만든다. 현재 포르투갈이 전 세계 코르크 생산량의 절반 이상을 차지하고 있다.

아로마Aroma

와인의 향을 아로마라고 한다. 온도가 높을수록 와인의 향은 풍부해진다. 반면, 온도가 높을수록 산도(신맛)와 타닌(떫은맛)은 약해진다. 그래서 산도(신맛)가 있는 스파클링 와인이나 화이트와인은 산도(신맛) 유지를 위해 차갑게 마시는 게 좋다. 반면, 타닌 맛이 강한 레드와인은 화이트와인보다 다소 높은 온도에 서 마시는 게 좋다. 풍부한 향을 느낄 수 있어서다.

와인의 주요 포도 품종을 구분해 보자

화이트와인 품종으로는 1)샤르도네Chardonnay, 2)쇼비뇽 블랑Sauvignon Blac, 3)리슬링Riesling, 4)모스카토Moscato 등이 있다. 1)샤르도네는 프랑스 부르고뉴를 대표하는 품종이다. 세계에서 가장 많이 재배

와인별 품종 구분	
화이트와인 품종	샤르도네(프랑스 부르고뉴), 쇼비뇽 블랑(프랑스 보르도), 리슬링(독일, 프랑스 북부), 모스카토(이탈리아 북부)
레드와인 품종	카베르네 소비뇽(프랑스 보르도), 메를로(프랑스 보르도), 피노누아(프랑스 부르고뉴), 시라(프랑스 론 등), 진판델(미국 캘리포니아)

되는 화이트와인 품종이다. 2)소비뇽 블랑은 프랑스 보르도 품종이다. 샤르도네 다음으로 많이 재배된다. 3)리슬링은 독일과 프랑스 북부 알자스 등의 품종이다. 아이스와인, 귀부와인에 많이 쓰인다. 4)모스카토는 이탈리아 북부에서 재배되며 스파클링 와인에 쓰인다.

반면, 레드와인 품종으로는 1)카베르네 소비뇽Cabernet Sauvignon, 2)메를로Merlot, 3)피노누아Pinot Noir, 4)시라Syrah, 5)진판델Zinfandel이 있다. 1)카베르네 소비뇽은 프랑스 보르도의 메독 지역이 원산지다. 껍질이 두꺼워 타닌의 강한 떫은맛이 난다. 2)메를로도 보르도 품종이다. 카베르네 소비뇽보다는 타닌 함량이 덜하다. 3)피노누아는 프랑스 부르고뉴 대표종이다. 껍질이 얇아 타닌이 적다. 기후에 민감해 재배가 까다롭고 수확량이 적다. 4)시라는 더운 지역 품종이라 타닌을 많이 함유하고 있다. 프랑스 론, 호주, 남아프리카 공화국 등에서 재배된다. 쉬라즈Shiraz라고도 불린다. 5)진판델은 캘리포니아 대표 포도다. 타닌이 강하지 않다.

구세계와 신세계 와인을 구분해 보자

유럽프랑스, 이탈리아, 스페인, 독일의 와인을 구세계Old World 와인 또는 유럽 와인이라 한다. 구세계 와인은 테루아(토양조건, 생산지역)가 중요해서 원산지 표기를 통한 품질보증을 중시한다. 테루아Terroir는 프랑스어로 땅을 뜻한다. 와인 재배에 핵심인 토양, 기후 등 자연조건을 의미한다. 프랑스인들은 와인은 테루아에 의해 결정된다고 생각한다. 프랑스는 테루아(토양조건) 특징을 살리려 A.O.C 같은 원산지 통제법으로 관리한다.

A.O.C Appellation d'Orgine Controlee (아펠라시옹 도리진 콩트롤레) 제도

A.O.C는 프랑스에서 농산품, 식료품에 대한 원산지 명칭 통제다. 와인의 경우 A.O.C가 와인 생산지별 양조 기준 최상위 등급이다.
A.O.C 아래엔 V.d.P(일반소비 와인등급), V.d.T(테이블 와인) 등급이 있다.

'Appellation 원산지명 Controlee' 순서로 표시된다. 가령, 메독 지역 A.O.C 등급 와인이면 'Appellation Medoc Controlee'으로 표시한다. 원산지명은 지역 범위가 적고 구체적일수록 더 품질이 뛰어난 것으로 인정받는다.

빈티지Vintage는 포도가 수확된 해를 말한다. 유럽 날씨는 변덕스러워서 수확되는 포도 품질이 매년 다르다. 같은 와이너리에서 생산된 동일 와인이라도 수확되는 해에 따라 품질이 다르다. 유럽산 포도를 살 때 빈티지를 살펴야 하는 이유다. 구세계 와인에는 빈티지와 테루아(토양조건, 생산지역)가 명기되어 있다. 구세계는 소규모 경영을 통한 품질관리에 방점을 두고 있다. 구세계는 신세계 와인보다 가격 면에서 비싸다.

반면, 미국, 칠레, 호주, 남아공 등의 와인을 신세계New World 와인이라 한다. 신세계 와인 생산지역은 기후가 매년 비슷해 와인의 맛에 일정한 특징이 있다 보니 빈티지 영향을 덜 받는다. 테루아보다 포도 품종을 중시할 수밖에 없다. 구세계가 테루아 특성에 방점을 둔다면, 신세계는 포도 품종의 특성을 잘 살리느냐에 중심을 둔다. 그로 인해 신세계 와인에는 대부분 포도 품종이 표시되어 있다. 신세계 와인은 대량생산을 하고 있어 가격이 저렴하다.

필록세라가 만든 포도밭의 황폐화와 신세계 와이너리

필록세라Phylloxera는 미국 포도품종비티스 라브루스카에 기생하는 1mm 내외 작은 벌레다. 미국산 포도는 내성이 있다 보니 필록세라 피해를 별로 받지 않았다. 하지만, 유럽의 상황은 달랐다. 필록세라가 1800년대 중후반 유럽에서 발견되며 면역력이 없었던 유럽 포도 품종들이 죄다 죽어 나갔다. 결국 이 위기를 미국 포도 품종 뿌리와 유럽 포도나무를 접붙이며 해소해 갔다. 또한, 프랑스 보르도 포도밭이 황폐화되면서 와인 생산을 위해 와이너리가 세계 각지로 퍼지게 된다. 보르도 품종이 세계 각지에서 생산된다. 신세계 와인들에게는 좋은 기회가 되었다. 신세계 지역인 칠레도 필록세라 피해를 비껴 갔다. 사막, 바다, 산, 빙하가 둘러싸여 있는 지형적 특징으로 인해서다. 그래서 전 세계 유일하게 필록세라 이전의 유럽 포도 품종이 존재하는 지역이기도 하다.

샤토(도멘) vs. 네고시앙

샤토Château혹은 도멘Domaine은 1)포도밭을 소유하고 2)와인을 직접 양조하고 3)병에 넣어 4)판매하는 와이너리를 칭한다. 프랑스 보르도 지역은 샤토, 부르고뉴 지역은 도멘으로 부른다. 프랑스어 샤토는 영어로는 캐슬Castle로 성이나 대저택을 의미한다. 도멘은 소유지란 뜻으로 영어로는 에스테이트Estate다. 와인 라벨에 기록된 지역명이 넓은 지역일수록 격이 낮고, 좁아질수록 격이 높다. 가령, 와이너리 마을 이름이 적혀 있으면 '오 메독' 지역명보다 상급이다. '보르도'라는 지방명만 들어가면 상대적으로 평범한 포도주다. 즉, 보르도〈오 메독〈마을 이름 순으로 포도주 수준이 높다.

네고시앙Negociant은 와인 중개상이다. 샤토에서 생산된 와인을 유통시키기도 하고, 자신들이 직접 와인을 만들어 팔기도 한다. 직접 와인을 만들 경우에는 1)다른 개인 포도밭에서 포도나 양조 와인을 사들여 2)자신들의 양조장에서 와인을 양조하고 3)병에 넣어 4)

판매한다. 이럴 경우 자신들의 브랜드로 판매한다. 포도밭의 규모가 작고 주인이 많이 나누어진 프랑스 부르고뉴 지역 와인의 대부분은 네고시앙이 생산하고 있다. 부르고뉴에서 규모가 큰 네고시앙을 메종Maison이라 부른다. 와인 브랜드에도 메종이 쓰인다.

'Mis en Bouteille au Château'는 포도를 생산한 포도밭(샤토)에서 병에 포도주를 담았다는 뜻이다. 반면, 'Mis en Bouteille par 네고시앙 이름'을 쓰면 네고시앙이 병에 포도주를 담았다는 뜻이다.

프랑스 대표 와인 산지 보르도와 부르고뉴

프랑스의 대표적인 와인 산지로는 보르도, 부르고뉴, 론, 상파뉴(샴페인)가 있다. 이 중 양대산맥은 보르도와 부르고뉴다. 보르도는 아키텐 공국의 영토12세기였는데, 아키텐 공주엘레오노르는 프랑스 왕루이 7세과 결혼했다. 한데, 프랑스 왕과 이혼하고 영국 왕헨리 2세과 재혼을 했다. 그 결과 아키텐 공국은 프랑스 땅에서 영국 땅으로 바뀌게 되었다. 당시 보르도 와인 수입 세금이 영국 본토 전체 세금보다도 많았다고 하니, 프랑스 왕 입장에선 이혼의 대가가 컸다. 이후 프랑스는 잔 다르크 덕택에 백년전쟁에서 승리하면서 보르도를 되찾아 온다. 보르도는 1152년 영국 땅이 된 이후 1453년 프랑스 땅이 되기까지 약 300년간 영국령이었다. 영국령 보르도가 영국인의 입맛에 맞추는 동안, 프랑스 땅 부르고뉴의 와인은 프랑스 왕족과 귀족들이 즐겼다. 보르도는 프랑스 서남부 지역으로 대서양과 인접해

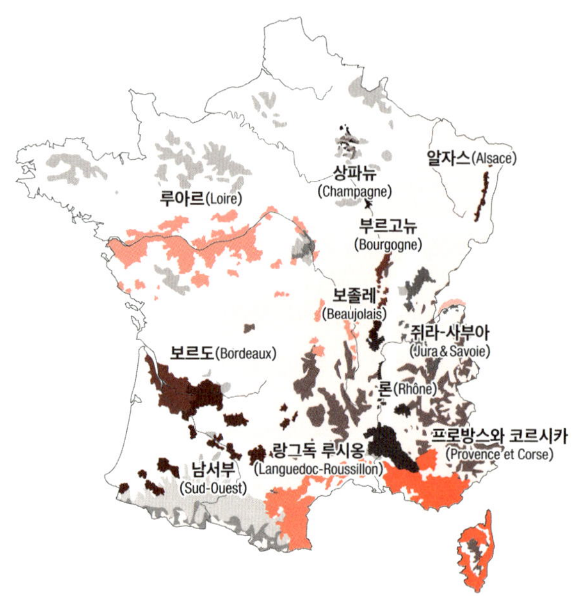

프랑스 와인 산지

있다. 보르도 지역은 지롱드Gironde강 왼쪽으로 메독Médoc 지역이 있고 그 안에 포이약Pauillac, 마고Margaux, 생테스테프Saint-Estèphe 등 의 와이너리 마을이 있다. 지롱드강 오른쪽으로는 생테밀리 옹Saint-émilion, 포므롤Pomerol 등의 와이너리 마을이 있다. 보르도 지역에선 레드와인 품종인 카베르네 소비뇽, 메를로 등 3~5개 품종 을 블렌딩 해 와인을 만든다. 블렌딩은 여러 가지 와인 품종을 섞어 새로운 맛과 향을 만들어 가는 과정이다. 샤토 마고, 샤토 무통 로칠 드 등이 대표적 보르도 와인이다.

부르고뉴(영어로는 버건디) 지역은 프랑스 중부 내륙지역에 위치해 있다. 파리에서 가까워 프랑스 왕실에 와인을 공급했다. 재배 면적은 적지만 가장 섬세하게 와인을 만들어 낸다. 보르도는 하나의 샤토가 포도밭 전체를 차지한다. 반면, 부르고뉴는 하나의 포도밭에 여러 명의 소유주가 존재하기도 한다. 돌담을 쌓아서 포도밭을 구분 짓는다. 보르도는 거대생산자(샤토) 중심 기업화, 부르고뉴는 소규모 포도원 중심이다. 부르고뉴는 경사진 곳 상단에 그랑크뤼 포도밭(뛰어난 포도밭)이 많다. 평지 포도밭들은 일반 등급 와인 생산지다. 부르고뉴 지역은 레드와인 중 재배가 가장 어렵다는 피노누아가 잘 성장하는 지역이다. 레드와인 품종인 피노누아, 화이트와인 품종인 샤르도네 성지로 불린다. 보르도 지역은 여러 품종을 블렌딩 해서 만들지만, 부르고뉴는 블렌딩 하지 않고 대부분 단일품종으로만 만든다. 프랑스 부르고뉴 지역의 최고급 브랜드로는 로마네 콩티가 있다. 로마네 콩티는 '본느 로마네' 마을 포도원의 와인이다. 콩티Conti는 프랑스 부르봉 왕가의 콩티왕자(루이 15세의 조카)의 이름이다. 루이 15세 애첩인 마담 퐁파두르의 모함으로 콩티 왕자는 베르사유를 떠나 부르고뉴에 와서 살았다. 다행히 콩티왕자는 자신의 포도밭에서 생산된 와인을 프랑스 궁정에 독점 납품할 수 있었다. 로마네 콩티는 품질관리를 통해 1년에 5,400병으로 생산이 제한되어 있다. 또한 다른 그랑크뤼급 11병 와인과 한 묶음으로 함께 판매된다. 그랑크뤼Grand Cru는 프랑스 보르도와 메독Médoc 지역에서 생산된 고급 와인을 말하며, 1~5등급으로 분류된다. 한편, 프랑스 부르고뉴 지역에선 상위 1% 최고급 와인을 의미한다.

로스차일드 가문이 만든 와인을 만나보자

로스차일드Rothschild 가문은 근세 세계 경제를 움직인 유대인 부자가문이다. 가문의 창시자인 마이어 암셀 로스차일드의 손자인 나다니엘은 프랑스 보르도 지역 와이너리를 사들여1853년 '샤토 무통 로칠드'라고 이름을 지었다. 로칠드는 로스차일드의 프랑스식 발음이다. 샤토 무통 로칠드는 샤갈, 피카소, 앤디 워홀 등 세계적 아티스트 작품을 레이블에 넣는 걸로도 유명하다. 한편, 나다니엘의 삼촌 제임스도 보르도 지역 와이너리를 사들여1868년 '샤토 라피트 로칠드'로 이름을 지었다. 두 와이너리는 보르도 메독 지역에 담 하나를 두고 위치해 있다. 두 브랜드 모두 그랑크뤼뛰어난 포도밭 1등급으로 프랑스 최고급 와인 브랜드 중 하나다.

와이너리는 첫 번째 등급과 두 번째 등급 와인을 구분해서 생산하는 경우도 많다. 두 번째 등급은 첫 번째보다 질은 낮을 수 있으나 가격 면에선 경쟁력이 있을 수 있다. 샤토 무통이 포도 재배가 좋지 않던 해 '무통 가데'라는 별도 브랜드를 출시한 게 그 계기가 되었다.

발포성 와인인 샴페인은 프랑스어로 상파뉴다

스파클링Sparkling 와인은 탄산가스가 있는 발포성 와인이다. 스파클링 와인과 반대되는 비발포성 와인을 스틸와인Still Wine이라고 한다. 샴페인은 탄산가스가 있는 스파클링 와인의 한 종류다. 샴페인은 프랑스 동북부 상파뉴Champagne 지역명이다. 상파뉴 지역은 프랑스 와인 생산지 가장 북쪽에 위치해 있다. 프랑스어로는 상파뉴, 영어로는 샴페인이라 읽는다. 정식 명칭은 뱅 드 상파뉴Vin de Champagne다. 상파뉴 이외 지역에선 발포성 와인을 샴페인 대신에 스파클링 와인이라 칭해야 한다. 겨울 추위가 매서운 상파뉴 지역은 겨울에는 와인 발효가 중단되었다. 봄이면 발효가 진행되면서 탄산가스가 발생해 병을 깨뜨리곤 했다. 이 문제를 해결하기 위해 파견된 수도사가 동 페리뇽이었다. 동Dom은 중세시대 베네딕토 수도사를 존칭하는 단어다. 동 페리뇽은 탄산가스 압력을 해결하기 위해 영국산 유리병, 스페인산 코르크 마개 등을 사용해 샴페인의 발전에 공헌한다. 오늘날 그의 이름을 딴 동 페리뇽Dom Perignon은 프랑스를 대표하는 샴페인 브랜드가 되었다.

말라비틀어진 포도로 만드는 귀부와인

귀부귀할 귀貴,썩을 부腐는 귀하게 썩었다는 의미다. 귀부와인은 귀부병에 걸려 곰팡이 피고 쭈글쭈글 말라빠진 포도 알맹이로 만든다. 귀부병은 곰팡이균보트리티스 시네리아이 수분을 다 증발시켜 포도가 건포도처럼 말라비틀어지게 된다. 포도 알맹이는 수분이 빠져 고농축 당분만 남게 된다. 귀부와인이 달콤할 수밖에 없다. 중세 독일에선 주교 허락 이후에 포도 수확을 할 수 있었다. 독일 지역 와이너리는 주교에게 허락을 받으러 간 사람이 수확 시기가 지나 돌아왔다. 그

사이 포도는 곰팡이 피고 말라빠졌다. 그런 포도로 와인을 만들게
되었다.

포도가 얼고 난 뒤에 만드는 아이스와인

아이스와인Ice Wine은 독일어로는 아이스바인EisWein이라고도 한
다. 독일은 캐나다와 함께 아이스와인이 유명한 지역 중 하나다. 독
일보다 캐나다 아이스와인의 알코올 도수가 더 높다. 기후변화가 심
한 독일과 달리 캐나다는 매년 일정한 기온을 유지해서다. 캐나다
포도가 더 높은 당도를 유지하니 알코올 도수도 더 높다. 아이스와
인은 12월 말 포도가 얼고 난 뒤 수확해 만든다. 포도 알맹이 수분은
얼고 당분은 그대로 남아 있게 된다. 이를 압착해 수분을 제거하고
와인을 만든다. 풍부한 단맛을 가진 와인이 만들어지게 된다. 추운
날씨는 산도를 높여서, 단맛과 함께 산미(신맛)까지 느낄 수 있게 한
다. 아이스와인은 스위트와인과 마찬가지로 차갑게 마시는 것이 좋
다. 식사 후에 디저트와 곁들이거나 블루치즈(푸른곰팡이 치즈)와 함
께하면 좋다.

브랜디를 넣어 도수를 올린 주정강화 와인

주정강화 와인은 와인에 브랜디를 넣어 알코올 도수를 높인 경우
다. 브랜디는 브랜디와인Brandywine의 줄임말로, 포도주를 증류해서

알코올 도수를 올린 와인이다. 알코올 도수가 와인이 12~15도인 반면, 주정강화 와인은 18도 이상이다. 원래 와인은 대항해시대 선원들의 음료였다. 대항해시대를 먼저 이끌던 포르투갈, 스페인 배에는 와인이 실렸다. 하지만, 와인이 적도를 지나면서 변질되는 경우가 많았다. 긴 항해 동안 와인 부패를 방지하기 위해서 도수가 높은 브랜디를 첨가하게 된다. 와인에 브랜디를 첨가하면 와인 발효가 중지되면서 부패 방지와 품질 유지가 가능해졌다. 주정강화 와인은 포르투갈과 스페인 와인이 유명하다. 포르투갈의 포트Port, 마데이라Madeira, 스페인의 셰리Sherry 등이 있다.

도우루강 하구에 있는 포르투는 포트와인(Port Wine) 산지다. 백년전쟁 이후 영국은 보르도 와인을 예전처럼 저렴하게 반입할 수 없었다. 영국의 와인 수입상들은 새로운 수출기지를 찾게 되고 그렇게 포르투가 간택되었다. 도우루강 주변의 포도밭에서 생산되던 와인은 강 하구의 포르투로 모였다. 와인이 오랜 수송기간 동안 변질되는 걸 막고자 브랜디를 첨가했고 주정강화 포트와인이 탄생하게 된 거다. 포트와인이라 이름 지어진 건 포르투 항구 지명에서 유래했다.

\# 대항해시대를 먼저 이끌던 포르투갈, 스페인 배에는 와인이, 그 뒤를 이은 네덜란드, 영국 배에선 맥주가 큰 역할을 했다.

에일 맥주 vs. 라거 맥주

영국인이 즐겨 마시는 에일은 잡균이 많아 쉽게 부패했고 배에 싣고 가기 어려웠다. Ale(에일)은 고온+상면발효 방법이다. 효모가 위로 떠올라 진하며 과일 향이 난다. 반면, Lager(라거)는 저온+하면발효법이다. 효모가 바닥에 가라앉아 깔끔하고 청량한 맛이 난다. 맥주순수령을 발표하기도 했던 독일은 보존기간이 짧은 잉글랜드 Ale(에일) 방식 대신, 보존기간이 긴 Lager(라거) 방식을 개발했다.

바이에른왕국오늘날 독일 빌헬름 4세는 맥주순수령을 발표했다.1516년 맥주 원료는 딱 3가지로 제한했다. 순수하게 보리, 홉, 물만 넣으라는 거다. 이는 밀, 호밀을 제외해 식량 확보 측면도 있었다. 순수령 덕분에 맥주는 곧 독일이라는 공식이 성립하게 되었다. 맥주 품질은 좋아지고 맥주세 수입이 늘었다.

주정강화 와인 마데이라

대항해시대를 연 포르투갈 엔히크 왕자의 거점은 모로코 앞바다의 마데이라 섬이었다. 지금도 마데이라는 포르투갈령이다. 포르투갈어로 숲을 뜻하는 마데이라는 당시 중요한 목재 공급지이기도 했다. 섬 개척을 위해 불을 놓았는데 수년간 불에 탔다고 한다. 이후 불탄 곳에는 사탕수수와 포도를 재배하게 된다. 덕분에 유럽의 설탕 산지가 되고 와인의 제조기지가 된다. 이 섬의 마데이라 와인은 주정강화 와인으로 백포도주에 브랜디를 넣어 만든다. 1700년경부터 영국의 동인도회사는 고온과 배의 흔들림을 활용해 마데이라를 숙성시켰다. 런던에서 마데이라섬을 경유해, 인도 뭄바이를 왕복하던 범선의 바닥에 마데이라를 대량으로 싣고 갔다. 뜨거운 적도를 지나는 범선의 흔들리는 바닥이 마데이라의 훌륭한 숙성고가 된 거다.

참고로 아메리카 대륙을 발견한 콜럼버스는 마데이라섬 장관의 딸과 결혼하고 항해를 꿈꾸기도 했다. 콜럼버스는 마데이라섬에서 재배되던 사탕수수를 아메리카 대륙에 옮겨 심는다.

스페인산 주정강화 와인 셰리

스페인 남부 안달루시아 지역에서 만들어지는 셰리도 대항해시대와 관련이 있다. 안달루시아 항구도시 세비야(이탈리아어 세빌리아)는 아메리카로 떠난 콜럼버스, 세계일주를 한 마젤란이 항해를 출발한 곳이기도 하다. 셰리는 세비야 인근의 헤레스 데 라 프론테라(줄여서 헤레스)에서 만든 와인에 브랜디를 첨가한 주정강화 와인이다. 셰리라는 이름은 헤레스의 옛 명칭인 세레스에서 왔다. 헤레스는 라틴어로 '율리우스 시저(카이사르)의 마을'이란 의미다. 샴페인 하면 에페르네Epernay, 부르고뉴 하면 본Beaune, 보르도 하면 메독이 생각나듯 헤레스Jerez 하면 셰리다. 헤레스를 영어식으로 표현하면 셰리다. 영국 해적 출신 프랜시스 드레이크가 헤레스를 침략해 셰리주를 약탈해 갔고1587년 이 술이 영국에 전해지며 영국에서 자리매김한다. 오늘날 영국인들은 식사 전 식전주로 셰리주를 즐긴다.

세비야는 아메리카 대륙 항로가 개척된 이후 아메리카로 떠나는 중심이 되기도 했다. 그 덕분에 현재 아메리카 대륙에서 쓰이는 라틴어가 안달루시아 방언이기도 하다.

레드와인으로 만드는 스페인 전통음료, 상그리아

상그리아 Sangria는 스페인 가정에서 마시는 전통음료로, 더운 여름철에 차갑게 먹는다. 전통적으로 레드와인에 과일(과즙), 소다수를 섞어 만든다. 상그리아는 스페인어로 '피를 흘리는'이란 의미다. 레드와인과 과일즙이 섞여 진한 붉은색을 내기 때문이다. 스페인 남부와 동부 지방에서 많이 즐긴다. 스페인에서 질 좋은 와인은 와인으로 즐기고, 질이 좀 떨어지는 와인은 상그리아로 만들어 마신다. 고대 로마인들은 스페인을 차지하고 포도를 심었다. 스페인의 더운 기후가 포도 재배에 적합했기 때문이다. 스페인에서 생산된 와인은 로마제국으로 보내졌다. 로마인들은 스페인산 레드와인에 과일을 넣어 마셨고, 스페인 사람들은 '붉은빛을 띤다'는 의미로 상그리아로 불렀다. 상그리아는 유럽으로 널리 퍼지게 된다. 유럽지역 물은 석회질이 많아 음용으로 적합하지 않았다. 대신에, 와인 등 술 형태 음료로 주로 마셨다. 대항해시대 스페인이 신대륙 아메리카를 정복하며 아메리카에도 상그리아 문화가 전해진다. 상그리아를 가향와인Flavored Wine이라고도 하는데, 과일즙이나 천연향을 첨가한 와인이기 때문이다. 화이트와인으로 만든 상그리아는 상그리아 블랑카Blanca라고 부른다.

상그리아와 비슷한 이름으로 상그리타 Sangrita가 있다. 토마토주스, 오렌지주스, 레몬이나 라임주스를 섞은 뒤 고추(고춧가루, 타바스코 소스)를 넣어 매운맛을 더해준다. 무알코올 칵테일로 멕시코 등에서 테킬라와 함께 마시는데, 둘을 번갈아 마신다. 타바스코 소스는 매운소스(핫소스)로 타바스코 고추에 소금, 식초를 첨가한 다음, '오크통'에서 3년 이상 숙성시켜 만들어낸다.

위스키와 브랜디,
아는 척하려면
이건 꼭 알아야 해

양조주, 증류주, 혼성주를 구분하라

술은 간단히 1)양조주, 2)증류주, 3)혼성주로 구분한다. 1)양조주는 발효주다. 즉, 효모가 당분을 분해시켜(알코올 발효) 만든 술이다. 인류의 역사가 시작되며 포도 등 당분이 많은 재료들을 (자연)발효시켜 양조주가 만들어진다. 농경이 시작되면서부터는 곡물을 발효시켜 양조주를 만들었다. 양조주는 과실주(와인), 곡주(맥주, 막걸리), 벌꿀주 등이 있다. 발효주인 양조주는 알코올 도수가 높지 않다. 2)증류주는 증류라는 중요 과정을 거친다. 발효주인 양조주를 증류시켜서 높은 도수의 술을 만든다. 즉, 알코올 농도가 높은 독주로 포도로 만들면 브랜디, 곡물로 만들면 위스키, 진, 보드카다. 사탕수수로 만들면 럼, 용설란으로 만들면 테킬라, 사과로 만들면 칼바도스다.

우리나라 소주, 중국의 백주 등도 증류주다. 3)혼성주섞을 혼混, 이룰 성成, 술 주酒는 증류주 등에 향신료, 허브, 과실, 사탕수수 등을 섞은 술이다. 혼성주로는 리큐어Liqueur, 베네딕틴, 퀴라소 등이 있다. 중세 유럽 연금술사가 불로장생 술을 만들려다 혼성주가 탄생했다. 수도원 등에서는 약용주로도 만들어 마셨다. 기본적으로 발효주인 양조주는 증류기를 사용하지 않는다. 증류기 사용은 증류주와 혼성주에 쓰인다. 증류는 물의 끓는점(100℃)과 알코올의 끓는점(78℃) 차이를 이용해 고농도 알코올을 얻는 방법이다. 증류기에서 발효주인 양조주를 증류하면 끓는점이 낮은 알코올의 증기가 만들어진다. 그 증기를 식히면 고농도의 술이 만들어진다.

리큐어Liqueur

리큐어는 혼성주 중 하나다. 증류주에 향료, 향초, 과실, 약초, 감미료 등을 첨가했다. 리큐어는 약용주 또는 강장제로 쓰였다. 중세 수도원에선 생명수에 약초를 넣어 약주를 만들었다. 덕분에 많은 리큐어가 탄생하게 된다. 리큐어 하면 프랑스다. 루이 14세가 의사의 권유로 예순을 넘기며 리큐어를 즐겼다. 그 문화가 귀족들에게까지 퍼지게 되었다. 프랑스 왕실에 리큐어가 들어오게 된 건 앙리 2세에게 시집온 이탈리아 메디치가문의 카트린 드 메디치1519~1589년 덕분이다. 그녀가 들여온 식사 문화가 식후주로 리큐어를 마시는 것이었다.

값싼 금속을 금과 은으로 바꾸는 연금술

옛 사람들은 땅속에 묻힌 수은, 납 등 값싼 금속이 수천 년간 성장하면 귀한 금속인 금이나 은이 된다고 믿었다. 그 원리를 응용해 금과 은을 만드는 기술이 연금술Alchemy이다. 당시에는 경제적인 이유로 국가에서도 장려하던 신산업 기술이었다. 고대 그리스의 철학자 아리스토텔레스는 물, 공기, 불, 흙 4가지 원소가 만물의 기본이라는 사원소설을 확립한다. 그는 물질이 서로 다른 성질을 가지는 건, 물질마다 4가지 원소의 구성 비율이 다르기 때문이라고 주장했다. 따라서 수은, 납 등의 구성 비율을 잘 맞추면 금과 은이 될 수 있다는 주장을 펼친다. 중세 유럽인들도 아리스토텔레스의 주장을 믿었다. 프랑스인 니콜라스 플라멜은 수은을 금과 은으로 변화시키는 데 성공했다고 전해진다.1382년 이 소문은 아이작 뉴턴 등 당대 최고의 학자들을 연금술에 빠지게 하는 동력이 된다. 하지만, 과학기술의 발전으로 18세기 말 이후 아리스토텔레스의 사상과 연금술이 틀렸다는 걸 알게 된다. 그럼에도 연금술은 많은 도움이 되었다. 비록 금을 만들지는 못했지만 저울, 플라스크, 증류기 등 화학기구의 발명으로 이어졌다.

이슬람에서 유럽에 전해진 증류기와 알코올

알코올의 발견은 이슬람 세계에서부터다. 이슬람 세계에서 연금술이 발전하고 그 결과 알코올이 발견된다. 이후 알코올은 중동과 가까운 동유럽으로 퍼져 나간다. 7세기에 시작한 이슬람교는 8세기 초 스페인~중국 신장까지 광대한 영토를 차지하고 문명을 발전시켰다. Alchemy(연금술), Alembic(증류기), Alcohol(알코올)은 모두 Al(알)로 시작한다. 세 단어 모두 아랍어에서 유래했다. Al은 아랍어 정관사다. 십자군 전쟁은 가톨릭 유럽과 이슬람 간 교류가 확대되는 계기가 된다. 십자군이 배를 타고 움직이면서 지중해의 해상운송과 무역이 활성화된다. 이때 인도에서 유래한 아라비아 숫자가 유럽으로도 전해진다. 또한, 아랍 지역의 연금술, 점성술도 전파되었다.

연금술을 위해 탄생한 증류기

원래 증류기는 술을 만드는 도구가 아니었다. 중국 도교5세기 성립는 연단술을 발전시켰다. 연금술, 불로장생약(단약)을 만들기 위해서였다. 이 연단술이 무역항로를 따라 아랍으로 흘러 들어갔다. 9세기 술을 금기시하던 이슬람에서 연금술과 증류기술이 발전하게 되었다. 연금술로 금과 은을 인공적으로 만들려고 했기 때문이다. 연금술은 증류기 개발로 이어졌다. 초기 증류기는 값싼 금속을 인공적으로 금과 은으로 바꾸기 위한 도구였다. 이슬람 세계에서 증류기를 통해 금을 얻으려 했으나 쉽지 않았다. 하지만 실패를 별의 운명으로 여겼기에 연구는 지속되었다. 이슬람 세계에선 술을 금하기에 증류기술은 향수 제조술로 쓰였다. 이후 그 증류기 기술은 동서로 전해져 증류주란 술로 탄생한 거다. 증류기 덕분에 발효주인 양조주가 알코올 도수 높은 증류주로 재탄생했다. 특히, 증류기 알렘빅Alembic은 아랍어로 '땀'을 뜻한다. 증류기 안에 알코올 물방울이 떨어지는 모습이 땀과 같아서였다.

이슬람에서 탄생한 알렘빅은 이집트, 북아프리카, 이베리아 반도를 거쳐 유럽으로 전해졌다.

흑사병이 불러온 증류주의 발전

14세기 중반에 발병한 페스트(흑사병)는 아이러니하게도 증류주 확산에 기여했다. 변변한 약이 없던 과거에 술은 약이었다. 산업혁명 이전까지 술은 해롭다기보다 오히려 만병통치약으로 불렸다. 브랜디를 생명수란 의미의 프랑스어 오드비를 넣어 오드비 드 뱅Eau de vie de Vin이라 부른다. 당시에는 불사죽지 않음의 영혼이 들어 있다는 생명수가 페스트를 막아준다고 믿었다. 생명수를 마시면 페스트에 걸리지 않는다는 믿음이 강했다. 알코올 도수가 높은 증류주에 불을 붙이면 불의 정기가 활기를 가져다줄 걸로도 생각했다. 그래서 독한 증류주를 '영혼'이란 의미의 스피릿Sprit라고 부르는 이유다.

밀주로 만들어지던 스카치 위스키

스카치 위스키Scotch Whisky는 스코틀랜드 지역에서 나오는 위스키다. 스코틀랜드가 위스키 성지가 된 이유는 포도가 자라지 않기 때문이다. 와인보다는 산악이나 협곡 중심으로 보리와 밀이 자랐기에 이를 증류하게 된다. 스코틀랜드 자연은 산과 폭포, 계곡으로 이루어져 있다. 위스키 재료는 보리, 천연수, 이스트(효모)가 전부다. 잉글랜드와 스코틀랜드 통합 이후, 잉글랜드는 스코틀랜드 전통 증류주(위스키)에 높은 세금을 부과한다. 부족한 재정을 메우고 스코틀랜드 문화를 억누르기 위해서였다. 이에 스코틀랜드 술 제조업자들은 스코틀랜드 북부Highland 깊은 산간 지대로 숨어 들어간다. 거기서 몰래 양조장을 세우고 밀주를 만들었다. 그래서 스카치 위스키에 글렌Glen이란 단어가 많이 들어간다. 글렌은 게일어(켈트어 일종)로 계곡이란 뜻이다. 당시에는 물에 발아시킨 보리인 맥아(Malted barley)를 건조하면서 이탄진흙 니泥, 숯 탄炭을 사용했다. 이탄Peat은 식물이 묻힌 시간이 오래되지 않은 석탄이다. 이탄은 스코틀랜드 산속에서 쉽게 구할 수 있었다. 이탄의 고유한 냄새가 스며들면서 위스키에 스모키한 향이 나게 되었다.

또한, 팔고 남은 술은 당시 많이 마시던 주정강화 와인인 세리Sherry 와인 빈 오크통에 담겼다. 그리곤 산속에 오래 숨겨졌다. 빈 오크통의 참나무 진액은 투명한 원액을 호박색 위스키로 바꿨다. 우연이지만 세리 오크통의 나무 향과 와인 향이 더해져 풍미도 깊어졌다. 왕실과 귀족까지 밀주 위스키를 마셔대자, 영국 정부는 합법적인 양조장을 양산하도록 한다. 위스키에 대한 세금을 대폭 낮춰서 말이다.

몰트 위스키 vs. 그레인 위스키 vs. 블렌디드 위스키

스카치 위스키는 원료에 따라 몰트Malt 위스키, 그레인Grain 위스키, 블렌디드Blended 위스키로 나뉜다. 몰트는 맥아(보리에 싹을 틔움)를 말하는데, 몰트 위스키는 이 맥아로 만든 증류주다. 초기 위스키는 모두 몰트였다. 몰트 중 한 오크통에 있던 위스키를 다른 통과 섞지 않고 병에 넣으면 싱글 캐스크Single Cask라고 한다. 한 양조장이라도 대부분은 여러 오크통을 섞기에 싱글 캐스크는 많지 않다. 싱글몰트 위스키는 한 양조장에서 만든 맥아(한 양조장의 오크통만 섞음)로만 만든 위스키다. 다른 양조장의 몰트 위스키와 섞지 않아 고유한 맛이 난다. 싱글몰트는 와인으로 치면 테루아(토양조건, 생산지역)Terroir라 할 수 있다. 같은 원료더라도 지역 특성, 증류나 숙성 방식 등에 따라 각기 다른 맛과 향이 난다. 대표적인 싱글몰트 위스키 산지로는 스코틀랜드 스페이강 근처의 스페이사이드Speyside 지역을 꼽는다. 글렌피딕, 발베니, 맥캘란, 글렌리벳 등의 양조장이 있는 곳이다. 그 외에도 하이랜드와 아일라Islay 섬 지역도 있다. 글렌피딕Glenfiddich은 게일어(켈트어 일종)로 계곡인 글렌과 사슴인 피딕이 합쳐진 말이다. 사슴계곡임을 나타내기 위해 수사슴 머리를 이용한 로고를 사용하고 있다.

보리 맥아만을 이용하는 몰트 위스키는 대량생산이 어려웠기에, 옥수수, 수수 등 다른 곡류를 섞어 그레인 위스키를 만들게 된다. 덕분에 대량생산이 가능해졌다. 블렌디드Blended는 '혼합한'이란 의미

다. 블렌디드 위스키는 몰트 위스키와 그레인 위스키를 섞어 만든
다. 그레인 위스키 70~75%에 30~40여 종의 싱글몰트 위스키를 고
유 비율대로 섞는다. 스코틀랜드 위스키인 발렌타인, 시바스리갈,
딤플 등이 블렌디드 위스키의 예시다.

스카치 위스키 vs. 아이리쉬 위스키

위스키는 게일어(켈트어 일종)인 우스게 바하Usque Haugh에서 출발
했다. 해석하자면 '생명의 물'이란 뜻이다. 코냑, 보드카 등 다른 증
류주들도 '생명의 물'이란 의미를 가진다. 십자군 전쟁을 통해 이슬
람 세력의 증류법이 켈트족이 사는 스코틀랜드, 아일랜드 지역까지
전해지고, 이 지역에서 증류주인 위스키가 발달하게 된다. 세계 5대
위스키로는 1)스카치, 2)아이리쉬, 3)아메리칸, 4)캐내디안, 5)재패
니즈로 나뉜다.

1)스카치 위스키는 스코틀랜드산으로 3년 이상 숙성, 40도 이상
알코올 도수여야 한다. 계곡 등에 남아 있는 이탄을 쓴다. 2)아이리
쉬 위스키는 아일랜드산이며 몰트맥아(보리에 싹을 틔움)에 다른 곡물을
섞어 만든다. 스카치 위스키에서 쓰이는 이탄과 달리 석탄을 사용한
다. 이탄 훈연이 없다 보니 냄새가 나지 않고 깔끔한 맛이 난다. 미
국은 아일랜드계 이민자가 많아 아이리쉬 위스키 최대 소비국이기
도 하다. 3)아메리칸 위스키는 미국 중부 옥수수를 이용해 만든 버
번 위스키다. 대부분 스탠더드 위스키 급이다. 4)캐내디안 위스키는

캐나다산으로 호밀로 만들며 미국 금주법 당시 성장했다. 위스키 표기법으로 스코틀랜드, 캐나다는 Whisky, 아일랜드, 미국은 Whiskey로 표기한다. 5)재패니즈 위스키는 일본산으로 산토리에서 시작해 1931년 도쿄올림픽1960년 전후로 성장했다.

위스키 숙성기간별 등급 : 스탠더드(3~11년), 프리미엄(12~16년), 슈퍼 프리미엄(17~25년), 레어(30년 이상)
와인의 빈티지가 포도 생산 연도를 나타낸다면, 몰트의 빈티지는 숙성시간을 말한다. 숙성을 하다 보면 오크통에서 매년 2%씩 원액이 사라진다.

미국을 대표하는 버번위스키

버번Bourbon은 미국에서 옥수수로 만들어진 위스키다. 미국 켄터키 버번 카운티에 살던 목사엘리자 크레이그가 옥수수로 증류주를 만들었다.1789년 우연히 안쪽이 불에 그을려진 술통에 위스키를 넣어 저장을 했는데, 불에 탄향이 나는 붉은색 위스키가 만들어졌다. 이 제조법이 퍼지며 탄맛이 나는 붉은 위스키인 버번이 탄생하게 되었다. 버번은 도시의 이름이자 술 이름이기도 하다. 미국의 독립전쟁을 도운 프랑스 로샹보 장군과 루이 16세에게 감사함을 표시하기 위해 붙여진 이름이기도 하다. 버번 위스키 대표로는 잭 다니엘이 있다. 잭 다니엘은 15살1866년에 증류소를 만들고 18살에 버번 잭 다니엘을 만들게 된다.

네덜란드인이 발전시킨 브랜디 음주 문화

포르투갈, 스페인의 뒤를 이어 네덜란드가 대항해시대 패권을 차지했다. 17세기까지만 해도 네덜란드가 유럽 교역의 중심에 있었다. 청어잡이가 가져온 어업, 조선업의 발전과 함께 플랑드르 지역의 모직물 산업도 발전했었다. 영국은 양털을 수출하는 정도였다. 정작 양모 가공은 기술력이 앞선 네덜란드 몫이었다. 청어와 양모 무역으로 암스테르담 등은 유럽 교역의 중심지가 된다. 해운강국 네덜란드 교역품 중 하나는 술이었다. 프랑스산 보르도 와인을 맥주 생활권인 영국, 북유럽에 팔았다. 한데, 와인이 쉽게 상하다 보니 상하지 않는 와인을 원했다. 그 해결책이 와인을 증류한 브랜디다. 와인을 열을 가해 증류하면 와인 속 세균이 죽게 되고, 덕분에 장기간 보존이 가능해졌다. 쉽게 표현해 포도를 발효하면 와인, 와인을 증류하면 브랜디Brandy다. 이는 맥아의 발효주가 맥주, 맥주의 증류주가 위스키인 점과 일맥상통한다. 와인과 맥주는 발효주, 위스키와 브랜디는 증류주다. 브랜디는 오크통에서 숙성시킨다. 오크통은 증류주인 브랜디, 위스키의 고유한 향, 맛, 색을 만드는 중요한 도구다.

독주를 좋아하던 영국, 북유럽에서 브랜디는 큰 사랑을 받는다. 프랑스에선 장기간 보존용으로 만든 싸구려 술 정도로 여겼으나, 영국, 북유럽은 브랜디의 가치를 높게 봤다. 덕분에 고급술로 이미지 변신을 하게 된다. 당시 프랑스 구교도와 신교도 간 종교전쟁인 위그노 전쟁으로 프랑스 포도밭은 쑥대밭이 된다. 와인을 증류한 브랜디는 와인 대체재로 프랑스 내에서도 인지도를 쌓는다.

프랑스를 대표하는 코냑과 아르마냑

프랑스의 대표적인 브랜디로는 코냑과 아르마냑이 있다. 코냑Co-gnac은 프랑스 보드로 북부 도시 이름이다. 코냑 지방 포도는 석회질 토양에서 나오는 신맛 나는 포도로 경쟁력이 없었다. 하지만, 신맛 강한 포도가 브랜디에는 오히려 강점이 된다. 프랑스 신구교도 간 종교전쟁인 위그노 전쟁으로 프랑스 중서부 코냑Cognac 지방의 포토밭이 피폐해졌다. 포도 질이 좋지 않아 와인의 상태가 좋지 못했다. 당시 와인 무역을 담당한 네덜란드 상인들이 와인 증류를 권하고, 그렇게 브랜디가 탄생하게 된다. 전쟁으로 폐허가 된 포도밭에서 선택할 수 있는 건 와인 증류뿐이었다. 당시 절세 측면에서도 브랜디를 할 수밖에 없었다. 오크통을 기준으로 세금을 매기다 보니, 증류주는 오크통 숫자를 줄일 수 있어 매력적이었다. 코냑은 숙성기간에 따라 V.O(2년 반 이상), V.S.O.P(4년 반 이상), X.O 또는 나폴레옹(6년 반 이상)으로 나뉜다. 고급 코냑을 나폴레옹으로 부르는 건 1)나폴레옹이 아들을 낳은 해1811년가 대풍년이었는데 이를 기념하기 위해서였다. 또 다른 설은 2)나폴레옹이 전쟁 전 코냑 오크통을 맡기고 갔는데, 6년 반이 지나고 전쟁에서 돌아와 숙성된 코냑을 맛보면서 그 이름이 붙었다는 설이 있다. 오크통은 와인보다 증류주인 브랜디나 위스키에 보다 중요하다. 고유한 맛과 풍미, 황갈색 등이 오크통에서 만들어지기 때문이다. 코냑 지역에선 브랜디를 불태운 와인이란 의미로 '뱅 브륄레'라고 불렀다. 증류를 위해 열을 가해서다. '뱅 브륄레'를 네덜란드인이 네덜란드어인 브란데베인(끓인 포도주라는 의미)Brandewijn으로 번역해 영국에 판매했다. 영국인은 이를 브랜드 와인으로 부르다가 브랜디Brandy라 줄여서 말하게 된다. 아르마냑Armagnac도 브랜디의 일종으로, 프랑스 보르도 남부의 아르마냑 지역 이름에서 따왔다. 17세기 네덜란드 상인들은 아르마냑 지역의 와인을 강을 따라 보르도까지 내려가 수출했다. 한데, 보르도 상인들이 보르도 지역에선 '보르도 와인'만 수출토록 했다. 이에 아르마냑의 와인을 브랜디로 만들어 수출 금지를 피하게 되고, 지금의 아르마냑이 되었다.

코냑은 단식 증류기로 두 번 증류한다. 증류 후 알콜도수가 70%로 물을 희석해 40% 정도로 낮춘다. 반면, 아르마냑은 연속 증류기로 한 번만 증류한다. 증류 후 알콜도수는 52% 정도다. 코냑이 섬세하다면 아르마냑은 강하고 거칠다. 코냑은 단일 품종, 아르마냑은 여러 품종을 복합해 사용한다. 숙성기간은 코냑은 30~40년까지 하지만, 아르마냑은 20~30년 정도가 최고다. 가격도 일반적으로 코냑이 아르마냑보다 높은 편이다.

단식 증류기는 전통적인 방식으로 한 번에 한 회분Batch씩 증류한다. 증류과정이 느리나 향과 풍미가 진하다. 싱글몰트 위스크 생산 방식이다. 연속 증류기는 대량 생산에 적합하다. 가성비 있게 증류하는데 풍미는 단식 증류기 방식보다 적다. 보드카, 진, 소주 등의 생산방식이다.

네덜란드 증류주 진(Gin)

진Gin은 네덜란드에서 해외 판매를 목적으로 만든 술이었다. 사탕수수 재배를 위해 카리브해로 떠나는 네덜란드인들에게 약용주로 '주니에브르'라는 이름으로 판매되었다. 영국인들이 이를 제네바스위스 도시로 착각해 진Gin으로 부르면서 진이 되었다. 명예혁명으로 영국 왕이 된 네덜란드 출신 윌리엄 3세는 영국 내 네덜란드 진의 보급에 힘썼다. 프랑스산 와인과 브랜디 관세를 올려 진 생산을 권장했다. 당시 영국은 잉글랜드 서북부의 사과주인 사이더Cider를 주로 마셨다. 이후 산업혁명 시기 영국에서 유행한 술이 진Gin이다. 일자리를 찾아 도시로 몰리면서 인구과밀 도시에 물이 오염되고 진이 물을 대신했다. 가격이 저렴해 가난한 이들이 물처럼 마셔댔다. 런던에선 차나 우유보다 가격이 더 저렴했다. 무색투명하고 40~50% 알코올 농도에 송진 향이 나던 싸구려 술 진은 칵테일이 발전하며 이미지가 바뀌게 된다. 1920년대 미국 금주법 시행으로 사람들의 눈을 속이기에는 무색투명한 진이 안성맞춤이었다.

\# 진은 이뇨 작용을 하는 주니퍼 페리노 간주나무 열매를 알코올 보리, 호밀, 맥아를 발효에 담아 증류한 것이다.

칵테일의 주요 재료인 무색무취 보드카

러시아에도 증류기(알렘빅)가 전파되면서 증류주인 보드카가 만들어졌다. 보드카Vodka는 알코올 도수 40~50%에 달하는 러시아 증류주다. 보드카는 물이란 뜻의 вода(바다)가 변한 말이다. 유럽에서 증류주를 생명수라 불렀듯이, 러시아에서도 처음엔 증류주를 생명수지즈넨니 바다라 불렀다. 이를 줄여 물(바다)의 애칭인 보드카로 불리게 되었다. 전분이면 무엇이든(보리, 밀, 감자 등) 다 보드카 재료가 된다. 보드카는 증류한 다음, 활성탄을 채운 여과통에서 불순물을 제거한다. 불순물이 거의 없어지기에 보드카는 무색투명하고 향기가 없다. 술 저장도 향이 배어나는 나무통 대신에 스테인리스 등을 쓴다. 무색무취가 기본인 보드카는 광천수미네랄워터나 토마토 주스와 함께 마신다. 러시아혁명1917년은 보드카를 유럽에 퍼지게 한 장본인이다. 당시 러시아혁명 정부는 보드카 제조와 판매를 금지했었다. 혁명을 피해 프랑스 파리로 간 러시아인우라지밀 스미노프이 보드카를 제조하게 되고 유럽에 알려지게 된다. 미국에선 무색무취의 보드카가 칵테일 재료로 쓰이면서 각광받게 되었다.

멕시코 증류주, 테킬라

멕시코 하면 생각나는 증류주가 테킬라다. 스페인 출신 정복자 코르테스는 멕시코 고원의 아즈텍 왕국을 정복했다. 그 뒤로 스페인 사람들이 건너와 멕시코에 살기 시작했다. 스페인 사람들이 가져온 증류기술로 만든 술이 테킬라다. 테킬라도 마을 이름에서 유래했다. 테킬라는 용설란(마게이) 줄기를 가열해 즙을 내고 이를 발효한 다음 증류해서 만든다. 과거 테킬라 마을 인근에서 대규모 산불이 나서 용설란(마게이)이 검게 타게 된다. 한데, 불에 탄 용설란에서 향기로운 냄새가 풍겼고, 이에 착안해 테킬라를 만들었다. 마르가리타는 사냥 중 사망한 애인의 이름을 붙인 칵테일이다. 마르가리타 덕분에 테킬라가 세상에 알려지게 된다. 마르가리타는 테킬라를 베이스로 한 칵테일이기 때문이다.

사탕수수 찌꺼기로 만든 선원들의 술, 럼

럼Rum은 아메리카 신대륙에서 당밀로 만든 싸구려 술이었다. 당밀은 사탕수수로 설탕을 만들고 남은 찌꺼기다. 즉, 럼은 설탕을 만들고 남은 사탕수수 폐기물을 재활용한 술이다. 럼은 당밀을 발효시킨 뒤 증류하고 숙성시켜 완성한 증류주다. 알코올 도수 40도 이상인 독주다. 럼은 영국 방언인 럼블리온Rumbulion, 흥분에서 따왔다. 대항해시대 장거리 항해에 필수품이었다. 장기간 보관 시 나무통 안 물은 오염되다 보니 술을 사용했다. 하지만, 낮은 도수의 맥주나 와인은 상했다. 반면, 독주인 위스키, 브랜디는 비쌌다. 싸고 오래가는 럼이 최적이었다. 덕분에 당시 선원들은 늘 취해 있었다. 또한 럼은 카리브해 해적들과 대서양을 건너가는 선원들의 술이었다. 그러기에 럼은 아프리카 노예 삼각무역의 역사와도 연결된다. 1)아프리카에서 흑인 노예를 싣고 카르브해로 오면, 2)빈 배에 당밀을 싣고 미국으로 가고, 3)미국에선 럼주를 만들어 싣고 아프리카로 돌아갔다. 럼 삼각무역이 활성화되자 영국은 미국 식민지에 설탕법, 당밀법 등의 규제를 하고, 이런 규제들이 미국 독립의 불씨가 되었다.

영국 해군은 저렴한 럼을 해군 병사들에게 지급했다. 처음에는 진한 원액을 지급했다. 하지만, 버논이란 해군제독이 럼을 희석해 지급하라 했다. 화가 난 병사들은 버논을 올드 그로그Old Grog라 비하했다. 버논이 '그로그램'이란 외투를 입고 다녀서다. 이후 희석한 럼은 그로그로 불리게 된다.

권투에서 비틀거리는 상황을 그로기 Groggy라고 하는데, 럼주를 많이 마신 상태를 말하던 단어다.

일본 청주(사케)의 대표격인 준마이다이긴죠

사케 하면 일본 청주로 알고 있지만 일본에서 사케는 모든 술을 일컫는다. 한자로 '술 주(酒)'를 일본에선 사케로 부른다. 일본 여행을 하며 사케를 달라고 하면, 그들이 어떤 술인지 물어보는 게 당연하다. 사케는 일본인에게 모든 술을 의미하니까. 즉, 일본에선 와인, 맥주도 술이니 사케다. 이 책에선 편의상 사케를 일본 청주로 정의해 본다. 일본 청주도 증류주의 일종이다. 사케를 대표하는 건 준마이다이긴죠(純米大吟釀)다. 일본 외교관에겐 해외 파견 전에 준마이다이긴죠를 공부하는 수업이 있다고 한다. 그만큼 사교에 중요하단 의미다.

1)준마이(純米, 순수할 순, 쌀 미)는 순수한 쌀이란 의미다. 준마이라면 쌀 이외에 다른 첨가물을 넣지 않았다는 것이다. 오직 백미, 누룩, 정제수만으로 만든다. 사케 이름에 준마이가 들어가지 않으면 설탕, 알코올(주정) 등을 섞은 것이다. 2)사케 병에는 숫자와 함께 %가 쓰여 있다. 이를 알코올 도수로 착각하는데 실은 정미율이다. 쌀겨를 제거해 주는 정미소 할 때 그 정미다. 즉, 정미율은 쌀의 표면을 깎아내고 남은 비율이다. 쌀의 바깥 부분은 지방과 단백질로 되어 있다. 지방과 단백질이 많으면 잡미가 많아진다. 쌀 안쪽의 전분이 많아야 사케 특유의 풍미가 살아난다. 그러기에 전분비율을 높이려 쌀 표면을 깎아낸다. 정미율은 쌀 표면을 깎아내고 남은 비율이다. 정미율이 낮을수록 쌀 표면을 많이 깎아냈으니, 같은 브랜드라면 보다 고급 술이다. 3)긴죠(吟釀, 읊을 음, 술빚을 양)는 정미율이 60% 이하, 다이긴죠(大吟釀)는 정미율이 50% 이하다. 긴죠보다 다이긴죠가 쌀을 더 깎아낸다. 사케의 왕이라 불리는 닷사이23은 정미율이 23%다. 77%의 쌀을 깎아내고 23%만 남긴 결과치니 풍미가 더 좋을 수밖에.

정종을 술의 한 종류로 알고 있지만, 실은 일본 청주의 상표 이름이다. 1840년 일본 전통주 사장이 일본 불교사찰을 방문해, 불교경전 내용 중 임제정종(臨済正宗, 임할 림, 건널 제, 바를 정, 마루 종)을 보고 아이디어를 내 만든 상표다. 정종의 발음이 청주와 똑같이 '세이슈우'로 발음되어서였다. 지금도 웬만한 일본 청주 상표에는 '무슨무슨 정종'이라고 쓰여 있기도 하다.

홍차, 아는 척하려면
이건 꼭 알아야 해

영국의 홍차 문화

영국인의 홍차 사랑은 대단하다. 늘 흐리고 비가 내리는 우중충한 영국 날씨에 따뜻한 홍차 한잔은 딱이다. 홍차는 중국에서 출발했지만 홍차 문화는 영국에서 꽃핀다. 그 홍차 문화 출발점에는 17세기 영국 왕비 '캐서린 브라간자'가 있다. 캐서린 브라간자는 포르투갈 공주 출신으로 영국왕 찰스 2세와 결혼했다.1662년 그녀의 혼수 품목에는 설탕, 홍차가 포함되었다. 포르투갈은 영국보다 먼저 대항해시대를 연 나라다. 캐서린은 영국 귀족 부인들과 티파티를 열곤 했는데, 상류층에게 홍차 문화를 알렸다. 홍차는 상류사회 여성들의 사교 필수품이 된다. 캐서린의 혼수에는 인도 봄베이도 포함되어 있었는데, 영국의 인도 진출 기반이 되었다.

당시에는 중국산 도자기에 중국산 차를 마시는 게 상류층 유행이었다. 중국산 도자기는 차를 우려 마셔도 그 향이 배지 않아서 좋았다. 과거에는 네덜란드식 차 마시는 법이 유행했다. 찻잔 받침에 차를 따라 마시는 방식인데, 소리도 크게 내면서 마셨다. 당시에는 찻잔에 손잡이가 없어서 뜨거운 차를 식혀 먹는 방식이었다. 유럽에선 차를 펄펄 끓여서 마시다 보니 손잡이 없는 찻잔은 뜨거울 수밖에 없었다.

여성들만의 애프터눈 티 문화

과거 영국에서 커피하우스는 남자들에게만 허용된 장소였고, 여자들은 출입할 수 없었다. 그 결과 여자들만의 차 문화가 발달했다. 처음에는 녹차를 즐기다 홍차가 더 인기를 끌게 되었다. 영국 상류층의 홍차 문화는 애프터눈 티Afternoon tea 문화로 이어졌다. 애프터눈 티는 영국 공작 부인안나마리나 러셀이 친구들을 초대하면서 시작되었다. 당시 영국인들은 저녁을 8시경에 먹다 보니 낮에 허기가 졌다. 오후 3시부터 5시경, 차와 다과를 곁들여 먹게 된다. 삼단 스탠드 1층에 짭짤한 핑거푸드, 샌드위치, 2층에 잼과 크림을 곁들인 스콘, 3층에 케이크, 비스킷 등을 담았다. 먹는 순서는 1층부터 2층, 3층 순서다. 애프터눈 티는 지역과 상황에 맞춰 다양한 이름을 얻는다. 티타임은 여름철 장미정원에서 마시는 차를 말한다. 하이티는 높은 식사용 테이블에 마신다 해서 하이티다. 영국 북부지역에서 저녁 식사 전에 마신다. 크림티는 영국 남부 콘월지역에서 클로티드 크림에 곁들여 마신다 해서 붙여졌다. 크림티는 홍차와 클로티드 크림, 잼을 스콘과 곁들여 먹는다. 식민지 건설이 활발해지고 영국이 잘살게 되자 18세기 이후에는 상류 문화인 차 소비가 대중화되었다. 서인도 제도에서 들여온 설탕이 더해지며 아침부터 차를 마시고 여럿이 즐기는 티타임Tea Time이 보편화되었다. 차에 있는 카페인, 타닌산 등은 중독성이 있어 끊임없이 차를 원했다.

산업혁명과 홍차

영국 내에서 차 문화가 대중화된 데는 산업혁명의 역할도 크다. 농촌 사람들이 대거 도시로 몰리고, 공장에서 밤늦게까지 일하는 노동자들이 많아지면서다. 유럽의 물은 석회질이 많다 보니 맛도 좋지 않을뿐더러 오래 마시면 담석까지 생길 수 있다. 중세부터 맥주나 와인을 마시는 문화가 발달했던 이유다. 영국도 공장에서 노동자들이 맥주 등 술을 마시다 보니 취한 상태에서 일하며 사고가 많이 발생했다. 사고 방지 차원에서 맥주를 대신해서 차 휴식 시간이 주어지게 된다. 그 결과 생산성이 좋아졌고 차 문화가 공장에서 자리를 잡아갔다.

앳홈(At Home)은 영국 빅토리아 여왕1837~1901년 시기, 집에서 사람들과 함께 짧게(15~20분) 하는 간단한 티타임을 말한다. 티타임

시간은 점심 식사 이후부터 저녁 시간까지였다. 여성 손님은 모자, 장갑을 벗지 않고 티타임을 즐겼다. 티타임이 실외로 옮겨지며 야외 피크닉으로 발전했다. 2차 대전 중에는 영국군이 갑자기 전투를 멈추고 티타임을 즐겼다는 이야기도 전해진다. 영국군 보급품에는 홍차가 포함되어 있었다. 또한 영국군 전차, 장갑차에는 홍차용 전열 포트까지 내장되어 있었다고 하니 전쟁도 영국인의 홍차 사랑을 멈추지는 못했다. 사실, 영국에는 홍차나무가 없다. 영국은 홍차를 모두 수입해 브랜드화했다. 포트넘&메이슨이 대표적인 영국 차 브랜드다. 프랑스는 마리아쥬 플레르, 독일은 로네펠트, 싱가포르는 TWG가 유명한 차 브랜드다.

차와 관련된 전쟁 1. 홍차와 아편전쟁

산업혁명으로 홍차 수입량은 크게 증가했다. 식민지에서 사탕수수 재배가 늘어나며 설탕이 대규모 들어오면서, 상류층에서만 즐기던 설탕, 우유를 넣은 밀크티도 대중화되었다. 19세기 후반에 홍차는 영국의 국민 음료로 자리 잡았다. 하지만, 영국인의 홍차 사랑이 커질수록 홍차를 수입하는 문제가 화두가 된다. 영국의 동인도회사는 중국에서 차 수입을 독점했는데, 차 생산국인 중국과 영국 간 무역 불균형이 심각해졌다. 중국인들은 영국의 주력 수출품인 모직물 등에 큰 관심이 없었다. 중국은 차 거래에 은으로만 대금 수령을 했기에, 영국에서 은이 지속적으로 빠져나갔다. 중상주의 시대 국가

부의 원천은 국가가 보유한 금과 은이었다. 중상주의에선 화폐를 보유한 금과 은의 범위 내에서만 발행할 수 있었기에, 은의 유출은 국가 경제가 줄어드는 결과를 낳는다. 결국, 영국은 대규모 무역적자를 해소할 방법을 찾는다. 당시 영국 식민지였던 인도에서 아편을 생산하고, 이를 중국(청나라)에 몰래 밀수출했다. 중국은 영국의 아편 밀수출을 막았고, 결국 아편전쟁으로 이어진다.

차와 관련된 전쟁 2. 보스턴 차 사건

영국인의 세금 폭정에 대항한 시민혁명이 영국 식민지였던 미국에서 일어났다. 영국은 7년 전쟁1756~1763년(영국, 프랑스, 스페인 등이 유럽 및 식민지 패권을 놓고 싸움)을 통해 프랑스를 이기고 미국 중부지역미시시피 동쪽을 차지했다. 영국은 7년간 전쟁비용을 미국 식민지 세금으로 해결하려 했다. 영국은 미국 식민지가 수입하는 설탕, 커피, 포도주 등에 관세를 붙였다. 1)특히 설탕세1764~65년는 미국과 서인도제도 간 무역을 영국령 서인도제도로 제한하고, 여기서 수입하던 당밀과 설탕에 높은 관세를 부과한 제도다. 설탕세로 인해 미국인들이 럼주, 디저트를 먹기 어려워졌다. 2)이어서 인지세법1765~66년을 통해 미국 내 모든 인쇄물신문, 팸플릿, 계약서, 대학교 졸업장 등에 세금을 물렸다. 3)미국인들의 강한 저항으로 설탕세와 인지세를 폐지한 영국은 타운젠드법(당시 영국 재무장관 찰스 타운젠드와 연관)을 제정했다. 영국으로부터 수입하는 여러 물품종이, 유리, 차, 납, 페인트 등에 관세를 부과하는 제도다. 미국인들은 "의회 대표 없는 곳에 과세가 없다"고 주장했다. 당시 미국 식민지는 영국 의회에 미국 대표대의원가 없었다. 미국인들의 동의 없이 통과된 법률은 불법이라며 저항했다. 영국제품 불매운동이 거세졌고, 영국은 차홍차를 제외한 모든 품목의 관세를 없앴다.

4)한데, 영국 동인도회사에 차 재고가 쌓여 경영부실이 심화되었다. 이에 영국은 차조례1773년를 통과시킨다. 차조례로 미국 내 차 거래는 오직 영국 동인도회사만 독점적으로 할 수 있게 했다. 차 밀무역으로 수입을 올렸던 미국인들이 파산하면서 불만이 고조되었고, '영국 차 불매운동'이 일어났다. 미국에선 차 대신에 커피를 마시기 시작했다. 커피를 마시는 것을 애국으로 여겼다. 그 결과 미국을 상징하는 음료가 커피가 되는 계기가 되었다. 여기에 더해 미국인들이 인디언으로 변장해 보스턴 항의 영국 차 운반선을 습격했다. 차 300여 상자를 바다에 던지는 보스턴 차 사건이 발생하게 된 거다.

보스턴 차 사건은 미국 독립전쟁의 출발점이 되었다. 7년 전쟁에서 영국에 패한 프랑스는 미국 독립을 지원했다. 미국이 독립하면 영국의 힘이 약화될 걸로 기대했기 때문이다. 프랑스 도움 덕분에 미국은 독립을 거둔다만, 프랑스는 재정이 악화되고 만다. 결국 루이 16세가 삼부회를 소집해 세금 인상을 추진하다 프랑스 혁명을 맞는다.

우리에겐 홍차, 영국인에겐 블랙티

차는 차나무 잎 가공 방식(찻잎 산화 정도)에 따라 녹차, 백차, 황차, 청차, 홍차, 흑차 6종류로 나뉜다. 녹차는 찻잎을 따자마자 덖어내(물을 섞지 않고 볶아내) 산화를 시키지 않는다. 그러기에 녹차는 찻잎이 푸르다. 산화는 찻잎이 산소와 접촉해 변하는 정도다. 산화될수록 찻잎의 색깔이 검어진다. 홍차는 산화를 많이 시키다 보니 찻잎이 거무스름하다. 전 세계 차 생산량의 80%는 홍차, 15%는 녹차다. 찻잎을 발화 건조시킨 홍차는 우려내면 붉은색을 띠기에 '붉을 홍(紅)'자를 써서 홍차로 불린다. 하지만, 영어로는 Black Tea다. 찻잎이 검은색이기 때문에 영국인들이 블랙티로 불렀다. 영국이 홍차를 수입할 당시 허브차 종류인 루이보스티가 레드티Red Tea로 이미 불리고 있어서이기도 하다. 흑차는 홍차가 Black Tea를 선점했기에 Dark Tea로 불리게 된다. 홍차는 카페인이 커피의 1/4 수준이다. 홍차의 카테킨 성분은 강력한 항산화(세포 손상, 노화 방지) 작용을 한다. 참고로 일본인이 즐기는 말차는 녹차를 가루 내어 마신다. 말차의 카페인 함량이 찻잎을 우려내는 녹차보다 3배 이상 많다.

\# 우롱차는 한자로 오룡차까마귀 오烏, 용 룡龍라 쓴다. 오룡의 중국식 발음이 우롱이다. 옛날 농부가 검은 뱀이 차나무를 감고 있는 걸 보고 '까마귀처럼 보이는 용'이라 하여 오룡이 생겼다는 설이 있다. 우롱차는 산화 정도가 중간 정도(산화도 20~70%)인 청차다. 1980년대 대만이 우롱차를 수출하면서 서양인들에게 익숙해졌다. 그러기에 청차의 영어식 표현은 Blue Tea가 아닌 Oolong Tea다.

최초의 홍차라 불리는 중국의 정산소종

홍차는 중국에서 최초로 만들어졌다. 그 최초의 홍차는 정산소종으로 알려져 있다. 정산소종은 찻잎을 산화시켜 만들고 훈연을 더했다. 소나무 장작을 때서 소나무 연기를 배게 만들었다. 정산소종은 17세기경 중국 복건성 무이산 지역에서 처음 생산되었다고 전해진다. 정산소종(正山小種)의 정산은 진짜 산(무이산), 소종은 작은 잎 품종을 말한다. 명나라 말기 외부 군대가 중국 복건성 지역 마을에 주둔하게 된다. 그로 인해 마을 사람들은 수확한 찻잎을 방치하게 된다. 주둔한 군인들이 밥을 하면서 장작불 훈연 향이 찻잎에 배게 된다. 그렇게 해서 산화되고 훈연 향이 밴 홍차가 만들어졌다. 정산소종은 유럽에 랍상소총Lapsang Souchong이란 이름으로 팔려나가게 된다. 18세기에는 소나무 훈연 향을 뺀 홍차를 만들게 되는데 꽃향, 과일 향이 짙어졌다. 꽃이나 과일 향이 많은 홍차는 유럽 내에서 인기가 급등했다. 그 결과 향을 더한 가향(다양한 향을 가미)홍차가 만들어지는 계기가 되었다. 2005년에는 훈연 향을 뺀 고급홍차 '금준미'가 탄생했다. 금(Gold), 눈썹 미(여린 찻잎이 눈썹을 닮았다)를 합해 붙인 이름이다. 현재 가장 비싼 홍차 중 하나다.

홍차의 탄생지 중국에선 넓은 지역에 다양한 홍차가 있다. 그 중 정산소종, 기문홍차, 운남홍차를 중국의 3대 홍차로 분류한다. 기문홍차는 안후이성 서남부 기문 지방에서 생산된다. 인도나 스리랑카산에 비해 향이 다소 약하고 카페인도 적다. 기문홍차는 기홍홍차라고도 한다. 최초의 홍차라 일컫는 정산소종이 인기를 얻자 이를 모방해 기문 지역에서 홍차를 만든 것이 기문홍차의 시작이었다. 중국 홍차 기문은 서양 귀족들이 신비롭게 여겼다. 훈연 향과 은은한 난향이 난다. 운남홍차는 중국 운남성에서 생산되는 고급 발효홍차다. 전홍성할 전滇, 붉을 홍紅이라고도 하는데 운남성(滇)의 한자 '전(滇)'을 넣어서 부르기 때문이다.

다르질링과 아삼 홍차

영국은 아편전쟁 이후 영국 동인도회사가 중국 차에 대한 독점 수입권을 갖게 된다. 하지만, 열강의 경쟁 속에서 언젠가 차 독점 수입권을 빼앗길 수 있다는 우려감이 커졌다. 영국인들은 중국 대신에 차나무를 심어 차를 생산할 대체지를 찾았다. 하지만 중국은 차 생산법을 기밀로 하고, 차나무, 차 씨앗 반출을 금했다. 이때 로버트 포천이란 스코틀랜드인이 중국에서 인도로 차 씨앗과 재배법을 빼돌린다. 그리곤 인도 곳곳에 차 씨앗을 심는다. 그중 유일하게 차나무가 살아남은 곳이 히말라야 산맥 고지대인 인도의 다르질링이다. 하지만 다르질링은 지역이 넓지 않다 보니, 영국이 원하는 생산량에 많이 모자랐다.

다르질링에 로버트 포천이 차나무를 심기 전1823년에 이미 인도 아삼인도 북동쪽 끝 지역에서 인도산 자생 차나무가 발견되었다. 하지만,

중국의 차나무와 달랐기에 차나무냐 아니냐에 대한 논란이 있었다. 시간이 흐른 뒤1860년대 영국인은 자신들의 입맛에 맞는 아삼티를 아삼 지역에서 만들어 낸다. 아삼티는 강하고 떫은맛이 나는데, 설탕과 우유를 넣은 밀크티에는 오히려 아삼티가 맞았다. 무엇보다 아삼은 지역이 넓어 많은 물량을 생산할 수 있었다. 영국은 인도에서 차 생산을 장려했고, 19세기 말 영국은 세계 최대 차 생산국이 된다. 덕분에 홍차 가격이 떨어지고, 영국 서민도 홍차를 즐길 수 있게 된다.

다르질링이 고급차 이미지라면 아삼 홍차는 대중적인 차다. 지금도 다르질링이 아삼 홍차보다 더 비싸다. 다르질링은 고지대에서 소량 생산만 하기 때문이다. 다르질링은 부드러운 머스캣(유럽산 포도 종류) 향으로 인해 홍차계 샴페인으로 불린다. 찻잎을 따는 시기에 따라 첫물차, 두물차 등으로 부른다. 처음 따는 잎이 가장 부드러운 싹이라 품질이 제일 좋다. 녹차도 우전(첫물차), 세작(두물차)이라 하는데, 우전이 세작보다 우수하다. 다르질링 첫물차(처음 잎을 따서 만든 차, 2월 말~3월 초)를 다르질링 퍼스트 플러시Flush라고 한다.

마살라차이는 인도 고유의 홍차 문화다. 인도 고급식당, 길가 노점상까지 대중적인 차 문화가 되었다. 식민지 시절 고급 홍차는 영국에 다 보내다 보니 인도인은 하급 홍차를 마셔야만 했다. 하급 홍차를 맛있게 먹는 방법으로 향신료를 넣은 마살라차이가 탄생했다. 마살라는 각종 향신료를 넣고 빻은 분말가루다.

#다르질링 두물차는 세컨드 플러시, 가을에 나오는 차는 오텀널 Autumnal이라 한다.

실론티로 알려진 스리랑카 홍차

실론티는 스리랑카에서 생산되는 홍차를 말한다. 1972년 전까지 스리랑카를 실론으로 불렀기 때문이다. 1972년 실론을 스리랑카로 바꾸면서도 상품 이름에는 실론을 그대로 남겼다. 원래 실론에선 커피가 재배되고 있었다. 영국인들은 실론에서 커피를 재배했는데, 실론 전역에 커피녹병(잎마름병)이 돌았다. 그로 인해 실론의 커피 잎이 말라가며 커피나무가 죽게 된다. 제임스 테일러는 인도 차나무 묘목을 실론에 정착시킨다. 토머스 립톤(스코틀랜드 태생)은 커피녹병으로 초토화된 실론을 방문한다. 실론의 차 농장을 사들인 그는 실론티를 영국에 판매하기 시작한다. 차를 무게로 팔던 시절, 개별 포장 판매라는 마케팅 차별화로 성공한다.

현재 홍차는 인도가 가장 많이 생산하고, 케냐, 스리랑카 순으로 생산량이 많다. 한데, 홍차 수출 1위는 케냐다. 인도는 생산량 대부분을 인도 내에서 소비하고 있기 때문이다. 반면, 홍차뿐만 아닌 전체 차 생산량 기준으로는 중국, 인도, 케냐, 스리랑카 순이다. 스리랑카 차 생산지 중 대표적인 곳이 스리랑카 남동부 고산지대인 우바 지역이다. 우바에서 나오는 홍차가 세계 3대 홍차인 우바 홍차다.

우바는 장미 향이 매력적이다.

\# 세계 3대 홍차 : 인도의 다르질링, 스리랑카의 우바, 중국의 기문 홍차

잉글리시 브렉퍼스트와 얼그레이

홍차 가격은 1)단일 다원-2)단일 지역-3)블렌디드나 가향(다양한 향을 가미) 차 순으로 가격이 싸진다. 즉, [1]특정한 다원 이름을 붙인 차가 [2]특정 지역보다 더 비싸고, [1]단일 다원-[2]단일 지역 차가 [3]블렌디드나 가향 차보다 더 비싸다. 마치 와인이 특정 밭 이름-특정 동네(몽라쉐)-특정 지역(부르고뉴) 와인보다 더 비싼 것과 같다. 유럽 홍차는 거의 블렌디드 차와 가향 차가 대부분이다. 블렌디드 차는 여러 지역, 여러 연도의 찻잎을 섞는다. 가향 차는 다양한 향을 가미한 차다. 대부분은 블렌디드이면서 가향이다 보니 둘을 구분하기가 모호하다. 블렌디드 차 대표로는 아삼티와 실론티를 혼합한 잉글리시 브렉퍼스트(English Breakfast)가 있다. 가향 차 대표로는 베르가못(레몬·라임과 유사한 시트러스 계열의 열매) 향을 첨가한 얼그레이가 있다. 얼그레이는 영국의 찰스 그레이 수상 이름을 따서 만들어졌다. Earl은 백작을 의미한다. 즉, 얼그레이는 그레이 백작이란 의미다. 찰스 그레이 백작이 즐겨 먹던 차가 얼그레이다. 당시 유명 홍차 브랜드인 트와이닝이 찰스 그레이 백작이 원하던 차를 만들어 준 게 얼그레이로 불린다. 잉글리시 브렉퍼스트나 얼그레이 모두 영국에서 지어진 이름들이다. 영국은 홍차 생산지가 아닌 판매처다. 영국은

홍차를 수입해 즐기다 보니 영국 하면 홍차 이미지가 각인되었다.

CTC 제조법 vs. 정통 제조법

CTC 제조법은 Crush(찻잎을 으깨고), Tear(찢고), Curl(둥글게 마는) 가공법이다. 찻잎이 잘게 으깨져서 간편하게 차를 마실 수 있다. 대량으로 생산하기 위해 기계로 찻잎을 따고 CTC 제조법으로 차를 만든다. CTC 제조법으로 만든 홍차는 가격이 저렴한 편으로, 대부분 티백으로 만들어진다. 수요가 많은 홍차를 일일이 수작업으로 할 수 없기에 기계를 활용한다. 차 가격이 저렴하지만 제조원가가 적게 들어가고 대량생산한다는 점에 수익성이 충분하다. 대량생산 입장에서 여러 지역 차를 잘게 잘라 섞음으로써 일정한 맛과 품질을 낼 수 있다. 반면, 정통 제조법은 찻잎을 사람 손으로 만들고 찻잎 형태를 그대로 살려 만든다. 사람의 수작업인 만큼 홍차 가격이 비싼 편이다. 세계 3대 홍차로 알려진 인도의 다르질링, 스리랑카의 우바, 중국의 기문 홍차는 CTC 공법이 아닌 정통 공정으로 제조된다.

홍차 찻잎의 등급과 가격을 결정하는 요인들

1)찻잎을 전혀 손상하지 않은 잎을 홀리프Whole Leaf라고 하고 최고 등급으로 친다. 2)두 번째 등급은 브로큰Broken으로 홀리프 찻잎이 부서진 경우다. 3)세 번째 등급으로 브로큰보다 더 부서진 경우

를 패닝Fannings, 4)마지막으로 가루 형태인 더스트Dust가 가장 낮은 등급이다. 1)홀리프와 2)브로큰은 잎차 형태로, 3)패닝과 4)더스트는 티백 형태로 만든다. 서양 홍차는 홀리프 형태보단 대부분 CTC 형태다. CTC 형태는 쓰고 떫은맛이 나기에 우유, 설탕을 섞어 마실 수밖에 없다. 영국에서 밀크티 형태로 홍차를 즐긴 이유 중 하나다. 홀리프는 부드럽고 고유 향미가 있어 다른 재료를 섞을 필요가 적다. 가향(다양한 향을 가미)을 할 이유도 없다. 그 외에도 홍차 가격은 1)높은 지역 차일수록 가격이 비싸다. 기후 등 환경 영향으로 고지대 차가 품질이 더 좋아서다. 2)더 어린 찻잎이 부드럽고 맛도 부드러워 더 비싸다. 가장 어린 싹(TIP)을 Flowery Orange Pekoe라고 부른다. 가장 비싸고 등급이 높은 잎이다. 늙은 잎일수록 떫은맛이 강해져 하급 홍차로 분류된다.

#홍차 잎 등급순: Flowery Orange Pekoe-Orange Pekoe-Pekoe-Pekoe Souchong-Souchong

차와 말을 교역하기 위해 만들어진 차마고도

차마고도茶馬古道는 실크로드(한 무제 시절 만들어진 동서교역로)보다 200여 년 앞서 만들어진 가장 오래된 교역로다. 차(茶)를 티베트의 말(馬)과 교역(교환)하기 위해 오가던 험준한 옛길이다. 높을 고(高)가 아닌 옛 고(古)를 쓰는 오래된 길이다. 평균 해발고도 4,000m 이상 험준한 길이 5,000여 km에 달한다. 중국 서남부 원난성, 쓰촨성에서 티베트를 넘어 네팔, 인도까지 이어진다. 가장 중요한 도착지는 티베트였다. 중국에서 차 소비량이 가장 많은 지역은 티베트다. 원난성과 쓰촨성은 둘 다 티베트와 붙어 있다. 원난 또는 쓰촨에서 각각 출발하는 2가지 루트가 있다. 원난과 쓰촨에서 만든 차를 티베트에 가서 건네주고 대신에 말을 받아왔다.

뼈를 넣은 도자기라고? 본차이나

도자기를 영어로 China(차이나)라고 한다. 중국산 도자기 품질이 우수해 유럽에 수출되었는데 '도자기=차이나'가 된 거다. 유럽 왕실이나 귀족의 저택에 중국산 도자기들이 전시되어 있는 이유다. 도자기는 진흙으로 만든 그릇을 높은 온도에서 구워낸다. 도자기는 도기(1,000℃ 이하)와 자기(1,300℃ 이상)를 합친 말이다. 흙으로 만든 토기에 유약을 발라 고온에 구워내면 튼튼하고 방수가 되는 도자기가 되었다. 중국에선 고령토를 이용해 고온에서 견디는 도자기를 만들어 냈다. 고온에서 구울수록 도자기는 더 튼튼하다. 17세기까지 중국 도자기를 대체할 제품이 없었다. 하지만, 17세기 독일 작센은 마이센 지역 고령토로 도자기를 만들어 낸다. 마이센 도자기 비법이 유럽 곳곳에 퍼지게 되고, 유럽에서도 우수한 도자기를 만들어 냈다. 영국도 고령토를 이용해 도자기를 만들려 했으나, 영국 내에선 고령토를 구하기 쉽지 않았다. 결국 영국에선 소 뼛가루를 진흙에 혼합해 도자기를 구워낸다. 이런 도자기를 뼈(Bone)를 넣었다 해서 본차이나라고 불렀다.

아편전쟁 이후
영국인을 위해 만든 탕수육

탕수육과 꿔바로우

　탕수육엿 당糖, 물 수水, 고기 육肉은 돼지고기나 소고기를 튀긴 뒤, 소스를 부어 먹거나 찍어 먹는 요리다. 탕수육의 중국식 발음은 탕추러우다. 탕은 설탕, 추는 식초를 의미한다. 즉, Sweet and Sour 소스로 만든 달고 신맛이 나는 고기튀김이다. 해외에 나가 중식당을 찾으면 Sweet and Sour 소스로 된 음식을 고르면 탕수육 느낌의 요리를 맛볼 수 있다. 돼지고기는 탕수육, 소고기는 탕수우육소 우牛, 도미를 쓰면 탕수어라고 한다. 아편전쟁 이후 영국인들을 위해 만든 음식으로 알려져 있다. 중국인들이 아편전쟁 이후 이주해 온 영국인들의 입맛에 맞게, 젓가락질이 서툴러도 잘 집을 수 있도록 탕수육을 만든 것이다. 영국인들이 많이 살던 남부 광동지역에선 이를 '구라오러우'로 불렀다. 광동식 탕수육이다. 반면, 동북지역 탕수육은 꿔바로우노 구솥 과锅, 쌀 포饱, 고기 육肉라 불렀다. 둘 다 돼지고기를 튀겨냈지만, 꿔바로우는 돼지 등심을 돈가스처럼 넓적하고 얇게 튀겨냈다. 돼지 등심 부위는 다른 부위에 비해 기름기가 적고 육질이 부드럽다. 꿔바로우는 소스도 탕수육보다 더 묽고 상큼하다. 하얼빈을 찾던 러시아인들 입맛에 맞춰 개발되었다고 한다.

원래 탕수육은 소스를 부어서 나왔기에 촉촉함이 강조되었다. 반면, 꿔바로우는 감자전분을 묻혀 빠르게 튀겨내 바삭함이 강조되었다. 탕수육은 부먹(부어 먹기)과 찍먹(찍어 먹기) 논란이 있지만, 원래 꿔바로우는 소스가 입혀 나오고, 소스 양도 적어 찍먹이 어렵다. 부먹밖에 없던 탕수육이 찍먹 방식이 도입된 건 배달 문화의 발달 때문이다. 1980년대 이후 중식당이 배달을 하면서 눅눅해지는 탕수육 튀김옷 문제를 해결하기 위해 나온 결과다. 소스를 고기 튀김에 버무리지 않고 별도로 그릇에 담아 배달하기 시작하면서다.

튀김옷이 두껍고 딱딱한 탕수육은 부먹이 좋다. 소스를 미리 부어두면 튀김옷에 소스가 스며들어 부드럽기 때문이다. 반면, 튀김옷이 얇고 부드러우면 찍먹이 더 바삭해서 좋다.

치즈, 아는 척하려면
이건 꼭 알아야 해

레닛의 발견으로 발전하게 된 치즈

치즈Cheese는 영어식 표현으로, 프랑스어로는 프로마주Fromage, 이탈리어어로는 포르마지오Formaggio라 한다. 치즈는 동물의 젖을 발효한 식품이다. 1)먼저 동물의 젖을 응고한 뒤 2)물기를 제거해서 만든다. 즉, 동물 젖의 단백질과 지방을 굳힌 것이라 할 수 있다. 치즈는 주로 소의 젖우유으로 만드나, 산양, 양, 물소 등의 젖도 쓰인다. 치즈는 인류가 만든 가장 오래된 식품이기도 하다. 메소포타미아 문명에서 산양과 양을 가축으로 기르면서 치즈도 만들었을 것으로 추측된다. 동물의 젖에 있던 유산균이 발효를 거치며 자연스럽게 치즈를 만들어 냈다. 치즈는 유럽뿐만 아니라 중동, 몽골, 티베트, 네팔 등에서도 만들어졌다. 응유효소인 레닛(렌넷)Rennet의 발견으로 인해 치즈 제조가 발전하게 된다. 굳고 압축하는 과정을 레닛 덕에 제대로 할 수 있게 된 것이다. 레닛은 양이나 송아지의 네 번째 위에서 얻을 수 있는데, 레닌과 펩신을 함유하고 있다. 레닛의 발견 기원설로는 아라비아 상인 이야기가 있다. 그가 양의 위에 염소 젖을 넣어 두었는데, 시간이 흘러 흰색 덩어리와 노란 물이 나왔다고 한다. 그 흰색 덩어리가 바로 동물의 젖이 변한 치즈였다.

고대 로마 병사들에게 치즈와 와인은 중요 식량자원이었다. 그들이 머물던 곳에는 자연스레 치즈와 와인의 제조방법이 따라왔다. 로마 영토가 커지면서 유럽 전역에 치즈 제조법이 퍼지게 된다. 특히, 육식이 금지되었던 수도원에서 치즈는 단백질 공급원으로서 중요했다. 수도원에선 치즈 제조기술을 개발하고 그 기술을 마을에 공유하기도 했다. 산악이나 계곡이 깊은 스위스와 영국은 단단한 하드 치즈가, 평야가 넓은 프랑스와 이탈리아 남부는 부드러운 소프트 치즈가 발전했다. 파스퇴르가 발견한 저온살균 방식은 치즈 생산기술을 한 단계 발전시켰다. 살균하지 않은 우유는 상하기 쉬웠는데, 이 문제점을 프랑스 미생물학자 파스퇴르가 해결했다. 저온살균을 통해 우유의 품질관리가 가능해졌다. 치즈의 대량생산은 1851년 미국 뉴욕주에 체더치즈 공장이 설립되면서부터다. 1916년엔 미국의 크래프트사가 가공치즈(자연치즈+첨가물)를 제조하면서 가공치즈 생산도 급격히 늘어나게 되었다.

1장

치즈 제조 과정

치즈의 제조 순서로는 1단계 응고굳히기-2단계 유청 제거수분 제거-3단계 숙성으로 구분할 수 있다. 즉, 1)(응고)유산균이나 열로 동물의 젖을 굳힌 뒤, 2)(유청 제거)수분을 제거한 다음, 3)(숙성)숙성하면 치즈다. 1단계 응고는 동물의 젖을 굳히는 과정이다. 응고는 유산균으로 하는 산응고, 렌넷(응유요소, 레닛)으로 하는 렌넷응고, 가열하는 열응고가 있다. 응고된 동물의 젖을 응유(커드Curd)라고 한다. 2단계는 수분을 제거하는 과정인 유청 제거다. 응유에는 수분인 유청(훼이Whey)이 들어 있다. 유청은 동물 젖을 가만히 놓아둘 경우 위에 고이는 노르스름한 물이다. 2단계에선 수분인 유청을 제거하고 틀몰드, Mould에 넣어 응유끼리 서로 붙인다. 이때 무거운 물체를 위에 올리면 단단한 압착치즈가 된다. 단단한 치즈는 유청 제거 시 40℃ 이상 가열 여부에 따라 가열압착과 비가열압착 치즈로 나뉜다. 3단계인 숙성을 위해선 소금을 더한다가염. 소금을 더하는 가염 과정은 보존성 향상을 위해서 한다. 신선한 치즈인 프레시치즈는 가염을 하더라도 조금만 한다. 가염은 소금을 직접 바르는 건염방식, 소금물에 담그는 습염방식이 있다. 숙성과정은 치즈에 따라 일주일에서 1년 이상 걸리기도 한다.

자연치즈의 모든 종류와 상세 구분들

자연Natual치즈는 유산균 등 다양한 미생물이 살아 있는 치즈다.

자연치즈 제조과정은 먼저, 유산균, 응유 효소작용으로 원료유를 굳힌다. 이후 시간이 지나며 숙성기간을 거친다. 숙성치즈로는 1)흰곰팡이 치즈, 2)워시치즈, 3)산양유(양유)치즈, 4)푸른곰팡이 치즈, 5)(비)가열압착 치즈 등이 있다. 1)흰곰팡이 치즈는 표면에 흰곰팡이를 번식시킨 뒤 숙성시켜 만든다. 흰곰팡이 치즈로는 브리, 카망베르 등이 있다. 2)워시wash, 씻다치즈는 소금물, 알코올 등으로 치즈 표면을 씻으면서 숙성시킨다. 껍질은 붉고 점성이 있으며 냄새가 비교적 강하다. 강한 냄새는 껍질을 잘라내면 해결된다. 워시치즈로는 묑스테르, 에푸아스 등이 있다. 3)소젖 외에 산양유 또는 양유를 사용한 치즈도 있다. 산양유로 만든 치즈를 셰브르, 양유로 만든 치즈를 브레비라고 한다. 셰브르는 프랑스어로 암산양을, 브레비는 암양을 뜻한다. 흰곰팡이 치즈, 워시치즈, 산양유(양유)치즈는 부드러운 소프트 치즈 타입이다. 4)푸른곰팡이 치즈(블루치즈)는 푸른곰팡이를 번식시킨 뒤 숙성시켜 만든다. 이탈리아의 고르곤졸라, 프랑스의 로크포르, 영국의 블루 스틸톤 등이 푸른곰팡이 치즈다. 푸른곰팡이 치즈는 강렬한 맛이 인상적이다. 5)압착치즈는 장기간 숙성한 치즈다. 단단한 정도에 따라 하드 타입(경질치즈), 세미하드 타입(반경질치즈)으로 나뉜다. 하드 타입(경질치즈)은 숙성을 몇 개월~몇 년에 걸쳐 하다 보니 수분이 극히 적다. 하드 타입으로는 파르미지아노 레지아노 등이 있다. 세미하드 타입(반경질치즈)은 숙성기간이 1개월 ~2년 이상 걸리기도 한다. 고다(하우다), 체더 등이 반세미하드 타입이다. 압착치즈는 수분을 제거(탈수)할 때 40℃ 이상에서 가열하면 가열압착, 가열하지 않으면 비가열압착 치즈로 나뉜다. 가열압착 방식은 유청을 제거할 때 40℃ 이상 가열하는 단단한 치즈다. 비가열 압착 방식은 가열하지 않은 반경질 타입치즈로 고다(하우다)치즈가 있다.

물론, 자연치즈 중에는 6)발효나 숙성과정이 없이 바로 먹는 생치즈(프레시Fresh, 신선한 치즈)도 있다. 숙성기간이 없다 보니 수분이 많아 촉촉하고 부드러우며 폭신한 식감이다. 그중 염소나 양으로 만든 프레시 치즈는 조금은 강한 맛과 향을 지닌다. 리코타, 마스카르포네, 크림치즈, 모차렐라 등이 생치즈(프레시 치즈)다. 7)파스타 필라타는 응유에 뜨거운 물을 붓고 탄력이 생길 때까지 반복해서 만든다. 파스타 필라타는 이탈리아어로 '잡아 늘린 반죽'이란 뜻이다. 치즈를 만들 때 반죽을 늘리면서 실처럼 만드는 공정(필라투라Filatura, 실뽑기)을 거친다. 이탈리아 남부에서 파스타 필라타 형식의 치즈를 많이 만든다. 대표적으로 모차렐라 치즈가 있다. 피자를 먹을 때 모차렐라 치즈가 실처럼 쭉쭉 늘어난다. 찢어 먹는 치즈(스트링 치즈)도 이 제조법을 응용했다.

자연치즈에 첨가물을 첨가한 가공치즈

가공Processed치즈는 자연치즈에 첨가물을 더해 제조할 수 있기에, 동물의 젖으로 보다 많은 치즈를 만들 수 있다. 우리가 일반적으로 먹는 체더 슬라이스 치즈가 가공치즈다. 자연치즈를 녹여 성형하고 살균 상태(미생물 없음)로 포장한다. 가공치즈 원료는 고다(하우다), 체더 같은 세미하드 자연치즈다. 이 치즈를 열로 녹이고 유화제를 넣고 굳힌다. 가공치즈는 미생물이 없어 더 이상 숙성을 통한 변화가 없다. 숙성 없이 품질이 변하지 않으니 오래 보존이 가능해진다. 미생물 유무에 따라 구분할 경우 유산균 이외 미생물이 살아 있으면 자연치즈, 미생물이 살아 있지 않으면 가공치즈다.

각 지역별 전통을 인정한 치즈 인증제도

프랑스에선 각 지역의 독창적 농산물을 보호하기 위한 A.O.CAppellation d'Orgine Controlee(아펠라시옹 도리진 콩트롤레) 제도를 운영한다. 제품의 테루아(토양조건, 생산지역), 제조법, 품질과 규격 등을 고려해 엄선된 제품에만 A.O.C를 인정하고 있다. A.O.C를 통해 와인, 치즈, 과일, 고기, 가공식품까지 모든 식재료의 원산지만 보면 품질, 재배방법, 맛까지 알 수 있다. 가령, 카망베르 드 노르망디는 프랑스 북부 노르망디 지방에서 전통방식을 고수해 만든 A.O.C 인증 치즈다. 반면, 르 카망베르는 A.O.C 인증을 받지 않는 치즈다. A.O.C 인증이 없기에 세계 어느 곳에서든 만들 수 있다. 이탈리아는 D.O.P, D.O.C 등의 제도를 운영하고 있다.

D.O.P(Denominazione di Origine Protetta, 원산지 보호 명칭)는 이탈리아에서 가장 강력한 식품인증이다. D.O.P는 특정 지역에서만 생산되어야 하며, 전통 방식으로

제조되어야 한다. D.O.C(Denominazione di Origine Controllata, 원산지 명칭 통제)는 D.O.P보다는 완화된 인증이다. 특정 지역에서 생산되어야 하지만, 생산방식이나 가공방식에는 유연성을 부여한다.

프랑스의 치즈

15세기경까지 프랑스에선 치즈의 종류에 따라 집안의 부유함이 나뉘었다. 가난한 집에선 숙성기간이 짧은 신선 치즈(생치즈, 프레시 치즈)를, 부유한 집에선 6개월 이상 숙성 치즈를 먹었다. 하지만, 16세기 접어들면서 가난한 이들이 먹던 신선 치즈가 유행하면서 부유한 이들도 신선한 치즈를 먹기 시작했다.

카망베르(카망베르 드 노르망디)는 프랑스 북부 노르망디의 한 지역 명이다. 카망베르는 흰곰팡이 치즈의 한 종류이기도 하다. 1791년 카망베르 지역의 농부 아내마리아렐가 수도사샤를 장 봉부스트로부터 치즈 제조법을 배운다. 농부 아내는 프랑스 혁명 당시 피신 중인 수도사를 숨겨줬고, 그 수도사는 고마움의 표시로 제조법을 가르쳐 준 것이다. 수도사의 치즈 제조법은 그의 고향인 브리에서 해오던 방식이었다. 카망베르는 프랑스 노르망디 부인들이 나폴레옹에게 대접한 치즈로도 유명하다. 뇌샤텔은 노르망디 지역의 흰곰팡이 치즈다. 하트 모양 덕분에 밸런타인데이 선물용으로도 쓰인다. 뇌샤텔이 하트 모양이 된 건 백년전쟁 때문이다. 프랑스의 뇌샤텔 마을 여성이 영국 병사와 사랑에 빠져, 하트 모양 치즈를 선물한 것이 기원이라고 전해진다. 브리(브리 드 모)치즈도 흰곰팡이 치즈다. 파리 동쪽에 위치한 브리 지역은 8세기 이전부터 흰곰팡이 치즈를 만들어 왔다. 8세기 브리 드 모를 처음 먹어본 프랑크왕국의 샤를마뉴 1세가 극찬한 것으로도 유명하다. 프랑스 혁명 당시 루이 16세가 도망을 가다가 바렌이란 마을에서 브리를 구하려고 마차를 세우는 바람에 붙잡혔다는 이야기도 있다. 1815년 열린 빈 회의(나폴레옹에 이긴 유럽 승전국 회의)에선 60여 종의 치즈 중 만장일치로 브리가 그랑프리를 수상하기도 했다.

발랑세는 피라미드 모양의 치즈다. 나폴레옹의 분노를 유발한 치즈로도 알려져 있다. 이집트 원정에서 패한 바 있는 나폴레옹이 발랑세 성(외무대신 탈레랑 소유 성)을 방문하게 되고, 발랑세 치즈가 피라미드를 연상하게 한다며 화를 냈고, 이후 치즈 윗부분이 잘려나갔다는 이야기다. 발랑세 표면에는 새까만 숯가루가 뿌려져 있다. 숯가루는 벌레를 쫓기도 하지만, 탈수와 숙성에 필요한 곰팡이를 끌어오는 역할도 한다. 발랑세는 무살균 산양유로 만든다. 로크포르는 세계 3대 블루치즈 중 하나다. 석회암 바위산인 프랑스의 콩발루산 동굴에서 숙성해야 한다. 동굴은 치즈가 숙성하기 위한 최적의 온도와 습도를 유지한다. 동굴에 불어오는 바람이 최적의 푸른곰팡이 치즈를 만든다. 프랑스 왕인 샤를 6세가 동굴에서 치즈를 숙성할 수 있는 특허장을 부여하기도 했다.1411년

이탈리아의 치즈

고대 로마시대부터 각종 문헌에 치즈에 관한 내용이 기록되어 있다. 이탈리아 치즈는 다른 나라와 달리 염소와 암양의 젖을 많이 사용한다. 이탈리아 북부는 알프스 산맥에서 발달한 스위스풍 하드 치즈가 발달했다. 따뜻한 남부는 물소, 염소 젖을 이용해 부드러운 생치즈(프레시 치즈)를 만들었다. 이탈리아 피자에는 모차렐라, 파스타에는 파르미지아노 레지아노, 티라미수에는 마스카르포네 등의 치즈가 쓰인다. 고르곤졸라는 푸른곰팡이 치즈다. 치즈 이름은 이탈리아 북부 롬바르디아주 고르곤졸라 마을에서 유래했다. 알프스 산에서 추위를 피해 내려온 소떼들이 고르곤졸라 마을에 머무르기 시작하면서 치즈가 만들어졌다. 고르곤졸라 치즈 종류로는 피칸테, 돌체가 있다. 피칸테는 푸른곰팡이가 많고 스파이스한 맛이 강하게 난다. 반면, 돌체는 달고 순한 맛이 난다. 고르곤졸라 90% 이상은 돌체가 생산되고 있다. 고르곤졸라는 피자, 파스타, 리소토 등에 다양하게 쓰인다.

마스카르포네는 우유에 크림을 넣고 만드는 롬바르디아 지역 생치즈(프레시 치즈)다. 마스카르포네 이름은 과거 스페인 총독에 의해 지어졌다. 롬바르디아를 방문한 총독이 치즈 맛을 보고 스페인어로 '최고의 맛Mas que buneo'이라고 말한 게 그 유래가 되었다. 파르미지아노 레지아노는 이탈리아를 대표하는 단단한 초경질 치즈다. 숙성기간은 최소 1년 이상을 둔다. 4년 이상 장기숙성한 경우도 있다. 바퀴 모양으로 생긴 파르미지아노 레지아노는 치즈 휠이 30kg 이상 나갈 정도로 크다. 이탈리아 북부 에밀리아로마냐주를 중심으로 만들어진다. 파르마, 레지오 에밀리아 지역명에서 치즈 이름의 기원이 있다. 즉, 파르미지아노 레지아노는 파르마, 레지오 에밀리아의 치즈란 뜻이다. 주로 얇게 깎거나 갈아서 요리에 곁들인다. 이 치즈에서 응용한 치즈가 피자 먹을 때 곁들이는 가루 형태의 파르메산 치즈다.

모차렐라는 이탈리아 나폴리가 원산지인 생치즈(프레시 치즈)다. 나폴리 근교 습지대에 물소가 살아, 물소 젖으로 모차렐라를 만들었다. 모차렐라의 탄력 있는 식감은 파스타 필라타 제조공법을 쓰기 때문이다. 커드를 뜨거운 물속에서 반죽한 다음 뜨거운 물속에서 반죽을 뜯는 과정을 거친다. 이 뜯는 과정을 모차투라Mozzatura라고 하는데 이것이 모차렐라 치즈의 어원이 되었다. 모차렐라 치즈는 마르게리타 피자, 카프레제 샐러드 등에 쓰인다. 2차 대전 중 퇴각하는 독일군에 의해 물소가 대량 학살된 뒤 이탈리아는 한동안 젖소유로 모차렐라 치즈를 만들기도 했다. 리코타는 이탈리아 남부에서 즐기는 생치즈(프레시 치즈)다. 새하얀 크림 상태로 컵에 담겨 팔린다. 리코타는 '다시 데운다'는 의미다. 동물의 젖을 한 번 가열해 나온 유청에 새로운 젖이나 크림을 넣고 재가열해서다. 이탈리아 남부에서 물소유, 양유로 만든 치즈는 D.O.P(Denominazione di Origine Protetta, 원산지 보호 명칭) 자격을 획득했다. 다만, D.O.P 자격을 획득한 치즈는 생산량, 보존 문제 등으로 구하기 쉽지 않다.

스위스의 치즈

알프스 산맥과 쥐라 산맥 사이에 위치한 스위스는 산간 생활을 위해 크고 단단한 경성치즈(하드치즈)를 생산해 왔다. 눈에 갇히는 스위스 지역의 특성을 고려해 수분을 확실하게 제거한다. 장기 보존을 위해서다. 스위스 남성들은 용병으로 외국에 나갔기에 치즈 만드는 일은 주로 여성들이 했다. 스위스 치즈는 대부분 소의 젖이며 염소나 양의 젖을 쓰는 다른 국가와 구분되는 점이다. 스위스의 대표적인 치즈로는 에멘탈, 그뤼에르, 라클레트, 테드 드 무안 등이 있다. 에멘탈은 만화 〈톰과 제리〉에서 나오는 구멍치즈아이 뚫린 가열압착(하드)치즈다. 구멍은 숙성 중에 빠져나가지 못한 탄산가스에 의해 만들어진다. 치즈 이름은 에멘이란 지역 이름과 계곡을 뜻하는 '탈'에서 나왔다. 치즈 크기도 굉장히 큰 편으로 치즈 휠이 100kg을 넘기도 한다. 그뤼에르는 스위스 서부 그뤼에르 지역에서 나오는 가열압착(하드) 치즈다. 치즈를 화이트와인에 녹여 퐁뒤로 먹기도 한다. 그뤼에르가 빠지면 정통 퐁뒤라 할 수 없을 정도로 퐁뒤에 많이 쓰인다. 라클레트는 비가열압착(세미하드) 치즈다. '긁어내다'라는 의미의 라클레Racler가 치즈 이름의 유래다. 전통적으로 난로에 쬐어 녹인 치즈를 긁어내서 감자, 빵에 발라 먹는다. 테드 드 무안은 꽃잎 모양으로 깎아서 먹는 비가열압착(세미하드) 치즈다. 테드 드 무안은 '수도사의 머리'란 뜻이다. 과거 교회 토지의 소작농들에게 수도사 머리 숫자만큼 치즈를 납품하게 해서 그 유래가 생겼다. 테드 드 무안은 지롤이라는 전용 깎기 기계로 얇게 돌려 깎아서 먹는다. 꽃잎처럼 얇은 치즈가 깎여 나온다.

네덜란드의 치즈

고다치즈는 네덜란드 남부도시 고다Gouda에서 유래했다. 네덜란드에선 고다를 '하우다'라고 발음한다. 고다는 치즈의 생산지가 아닌 판매지였다. 중세시대 네덜란드 남부지역 농민들이 고다시장에서만 치즈를 판매할 수 있었기 때문이다. 고다치즈는 네덜란드에서 생산되는 치즈의 절반 이상을 차지한다. 껍질은 노란색의 왁스로 덮여 있다. 왁스를 하는 이유는 외부 충격이나 습기로부터 견디게 하기 위함이다. 치즈 속은 연노랑, 오렌지색으로 되어 있다. 비가열압착(세미하드, 하드) 치즈로 숙성기간은 1~48개월이다. 치즈 제조업자들은 숙성된 치즈를 두들겨 보고 품질을 파악한다. 4~9월 매주 금요일에는 알크마르 치즈시장에서 고다가 거래되는 장관이 연출된다. 알크마르는 네덜란드 수도 암스테르담에서 북서쪽에 위치해 있다. 1622년부터 시장이 열린 이래 전통적인 방식을 고수하고 있다. 에담은 고다 다음으로 생산량이 많은 네덜란드 대표 치즈 중 하나다. 네덜란드 북부 항구도시 에담에서 치즈 이름을 따왔다. 수출용은 빨간색 왁스, 국내 소비용은 노란색 왁스로 코팅한다. 검은색 왁스는 17주 이상 숙성되었음을 의미한다. 비가열압착(하드) 방식으로 만들며, 숙성이 짧은 건 슬라이스 해서 생으로 먹고, 숙성된 단단한 치즈는 깎아서 가루치즈로 만든 뒤 조리용으로 쓴다.

영국의 치즈

블루 스틸톤은 로크포르, 고르곤졸라와 함께 세계 3대 블루치즈로 불린다. 스틸톤은 런던에서 북서쪽에 위치한 마을이다. 다만, 블루 스틸톤의 생산지는 스틸톤이란 마을이 아니다. 스틸톤의 벨인Bell Inn에서 먹은 치즈가 맛있다는 평판이 나면서 스틸톤으로 불리게 된 것이다. 체더는 영국에서 태어났지만 세계에서 가장 생산량이 많은 치즈다. 비가열압착(하드) 치즈로 화이트체더는 아이보리색, 레드체더는 오렌지색을 띤다. 영국 남서부 서머싯 지방의 체더 마을이 원산지다. 전통적인 체더는 원통형 장기숙성 타입으로 단단한 껍질이 있다. 반면, 공장에서 만들어 내는 체더는 껍질이 없으며 슬라이스 해서 샌드위치 등에 넣어 먹을 수 있다. 2차 대전 중 영국은 치즈 생산을 규제했다. 생산할 수 있는 치즈는 체더로 한정하되, 전통 자연치즈가 아닌 첨가물을 더한 가공치즈로 생산토록 했다. 자연치즈보다 적은 우유로 더 많은 치즈를 생산할 수 있게 한 거다. 영국 정부는 가공치즈를 전쟁터로 보냈고, 민간인에게도 일주일에 성인 1인당 50g의 가공치즈를 배급했다.

빵, 아는 척하려면
이건 꼭 알아야 해

플랫브레드에서 고대 이집트의 발효된 빵으로

유럽은 기후와 토양이 쌀을 재배하기에는 좋지 않아 밭작물인 보리, 밀, 호밀, 조 등을 키웠다. 이들 밭작물들은 쌀처럼 쪄서 먹을 수 없었다. 죽으로 먹거나 가루 내어 빵으로 만들어 먹어야 했다. 서양 문명의 기원지인 메소포타미아 주요 작물은 보리였다. 보리를 가루 내어 빵을 만들어 먹었다. 기원전 6000년경 수메르 지역에는 인류 최초 도시인 우르크가 세워졌다. 우르크는 땅에 소금기가 있어 보리 재배가 많았다. 소금기 땅에선 밀보다 보리가 잘 자라기 때문이다. 보리는 밀과 달리 글루텐을 만들어 내지 않는다. 글루텐은 반죽을 쫄깃하게 하고, 빵을 부풀게 하는 기능을 한다. 글루텐 성분이 많아야 빵이 잘 부풀어 오른다. 글루텐이 적은 보리빵은 호떡이나 부침

개처럼 생긴 플랫브레드(납작 빵)였다. 반면 글루텐이 들어 있는 밀가루는 물을 넣고 반죽하면 글루텐이 부풀어 오른다.

플랫브레드로는 멕시코의 토르티야, 인도의 차파티, 중국의 사오빙 등이 있다.

수메르 시절 가루를 내서 만들어야 하는 고된 노동이 들어가는 빵은 일반인의 일상이 아닌, 노동력을 부릴 수 있는 상위 계층의 식단이었다. 하층민들은 주로 끓이는 죽을 먹었다. 일반인들까지 빵을 즐긴 건 고대 이집트부터다. 고대 이집트는 빵을 계층에 상관없이 주된 식사로 먹었다. 고대 이집트는 밀 농사가 발달했다. 밀의 원산지는 트랜스코카서스 지방, 지금의 튀르키예와 그 인근 국가였다. 밀은 서남아시아를 거쳐 이집트까지 전달된다. 고대 이집트는 야생밀의 돌연변이인 에머밀을 재배했다. 나일강길이 6,650km은 매년 범람했고, 범람한 강 주변은 비옥했다. 덕분에 밀 농사가 발전했고 밀 수확량도 풍부했다. 파라오람세스 3세 묘 벽화에 빵 제조 과정이 상세히 그려져 있을 정도다. 밀은 쌀처럼 쪄서 먹을 수 없다. 맛도 없거니와 소화 흡수율도 낮기 때문이다. 대신에 가루로 만들어 물과 섞으면 잘 반죽해 먹을 수 있다. 물과 섞인 밀가루는 단백질이 부풀어 오르며 붙어 글루텐을 만들어 낸다. 이집트는 플랫브레드에서 진일보해 인류 최초로 발효된 빵을 만들었다. 고대 이집트에서 빵은 물물거래에도 쓰이고, 맥주와 함께 급여로도 사용되었다. 계급에 따라 받는 빵의 숫자도 달랐다. 빵은 고대 이집트와 이집트를 정복한 고대 로마의 흥망에 지대한 영향을 미쳤다. 풍요의 땅이자 부드러운 빵을 만들어 내는 이집트는 중동과 지중해 강력한 국가들의 침략 1순위가 된다. 아시리아, 페르시아, 마케도니아, 로마제국, 이슬람 제국, 영국 등이 이집트를 순차적으로 지배했다. 1922년이 되어서야 이집트는 독립하는데, 인구 급증, 지구 온난화, 나일강 수량이 줄며 지금은 밀 수입국이 되어 있다.

빵의 발효 방식

발효술괼 발醱, 삭힐 효酵는 효모, 박테리아 등 미생물 작용으로 유기물질이 분해되는 현상이다. 발효는 술, 간장, 식초, 김치 등을 만드는 과정에서 일어난다. 이를 빵에 적용하면 1)효모라는 생물이 탄수화물을 먹으며 증식하는데, 2)효모가 탄수화물을 알코올과 기타 유기물로 분해하는 과정에서 3)탄산가스가 발생한다. 4)그 탄산가스가 빵 반죽을 부풀게 한다. 빵의 발효법 중에는 사워도우 발효가 있다. 사워도우Sour Dough는 신맛이 있어 산성반죽이라고도 한다. Sour는 '신맛의', Dough는 '밀가루 반죽'을 의미한다. 신맛의 주성분은 젖산과 초산이다. 발효반죽법(반죽에 '효모〈또는 유산균 등 미생물〉'를 인공적으로 넣어 발효시킴)이 확립되기 이전의 발효법이다. '공기 중에 존재하는 효모균'을 이용해 발효반죽을 만드는 방식이다. 사워도우를 자연발효 방식이라고도 한다. 즉, 밀가루 반죽을 자연 상태로 상당 기간 두어 공기 중의 효모균을 이용한다. 빵을 만든 다음 발효된 빵 일부를 남겨두고 다음 빵에 쓰기도 한다.

발효가 끝난 밀가루는 부풀어 오른다. 발효시켜 부풀린 빵을 기준으로 하면 빵의 기원은 이집트부터다. 기원전 4000년경 고대 이집트인들은 '발효 곰팡이인 효모'를 발견했다. 고대 이집트인들은 '과일 껍질, 꽃 꿀샘 등에 자라는 곰팡이'를 밀가루 반죽에 넣었다. 반죽을 구워내면 반죽이 둥글게 부풀어 오르고 진흙 오븐에 구워내자 부푼 빵이 부드러워진 걸 알게 되었다. 고대 이집트 이전 대부분의 빵은 평평하고 두께가 얇은 무발효 빵(플랫브레드)이었는데 말이다. 고대 이집트인들은 맥주 침전물을 주된 효모로도 활용했다. 보리 반죽을 자연발효시켜 맥주를 만들고, 맥주 침전물에서 효모를 추출했다. 당시의 맥주는 걸쭉한 막걸리와 같았다. 독일어로 빵을 Brot(브로트)라 부른다. 맥주 문화권인 독일에선 양조Brauen라는 단어에서 유래했다. 현대에는 발효효모로 이스트를 쓴다. 이스트는 효모를 인위적으로 재배양해서 쓸 수 있게 만든 것이다. 사워도우 방식은 하루 이상 오랜 시간이 필요한 반면, 이스트는 3~4시간이면 빵을 만들 수 있다.

우리나라가 빵이라 하는 이유는 포르투갈어 pão가 일본에 전해지며 빵으로 불리고, 빵이란 이름이 우리나라에도 전해져서다. 빵은 영어로 Bread, 네덜란드어로 Brood, 독일어로 Brot으로 부른다. 이는 고대 튜튼어인 Braudz(조각)에서 유래한다. 반면, 프랑스어로는 Pain, 스페인어로는 Pan, 포르투갈어로는 pão로 부른다. 이는 그리스어인 Pa, 라틴어 Panis에서 기원했기 때문이다.

고대 그리스와 로마시대 빵의 역사

고대 이집트를 제외한 대부분 지역은 밀보다 보리를 심었다. 보리는 춥고 척박한 곳에서도 잘 자라고 병충해에도 강하며 자라는 기간도 짧다. 고대 그리스는 산이 대부분이고 척박한 땅이기에 올리브, 포도를 주로 재배했고, 곡물 재배는 보리였다. 밀은 대부분 수입했다. 고대 로마시대에도 빵은 주된 식사로 자리 잡았다. 로마는 이집트를 침략해 지중해 패권을 차지하며 빵의 전성기를 맞았다. 로마는 이집트의 밀을 품종 개량해 유럽 전역에 퍼트렸다. 밀로 만든 빵이 로마시대 주식으로 자리 잡았다. 이집트 진흙 오븐을 개량해 벽돌 오븐을 만들었다. 고대 로마가 서양 식탁의 기초를 수립한 셈이다. 황제가 다스리는 로마 제정기에는 빵을 굽는 가게가 들어서고, 널리 퍼졌다. 하지만, 강력한 로마제국도 빵으로 인해 멸망의 길로 간다. 귀족들이 대농장(라티푼디움)을 만들며 중산층이 몰락했고, 공화제였던 로마가 황제가 지배하는 나라가 되면서다. 황제는 인기를 위해 빵과 서커스 정책을 펼친다. 공화제 폐지, 빈부격차 불만을 돌리기 위한 선심성 정책이었다. 시민권을 가진 로마 시민들에게 콜로세움 경기 표, 빵을 주며 관심을 돌렸다. 사실, 로마제국은 로마 이북에 살던(라인강, 다뉴브강 이북) 게르만족을 야만인으로 평가했다. 그 주된 이유 중 하나는 빵을 먹지 않아서이기도 했다. 게르만족은 밀을 재배하는 대신에 유목민처럼 가축을 기르고, 가축에서 나오는 우유, 치즈, 고기 등을 주식으로 삼았기 때문이다. 하지만, 로마제국에서 분할(서로마$^{395~476년}$, 동로마$^{395~1453년}$)된 서로마제국은 그들이 야만인이

라 부르던 게르만족의 침공으로 멸망한다.476년

중세 계급별로 구분되는 빵의 색깔

중세에는 호밀, 귀리, 보리, 기장, 조, 도토리 등도 빵의 주재료로 사용되었다. 특히, 호밀의 비중이 증가한다. 호밀은 춥고 척박한 지방(독일, 러시아, 폴란드 등)에서 많이 재배되었다. 호밀은 밀보다 글루텐 형성이 적어 딱딱한 검은색의 빵이 된다. 보리, 귀리가 밀과 함께할 수 있었던 건 수확기가 달라서였다. 밀, 호밀은 겨울 작물(초겨울 파종, 봄 수확)인 반면, 보리, 귀리는 여름 작물(봄 또는 여름 파종, 가을 수확)이기 때문이다.

중세에는 빵의 색깔에 따라 신분이 구분되었다. 하얀 빵은 고급 밀을 고운 비단 등에 여러 번 정제하다 보니 노동력이 많이 들었다. 하얀 빵은 상류층만이 가능한 빵이었다. 그래서 상류층을 '하얀 빵을 먹는 사람들'이라 불렀다. 하층민들은 갈색이나 흑색 빵을 먹었다. 갈색이나 흑색 빵인 이유는 재료가 호밀, 귀리, 보리, 기장이거나, 거칠게 제분한 밀이었기 때문이다. 하층민 빵에는 불순물(모래, 톱밥)도 많았다. 상류층의 하얀 빵은 부드러웠지만, 하층민 빵은 단단했다. 호밀 등으로 만든 반죽은 잘 부풀어 오르지 않기 때문이다. 중세 빵에는 귀하고 비싼 설탕과 소금이 별로 들어가지 않았다. 중세시대 빵을 굽기 위해선 높은 온도로 구울 수 있는 오븐이 필요했다. 빵은 별도의 제빵소에서 구웠다. 제빵소는 주로 대도시에 위치하고 길드의 통제를 받았다. 상류층은 빵을 자주 구워낼 수 있었지만, 하층민들은 돈을 주고 빵을 굽는 일도 자주 할 수 없었다. 하층민들은 빵 대신에 보리 등 잡곡으로 죽을 쑤어 먹는 경우도 많았다.

중세시대 풍차 제분과 말리세 제분기계

빵은 가루를 내는 작업이 필요하기에 고된 노동이었다. 맷돌과 제분기가 발명되기 이전엔 돌로 갈았다. 쌀보다도 고된 가루 내는 일이 있었던 만큼 불편함이 더했다. 갈돌로 갈면 가루도 두껍고 불순물(보리껍질, 모래)도 많았다. 중세시대 밀을 가루 내는 고된 노동을 편리하게 해준 건 풍차다. 풍차는 빵을 주식으로 삼는 서양 거의 모든 마을에 있었다. 수차(물레방아)도 많았지만, 수차는 많은 물이 필요해 산간이나 시골에 주로 많았다. 풍차는 도시 인근이나 내륙에 설치할 수 있어 도시의 빵을 만드는 데 풍차가 주로 쓰였다. 풍차는 9세기 페르시아에서 개발된 후 12세기 유럽으로 전해졌다. 풍차로는 밀가루를 만드는 일 외에도 올리브 오일 등 다양한 용도로 쓰였다. 중세시대에는 밀가루 등을 만드는 방앗간에 창문을 내지 않았다. 창문을 내면 열효율이 떨어져서였다. 그로 인해 방앗간에는 불이 잘 났다. 가루를 내는 커다란 돌들이 돌아가며 마찰열이 생기고, 공기 중 밀가루와 만나 불을 냈다.

1760년 프랑스인 말리세가 제분기계를 내놓게 되고, 빵을 만드는 삶이 편해졌다. 새로운 제분기계 덕에 하얀색 밀가루를 쉽게 얻게 되었다. 몇 차례 제분단계를 거치면 끝이다. 제분 이후 불순물 제거 등 추가 작업도 필요 없어졌다. 덕분에 하얀 밀가루를 쉽게 얻게 되고 밀가루 가격도 낮아졌다. 가난한 이들도 하얀 빵을 쉽게 먹을 수 있게 된다.

프랑스 빵 이야기

프랑스는 법률로 빵에 대해 엄격한 규정을 두고 있다. 요약하자면 첫째, 빵은 밀가루, 물, 소금으로만 만들어야 한다. 둘째, 자연발효법(사워도우) 또는 이스트를 써야 한다. 셋째, 완성한 반죽에는 첨가물, 색소를 넣어서는 안 된다. 마지막으로, 반죽은 냉동 과정을 거쳐서도 안 된다. 포도주를 주로 마시는 프랑스에선 과거에 맥주 발효에서 나오는 이스트를 구하기 힘들었다. 그러기에 프랑스에선 자연발효법(사워도우) 방식을 주로 써왔다. 자연발효법(사워도우)으로 만든 빵을 프랑스에선 팡 오 르방pain au levain이라고 한다. 자연발효이기에 인공첨가물인 이스트를 쓰지 않는다. 자연발효 빵은 밀도가 높아 더 쫄깃하고 식감이 거칠다. 자연발효 과정에서 생기는 신맛과 쓴맛도 담긴다. 대신에 오랜 시간이 걸리고 만들기가 복잡하다. 프랑스에선 빵을 종이봉투에 담는다. 비닐봉투를 쓸 경우 눅눅해지는 식감을 방지하기 위해서다.

　프랑스 대표 빵으로는 길쭉한 모양의 바게트가 있다. 바게트는 '막대기'란 뜻으로 겉바속촉(겉은 바삭, 속은 부드럽고 탄력 있음) 빵이다. 바게트 껍질을 쪼개면 미Mie라고 불리는 크림색 속살이 있다. 미Mie에는 발효 중에 생긴 구멍이 나 있다. 자연발효한 바게트는 그 구멍 크기가 불규칙적이다. 반면, 공장에서 냉동반죽으로 만든 바게트는 그 구멍 크기가 일정하다. 공장에서 만든 미Mie는 크림색이 아닌 흰색이다. 바게트 기원설 중 하나는 나폴레옹과 관련이 있다. 행군하는 병사들이 빵을 바지에 넣고 다닐 수 있게 길쭉한 모양의 바게트 빵을 나폴레옹이 고안해 냈다는 것이다. 또 다른 기원설로는 프랑스 법률로 제빵사들이 밤 10시부터 새벽 4시까지 일을 못 하게 되면서 바게트가 만들어졌다는 설이다. 아침에 빠르게 빵을 내놓기 위해서 빵 굽는 시간을 단축해야 했고, 빵의 모양이 가늘고 길게 되었다는 것이다. 바게트는 대체로 길이 65cm, 무게 250g 내외다. 바게트와 무게는 같지만 길이가 40~41cm로 더 짧고 통통한 빵은 바타르Batard, 길이는 같지만 무게가 500g으로 무거우면 파리지앵Parisien, 길이 62~63cm, 무게 200g으로 바게트보다 가늘고 가벼우면 플뤼트Flute라고 부른다.

　프랑스 정부는 1993년 프랑스 바게트법Le Décret Pain까지 제정해 바게트빵의 품질을 관리하고, 바게트의 무게와 길이까지 규격화하고 있다. 법에 따라서 밀가루, 효모, 소금, 물 4가지 원재료로만 만드는 전통 제빵법을 고수해야 한다. 어떤 첨가제라도 넣어서는 안 되며, 자연발효 방식으로만 만들어야 한다. 원래 바게트는 천연 발효종 반죽으로 24시간이나 걸려 만드는 빵이었다. 하지만, 1920년대 빠른 발효를 위해 이스트를 사용하게 되었고, 빵 맛이 떨어지게 되었다. 이후 1960년대에는 기계적으로 바게트를 찍어내며 빵 맛은 더 떨어졌다. 이후 1980년대에 들어서며 프랑스에선 전통 제빵법을 고수하려는 의식이 싹트게 된다. 천연 발효종을 이용하고, 전통방식의 오븐을 활용해서도 대량생산이 가능하게 했다. 또한 법률에 따라 직접 신선한 빵을 만드는 가게에만 블랑주리(Boulangerie제빵집)라고 이름을 붙일 수 있게 했다.

다만, 법에서 빵을 얼마의 시간 동안 구워야 하는지에 대한 정의는 없다. 그러다 보니 전통적인 방식보다 빵을 짧은 시간 동안 구워내고 있다. 전통적인 방식은 20~25분 동안 오븐에서 구워내 빵 껍질이 딱딱하고 두껍다. 잘못하면 입천장이 벗겨지거나, 턱이 빠질 정도다. 요즈음 파리에선 17분 정도 오븐에 구워낸 황금빛보다 하얀 덜 익은 바게트가 팔리고 있다. 부드러운 식감을 원하는 소비자의 성향이 반영된 결과다. 끼니때마다 갓 구워낸 뜨끈한 빵을 사오던 패턴에서, 한꺼번에 사두고 데워 먹는 생활방식으로 바뀌다 보니 그렇게 되었다. 데워 먹는 데는 덜 구워낸 게 더 낫다. 또한 완벽하게 구워낸 바게트는 하루만 지나도 묵은 맛이 나므로 덜 구워낸 바게트가 더 선호되고 있다.

　프랑스 파리에선 매년 전통 바게트 대회가 열린다. 바게트의 맛, 모양, 구운 정도, 빵 속의 느낌, 공기구멍 등을 보고 1등을 정한다. 1등을 한 이는 4,000유로의 상금과, 1년간 프랑스 대통령 궁에 납품할 기회를 얻는다. 프랑스의 바게트 사랑은 유별나다. 프랑스 정부는 바게트 제조법과 문화를 2018년 국가 무형 문화재로 등록하고, 2022년 유네스코 인류무형문화유산에 등재하기까지 했다. 베트남 바게트는 반미라 불린다. 프랑스 식민지여서 프랑스 영향을 받았다. 반미는 밀가루와 쌀가루를 혼합해 만드는데 주로 샌드위치 재료로 쓰인다.

　크로아상은 초승달 모양으로 아침에 주로 먹는다. 크로아상의 기원 중 하나는 오스트리아와 연관 있다. 오스트리아 수도 빈(비엔나)이 오스만튀르크에 포위되었고, 오스트리아 제빵사가 오스만제국 공격 계획을 그의 창고에서 듣게 되었다. 이에 오스트리아 군에 관련 내용을 알리고 그 공로를 인정받았다. 이후 전쟁이 끝나고 오스만튀르크 깃발 모양을 본떠 초승달 모양의 빵을 만들어 냈다. 크로아상은 프랑스어로 '초승달'을 의미한다. 프렌치 토스트는 프랑스보다 북미에서 더 사랑받는 빵이다. 아침에 주로 먹으며 오래된 빵을 달걀, 우유에 넣은 뒤 구워내 부드럽다. 주로 꿀이나 시럽을 얹어 먹는다.

독일 빵 이야기

독일은 맥주를 먹는 지역이지만 자연발효법(사워도우) 방식을 선호해 왔다. 독일은 특히 호밀 빵을 선호한다. 추운 독일 땅에선 호밀이 잘 자라서, 많이 생산되는 호밀로 빵을 만든다. 호밀은 글루텐이 강하지 않아 많은 양의 사워도우를 반죽에 써야 한다. 신맛이 나는 사워도우 발효방식의 호밀빵이 만들어진다. 독일 국민성과 닮아서일까, 호밀빵은 딱딱하다. 편히 먹기에는 부담스러우나 담백함이 있다. 호밀빵에는 기름기가 없어 버터를 바르면 식감이 부드러워진다. 대부분의 독일 빵이 기름기가 적고 설탕 함량이 낮다. 호밀빵류로는 폴콘 브로트Vollkorn Brot, 로겐 브로트Roggen Brot가 있다. 폴콘 브로트는 '호밀빵'이라 불리며 호밀과 밀의 비율이 9:1이다. 신맛이 나고 겉면이 딱딱하고 거친 질감이다. 로겐 브로트는 '흑빵'이라 불리며 호밀을 90%까지 넣는다. 브뢰첸(브로첸)은 독일어로 '작은 빵'을 뜻한다. Brot(빵)와 Chen(작다)이 합쳐졌다. 독일 빵 중 비교적 작은 빵 크기(손바닥 정도)에 속한다. 독일식 미니 바게트라고나 할까. 달걀과 버터가 들어가지 않은 담백한 맛이다.

독일 대표 '밀가루 빵'으로는 브레첼(Brezel)이 있다. 프랑스를 대표하는 빵이 바게트라면 독일은 브레첼이다. 밀가루 반죽을 동글게 리본 모양으로 해서 만든다. 쉽게 말해 8자 형태 꽈배기 빵이다. 다른 빵보다 쫄깃하면서 소금이 박혀 있다 보니 짠맛이 난다. 브레첼은 사순절 금식기간 먹던 빵이었다. 금식기간에는 고기와 유제품을 먹지 않았다. 이에 밀가루, 물, 소금으로 만든 간단한 빵을 만들어 먹은 것이다. 빵 모양도 기도하는 팔 모양으로 만들었다. 고대 가톨릭 신자들은 양팔을 교차시켜 손을 반대편 어깨에 대고 기도했다. 꼭 브레첼 모양처럼 말이다. 그러기에 브레첼의 어원이 '작은 팔들'이라는 뜻의 라틴어 '브라첼래Bracellae'에서 유래했다. 초기에는 종교적인 의미를 가졌지만, 독일 남부지역으로 확산되며 지역 특징을 갖는 일반 음식이 되었다. 영어권에선 '프레첼(Pretzel)'이라고도 불린다. 이는 독일 등에서 미국으로 건너간 이민자들에 의해서다. 그들은 주로 펜실베이니아에 정착해 펜실베이니아 더치로 불렸다. 펜실베이니아에 정착한 이들이 브레첼을 즐겨 먹으며, 펜실베이니아 대표 음식 중 하나가 된다. 원래는 밀가루, 물, 소금만 넣은 소박한 빵이었다만, 미국에선 치즈, 크림, 소시지 등을 넣으며 기름져졌다.

이탈리아 빵 이야기

이탈리아는 프랑스나 독일과 달리 '호밀 없이' 밀가루만으로 자연 발효(사워도우) 빵을 만들어 낸다. 이탈리아 빵은 한 번에 크게 만들고, 먹을 만큼 잘라서 판매하는 게 특징이다. 이탈리아 대표 빵으로는 치아바타가 있다. '납작한 슬리퍼'란 의미의 치아바타는 길쭉한 모양에 겉은 딱딱하나 속은 쫄깃한 맛이다. 2차 대전 직후 곡물 부족으로 인해 남은 반죽으로 조금씩 늘려 만들었던 게 그 유래다. 최소한의 반죽으로 만들기에 겉면이 거칠다. 이탈리아 북부지역에서 즐기며 샌드위치에 많이 쓰인다. 비가Biga라는 발효반죽을 쓰는데 그 덕분에 속이 촉촉하고 구멍 뚫린 모양이 나온다. 파니니는 이탈리아 노동자들의 샌드위치다. 치아바타 등에 속재료를 채운 뒤 위아래로 압착해 구워낸다. 빵을 뜻하는 '파네Pane'에 작은 것을 뜻하는 접미사 '이니ini'가 붙어 있다. 파니니는 빵을 구워낼 때 쓰는 도구 이름이기도 하다.

영국 빵 이야기

영국은 애프터눈 티 문화로 빵과 차를 함께 즐긴다. 잉글리시 머핀, 샌드위치, 스콘, 번즈 등 다양한 빵들도 있다. 영국에서 재배되는 밀은 연질 밀Soft Wheat로 잘 부풀지 않는다. 그로 인해 작은 크기인 번즈Buns가 발달했다. 번즈는 우유, 버터를 넣고 만든 반죽에 건과일, 견과류를 넣고 둥글게 구워낸다. 겉은 바삭하고 속은 부드럽다. 영국 식민지였던 동남아시아에선 로티라고도 불린다. 핫 크로스 번즈는 중세시대 악마를 쫓으려 빵 위에 십자가를 새겨 넣은 데서 유래한다. 크리스마스 이후 많이 즐겨 겨울철 빵이기도 하다. 콥은 통밀을 사용해 동그랗게 구워낸 빵이다. Cob은 '머리'를 의미하는데 사람 머리처럼 동그란 모양이다. 영국은 캐나다 등 해외에서 경질 밀Hard Wheat을 수입해 산 모양의 로프 빵도 만들어 낸다. 로프는 네모난 틀에 구워내는데, 뚜껑을 덮지 않아 윗부분이 산봉우리처럼 올라온다. 팜하우스 로프Farmhouse loaf는 농가에서 만들던 빵이었다.

프랑스
지도

오드프랑스
노르망디
아뇨 드 프레 살레
일드프랑스
낭시 : 마카롱
알자스 : 구겔호프
그랑테스트
브르타뉴
물 마리니에르
페이드라루아르
상트르발드루아르
부르고뉴프랑슈콩테
코코뱅, 뵈프 부르기뇽
누벨아키텐
◆ 페리고르 : 트러플
오베르뉴론알프
◆ 보르도 : 카눌레
◆ 가스코뉴 : 콩피
옥시타니
프로방스알프코트다쥐르
◆ 툴루즈 : 툴루즈식 소시지
랑그독 : 카술레
코르시카

2

프랑스 요리,
이건 꼭 알아야 해

오트퀴진과 세계 3대 진미:
트러플, 푸아그라, 캐비아

오트퀴진을 잘 보여주는 〈바베트의 만찬〉

영화 〈바베트의 만찬〉은 오트퀴진(프랑스 최고급 요리)을 잘 보여주는 영화다. 주인공 바베트는 프랑스 파리 최고 레스토랑인 앙글레의 수석 조리장 출신인 여성이다. 그녀는 프랑스 혁명으로 가족을 잃고 덴마크로 탈출했지만 갈 곳이 없다. 다행히 바베트는 청교도적 삶을 사는 할머니 자매의 가정부로 지내게 된다. 어느 날 복권에 당첨되어 1만 프랑을 얻는다. 이 돈을 12명의 손님에게 최고급 코스요리를 대접하는 데 다 써버린다. 바베트가 준비한 재료들을 보고 할머니 자매는 마녀의 음식이라 생각한다. 하지만, 바베트의 저녁을 먹으며 신의 선물로 생각이 바뀐다.

 바베트가 만든 코스요리를 보자면, 1)먼저 전채요리(식사 전 요리)는 거북수프다. 영화 배경인 19세기 유럽에서 가장 비싼 수프 재료였으리라. 수프에 곁들인건 아몬띠야도 셰리와인(주정강화 와인)이다. 2)그다음은 캐비아와 사워크림을 넣어 만든 러시아식 팬케이크에 뵈브 클리코 샴페인을 곁들였다. 뵈브는 '과부'란 뜻으로 실제로 설립자필립 클리코 며느리가 남편을 잃고 홀로 브랜드를 키웠다. 3)메인요리는 '카이유 엉 사코파쥬'다. 트러플과 푸아그라로 속을 채운 메추리를 페이스트리로 감싸 오븐에 구워냈다. 여기에 끌로 드 부조 지역 레드와인을 곁들인다. 끌로 드 부조는 '돌담으로 둘러싸인 마을'이란 뜻이다. 부르고뉴에서 오래된 와인 생산지역 중 하나다. 프랑스 혁명으로 수도원 와이너리가 몰수되고 쪼개져서 수십 명에게 매각되었다. 4)메인요리 이후 엔다이브 샐러드를 먹은 다음에 5)디저트를 즐긴다. 설탕에 절인 체리와 무아과, 럼을 뿌린 스펀지케이크가 샴페인과 함께 나온다. 그리곤, 각종 치즈, 과일이 소테른 귀부와인과 함께 나온다. 6)마지막으로 커피와 코냑으로 마무리한다. 프랑스인들은 단맛과 짠맛을 코스요리에 잘 구분해 두었다. 디저트 전 코스에서는 소금으로만 간을 하고, 디저트 때는 설탕으로 단맛을 낸다. 바베트의 만찬은 끝나고 초대된 이들의 마음은 너그러워졌고 얼굴은 발갛게 상기되었다.

프랑스 절대왕정을 이끈 태양왕 루이 14세

루이 14세는 태양왕이라 불린다. 절대왕정시대 태양 같은 존재라서다. 한술 더 떠 "짐이 곧 국가다"라는 망언 같은 명언을 남겼다. 왕이 국가라고 할 정도니, 의회삼부회 통제도 받지 않고 전쟁하고 사치하며 살았다. 루이 14세 통치기간에 대규모 전쟁만 4차례를 했다. 1)스페인 영토 일부에 대한 상속권을 주장하며 권리이전 전쟁1667~68년, 2)네덜란드 전쟁1672~68년, 3)아우크스부르크동맹 전쟁9년 전쟁, 1688~97년, 4)스페인 왕위계승 전쟁1701~13년까지다. 최고의 사치는 파리 근교에 베르사유 궁전을 지은 거다. 멋들어진 궁전을 짓고 밤마다 귀족들을 불러 음주가무를 즐겼다. 힘 약한 귀족들은 왕의 눈에 들으려 열심히 스텝을 밟았다. 중국산 도자기에 최고급 차와 향신료로, 먹는 예절도 우아하게. 그렇게 귀족 문화가 발전했다. 낭트칙령은 앙리 4세루이 14세 할아버지가 위그노라 불리는 신교도를 인정해 준 약속이다.1598년 한데, 루이 14세는 나라에 "왕도 하나 종교도 하나"라고 주장했다. 로마 가톨릭만 인정한다며 낭트칙령을 폐기했다. 당시 신흥부자들, 기술을 가졌거나 금융을 하던 부르주아들은 신교도들이었다. 가톨릭이 아닌 신교도들은 국외로 추방당했다. 경제의 핵심들이 빠져나가니 프랑스 경제가 흔들리기 시작했다. 반면, 그들이 옮겨 간 네덜란드, 독일 등은 경제가 살아나게 된다.

프랑스 최고급 요리 오트퀴진의 발전사

오트퀴진Haute Cuisine은 프랑스 최고급 요리를 말한다. 오트Haute 는 '상류사회의(고급의)', 퀴진Cuisine은 '요리법'이란 의미다. 프랑스 궁정 문화를 기반으로 한 전통적인 고급요리다. 상류층의 연회를 중심으로 오트퀴진 요리가 발전해 왔으며, 현대에는 고급 호텔이나 레스토랑에서 코스요리 형식으로 제공되는 요리다. 고급요리로 인정받는 프랑스 요리지만, 사실 원천은 이탈리아 요리다. 프랑스 궁중요리는 이탈리아 피렌체의 메디치 가문 '카드린 드 메디치'가 프랑스 왕가로 시집을 오면서 발전하게 된다. 14세의 카드린 드 메디치는 프랑스 왕 앙리 2세와 정략결혼을 했다. 카드린 드 메디치는 이탈리아 피렌체의 식사예절과 음식 문화를 프랑스 상류사회에 소개했다. 이탈리아식 식사 문화가 일종의 혼수품이었던 셈이다. 르네상스를 거치며 이탈리아는 화려한 음식 문화와 식사예절을 완성했다. 이탈리아의 발달된 요리법이 프랑스에 전해지고 프랑스 요리가 발전하기 시작한다. 프랑스인들은 14세기까지 요리라는 게 고기를 구워서 손으로 집어 먹은 뒤 옷에 쓱 닦는 게 전부였다. 카트린이 시집오면서 그녀가 가지고 온 포크, 냅킨을 쓰게 되었고, 테이블 매너도 알게 되었다. 식사 전에 손을 씻는 위생 관념도 생겼다. 카트린이 데리고 간 요리사들은 다양한 요리법을 전수해 줬다. 그녀의 영향은 프랑스 궁중요리를 기반으로 한 오트퀴진의 발전에도 영향을 줬다. 당시 프랑스 요리는 야채가 거의 없었고 고기류가 전부였다. 카트린의 요리사들은 양배추로 만든 음식, 야채(아티초크, 호박, 버섯, 시금치)

를 이용한 파이, 생선요리 비법 등을 전했다. 마카롱, 타르트, 사바용, 소르베 등 디저트 비법도 전해줬다.

프랑스어 랭스 두와 Rince-Doists는 손가락을 가볍게 닦는다는 뜻이다. 원래 랭스 두와는 레몬 넣은 물이다. 메인 코스가 끝나고 후식이 나오기 전, 가볍게 손가락을 헹구기 위한 목적의 물이다. 식사에 손가락을 쓰던 습관이 있었기에 이런 문화가 남아있다. 랭스 두와는 영어로 핑거볼 Finger Bowl에 해당한다. 핑거볼은 손가락 끝을 씻기 위한 물을 담은 작은 그릇을 말한다.

이후 미식가인 루이 14세 시절 오트퀴진은 한 단계 더 발전한다. 태양왕 루이 14세는 대식가로 알려져 있다. 그는 베르사유 궁전을 짓고 화려한 파티, 음식 문화, 궁중예절 등으로 귀족 문화를 만들었다. 특히, 식사예절은 엄청 까다로웠는데 베르사유 궁중 문화는 전 유럽 왕실의 표본이 되었다. 루이 14세의 연회는 12시간이나 진행될 정도로 장시간 이어졌다. 때론 그 식사 모습을 일반 대중에게 공개하기도 했다. 루이 14세는 왕립요리학교도 세웠다. 요리학교는 조리법을 수집해 요리책을 만들었다. 덕분에 오늘날 프랑스가 가장 많은 요리책과 레시피를 보유한 국가가 되었다.

프랑스는 다양한 레시피들을 활용해 손이 많이 가는 궁중요리 오트퀴진을 발달시킬 수 있었다. 반면, 고급요리를 프랑스에 전달한 이탈리아는 19세기 후반까지 통일국가를 이루지 못했다. 이로 인해 왕을 중심으로 한 궁중요리가 발달하지 못했고 이탈리아 요리는 가정식 요리에 그치고 만다.

루이 14세는 한 끼에 수프 4종류, 꿩 2마리, 샐러드 1접시, 두꺼운 햄 2조각, 양고기 1접시, 페이스트리 1접시, 과일과 삶은 달걀을 먹었다. (루이 14세의 제수인 엘리자베트 샤를로테 기록)

왕가와 귀족들 중심의 고급요리는 18세기 이후 상류층인 부르주아 자본가의 요리가 되기도 했다. 프랑스 혁명을 거치며 일자리를 잃은 귀족 요리사들이 레스토랑을 열어 귀족의 식탁을 대중화했다. 19세기 요리사 '마리 앙투안 카렘'은 프랑스 요리에 코스요리 개념을 도입했다. 러시아 황제의 요리사를 역임했던 그는 러시아식 코스요리를 프랑스에 가져왔다. 러시아는 추위로 인해 따뜻한 음식을 하나씩 테이블에 올렸는데, 이런 관습이 프랑스 코스요리로 발전하게 된 것이다. 카렘으로부터 시작된 프랑스 근대요리는 '오귀스트 에스코피에'에 의해 완성되었다. 각 코스는 별도의 포크, 나이프가 준비되어 요리와 함께 제공되었다. 파인 다이닝Fine Dining은 질 좋은 (Fine) 식사(Dining)다. 고급 식당이나 고급 식사를 뜻한다. 오트퀴진을 토대로 한 고급 코스요리 등이 이에 속한다.

프랑스 코스요리: 아페리티프 (식전주), 아뮤즈 부쉬 (한입 요리), 앙트레 (전채요리), 푸아송 (생선요리), 비양드 (고기요리), 소르베 (셔벗), 프로마쥬 (치즈), 데세르 (디저트), 디제스티프 (식후주), 커피 또는 차, 프티 푸르 (한입 과자)

오트퀴진은 1960년대 이후 새로운 요리인 누벨 퀴진Nouvelle Cuisine으로 발전한다. 누벨 퀴진은 요리사가 자신의 생각대로 새로운 요리를 창조하는 경우를 말한다. 고기, 버터, 크림 등 무거운 재료

중심의 오트퀴진에 대한 반발로, 누벨 퀴진은 재료 본연의 맛에 충실한 일본 가이세키 요리(작은 그릇에 다양한 음식이 조금씩 순차적으로 담겨 나오는 일본식 코스요리)의 영향을 받았다. 교통과 냉장시설의 발달로 신선한 채소, 생선 등의 요리 니즈가 높아지고 이러한 요구에 맞춰 요리법이 발전해 갔다. 채소를 많이 쓰고, 신선하고 자연스러운 풍미, 재료 본래 성질을 최대한 살리는 데 특징이 있다. 고급요리 중심의 계급적 차별성에서 보편성을 바탕으로 한 다양성을 추구하게 된다.

세계 3대 진미 중 하나인 트러플

트러플Truffle은 세계 3대 식재료(트러플, 푸아그라, 캐비아) 중 하나이며, 프랑스 3대 진미(푸아그라, 달팽이 요리, 트러플)로도 꼽힌다. 트러플 맛은 설익은 감자 맛이지만, 특유의 향 때문에 귀한 존재가 되었다. 소량으로도 음식의 맛을 좌우할 정도로 향이 독특하다. 버섯, 흙, 나무뿌리, 사향 등이 뒤섞인 강렬한 향이 난다. 트러플 향을 보존하기 위해서는 고온에서 장시간 조리하는 건 피하는 게 좋다. 트러플은 땅속에서 자라는 걸 채취하기에 '땅속 다이아몬드'로 불린다. 트러플은 작은 흙덩이처럼 보이나 고가로 팔리는 재료다. 구하기 어렵다 보니 비싸다. 종에 따라 검정색, 갈색, 흰색을 띠고 있다. 흰색 트러플이 검은색보다 더 비싼데, 특유의 향이 훨씬 짙어서다. 트러플은 버섯류로 분류되며, 우리에겐 송로버섯소나무 松, 이슬 로露

으로 불린다만 소나무와는 관련이 없다. 떡갈나무나 헤이즐럿 나무 숲속 나무뿌리 주변의 땅속에서 자란다. 땅속 30cm~1m에서 자라는 버섯이기에 사람이 발견하긴 어렵다. 트러플 향에 훈련된 개나 돼지를 이용해 찾아낸다. 동물들이 땅을 파기 시작하면 사람들이 바로 트러플 채취에 들어간다.

앙리 2세와 결혼한 카드린 드 메디치는 트러플도 프랑스에 소개했다. 처음에는 흙이 묻은 검은색 돌덩이 정도로 여겼다. 이후 트러플의 깊은 향에 매료되었다. 오페라 〈세빌리아의 이발사〉를 작곡한 조아키노 로시니1792~1868년도 트러플을 좋아했다. 전해진 바로는 로시니가 일생에 3번 울었다고 하는데, 그중 한 번이 트러플로 채운 칠면조를 강물에 빠뜨렸을 때라고 하니 그의 트러플 사랑은 대단했다. 프랑스 페리고르, 이탈리아 피에몬테, 토스카나 등의 지역이 주요 산지다. 매년 10월부터 그해 12월 초까지가 수확 최적기다. 이듬해 3월이면 수확이 끝난다.

트러플은 유통기간이 짧다. 그래서 식용유에 트러플을 넣은 트러플오일을 만들어 판다. 다만, 트러플만으로 향을 충족시킬 수 없어서 화학물질(2,4-디티아펜테인)을 넣는다. 그로 인해 저렴하게 판매를 할 수 있게 되었다만, 천연 트러플과 비교하면 풍미는 부족하다.

세계 3대 진미 중 하나인 푸아그라

푸아그라는 지방 간을 의미한다. 프랑스어로 푸아Foie는 간, 그라Gras는 '지방의(살찐)'를 뜻한다. 고대 이집트인들은 기러기가 장거리 여행 전 무화과 열매를 목구멍에 잔뜩 넣고 떠나는 모습을 발견한다. 그 모습에 착안해 거위에게 강제로 먹이를 먹이는 가바주Gavge 사육법을 개발했다. 가바주는 오리나 거위를 좁은 철창에 가두고, 입에 관을 연결해 강제로 사료를 먹인다. 오리나 거위의 간에 지방이 많이 쌓이게 하기 위해서다. 스트레스를 받은 간은 크게 부풀어 오른다. 오리나 거위의 간 요리인 푸아그라Foie Gras를 만들기 위한 사육 방식이다. 가바주는 고대 그리스와 로마에도 전해진다. 고대 로마시대에는 거위의 지방간이 연회의 고급요리로 인기를 얻는다. 고대 로마가 멸망한 이후 푸아그라 전통은 유대인들이 이어갔다. 유대인 율법상 소 기름, 버터, 라드(돼지비계 기름) 등의 사용이 금지되었기에, 살찐 거위 지방은 훌륭한 식재료였다. 12세기 유대인들이 프랑스 남서부, 알자스(스트라스부르)에 정착하면서 가바주 전통이 전해졌다. 푸아그라는 프랑스 남부 페리고르, 북동부 알자스 지방의 특산품이며, 스트라스부르 생산품을 최고 품질로 친다. 최고급 요리를 즐겼던 프랑스 루이 14세는 푸아그라 요리를 즐겨 먹었다. 그로 인해 푸아그라가 고급요리로 널리 알려지게 된다. 푸아그라는 본래 거위 간으로 만들었으나, 오늘날 생산량 대부분은 오리로 만든다. 오리고기 활용도가 더 높기도 해서다. 푸아그라는 구운 빵에 발라서 전채요리로 먹는 게 일반적이며, 스테이크처럼 구워 먹기도 한다. 푸아그라는 열량, 지방, 콜레스테롤이 높아 소량씩 먹는 것이 좋다.

세계 3대 진미 중 하나인 캐비아

캐비아Caviar는 철갑상어 알을 소금에 절인 것이다. 원래는 염장한 생선알을 통칭하는 말이었는데 철갑상어 알로 통한다. 철갑상어에서 알은 체중의 10% 정도다. 철갑상어는 이름에 상어가 들어 있지만 상어(연골어류)와 상관없는 경골어류다. 철갑상어는 양식이 까다롭고 성장이 느리다. 여기에 알을 낳기까지 시간이 걸리다 보니 캐비아 생산량이 많지 않다. 비싸게 판매되다 보니 '바다의 검은 다이아몬드'로 불린다. 카스피해와 볼가강 인근 러시아, 이란 등에서 오래전부터 먹어왔다. 카스피해 철갑상어는 민물에서 태어나 바다로 나갔다가 산란기에 민물로 돌아온다. 카스피해는 전 세계 자연산 캐비아의 대부분이 생산되는 곳이다. 캐비아용 철갑상어 종류로는 벨루가, 오세트라, 세브루 철갑상어가 있다. 이 중 벨루가 철갑상어 알(진한 회색)이 가장 비싸다. 캐비아를 먹는 건 원래 러시아 황실의 문화였다. 러시아의 페트로시안 형제가 1920년대 이후 프랑스에 처음 소개했다. 프랑스에선 캐비아를 크리스마스에 가족들과 즐긴다. 프랑스에선 고슈 캐비아Gauche Caviar라는 단어가 있다. 캐비아를 즐기면서도 사회주의를 옹호하는 이들을 가리키는 말이다.

캐비아는 산도가 높아 금속을 쉽게 산화시킨다. 은, 철제 스푼으로 먹는 건 삼가야 한다. 자개나 순금으로 만든 숟가락을 쓰는 게 좋다.

디저트: 크렘 브륄레,
마카롱, 티라미수

왕실, 귀족의 고급 식문화로부터 발전한 디저트

디저트Dessert는 식사 중에 맨 마지막에 먹는 음식(후식)이다. 프랑스어 데세르비르(Desservir, 식사 후에 식탁을 치우다)에서 온 것이다. 주요리 식사 후 식탁을 치운 다음 입가심으로 먹는 작은 요리라 할 수 있다. 더운 것과 차가운 디저트를 내야 할 경우는 더운 것을 먼저 내고 찬 것을 나중에 내는 것이 순서다. 프랑스 요리에서 말하는 앙트르메Entremets는 원래 정식 식사에서 요리 사이에 내는 음식이었다. 현재는 식사 후의 후식을 의미한다. 중세 왕실의 앙트르메는 식사 중간에 행해지는 공연이었다. 음악 연주, 광대들의 공연과 무용 등이 펼쳐졌다. 유럽은 디저트 문화가 어느 대륙보다 다양하게 발전해 왔다. 특히, 프랑스, 이탈리아는 중세 이후 왕실, 귀족의 고급 식

문화로 인해 고급 디저트가 많이 나왔다. 프랑스 디저트로는 마카롱, 에클레르, 크렘 브륄레, 이탈리아 디저트로는 젤라토, 티라미수가 있다. 이 밖에 유럽 북부영국, 독일, 오스트리아, 벨기에는 유제품(버터, 크림, 우유), 달걀, 초콜릿 등이 풍부해, 이를 이용한 디저트가 많다. 반면, 유럽 지중해 지역은 과일류, 당과류 등이 큰 비중을 차지한다. 영국엔 푸딩, 독일엔 바움쿠헨, 벨기에엔 브뤼셀 와플, 오스트리아엔 자허토르테, 포르투갈엔 에그타르트 등이 주요 디저트다. 유럽과 달리 동아시아한국, 중국, 일본엔 디저트 문화가 발달하지 못했다. 파티시에는 프랑스어로 페이스트리(과자, 빵)를 만드는 사람이란 뜻이다. 과자, 케이크, 페이스트리 등을 전문 제조하는 제과사를 칭한다.

크림 커스터드와 캐러멜 토핑의 만남, 크렘 브륄레

〈아밀리에〉는 프랑스 여배우 오드리 토투가 주연한 로맨틱 코미디 영화다. 그 영화에서 그녀가 숟가락을 들고 깨뜨려 먹던 디저트를 기억하는가? 바로 크렘 브륄레다. 크렘 브륄레는 차가운 크림 커스터드Custard 위에 따뜻한 캐러멜 토핑을 얹은 디저트다. 커스터드는 우유, 달걀, 설탕 등을 섞어서 만든 서양과자다. 크렘 브륄레crèmebrûlée는 '불에 그을린 크림'이란 의미다. 브륄레 단어가 '타다'라는 프랑스어 브륄레르Brûler에서 파생되었기 때문이다. 크렘 브륄레를 만드는 방법은 1)먼저, 커스터드를 오븐에 구워낸 뒤 차갑게 식힌다. 2)그다음에 차가워진 크림 커드터드 위에 설탕을 뿌리고

3)주방 전용 토치 등으로 열을 가해 캐러멜 토핑을 만든다. 캐러멜 토핑의 비율이 크렘 브륄레의 단맛을 좌우한다. 겉의 캐러멜 토핑은 열이 식은 뒤 굳는다. 그 결과 얇은 유리처럼 파삭한 식감을 준다. 반면, 안쪽의 커스터드는 차갑지만 부드럽고 달콤한 맛을 낸다.

크렘 브륄레에 대한 기록은 17세기부터 기록되어 있으나, 현대적인 방식의 제조법은 프랑스 출신 요리사 '알랭 셀락'에 의해서다. 뉴욕 프렌치 레스토랑(르 시르크) 수석 요리사였던 그는 프랑스 풍의 디저트인 크렘 브륄레를 내놓는다. 이후 프렌치 카페나 레스토랑의 대표적인 디저트로 성장했다. 오리지널 크렘 브륄레는 바닐라 향 크림 커스터드를 쓴다만, 다양한 맛을 응용하기도 한다. 먹는 방법은 먼저, 스푼으로 캐러멜 토핑을 깨고 다음으로 크림 커스터드와 캐러멜 토핑을 함께 떠서 먹는다. 서로 대조적인 질감, 온도를 가진 두 가지를 섞어 먹는 맛이 일품이다. 스페인과 영국도 크레마 카탈라나(스페인), 트리니티 크림(영국)이란 유사한 요리가 있다. 그러다 보니 서로 크렘 브륄레의 종주국임을 주장하기도 한다. 영국에선 태워진 크림이란 의미의 번트크림Burnt Cream으로도 불린다. 크레마 카탈라나는 스페인 카탈루냐 지역의 전통 디저트다. 이 디저트가 처음 소개된 케임브리지대학교의 트리니티 칼리지 명칭을 따 트리니티 번트크림으로도 불린다.

이탈리아 디저트였던 마카롱

머랭Meringue은 달걀흰자와 설탕을 첨가해 단단해질 때까지 거품을 낸 과자다. 수플레(머랭에 다양한 재료를 섞어 오븐에서 구워 부풀린 프랑스 요리)나 스펀지케이크의 팽창제로도 사용된다. 오래된 달걀을 쓰거나, 달걀노른자가 들어 있거나, 음식 용기에 지방이나 기름이 있으면 거품이 만들어지지 않는다. 이 머랭이 마카롱에 쓰인다. 마카롱Macaron은 작고 동그란 머랭 크러스트 사이에 필링Fill-ing(잼, 가나슈, 버터크림 등)을 채운 프랑스 쿠키다. 마카롱의 어원은 '반죽을 치다'라는 뜻의 이탈리아어 마카레Macare에서 파생된 마카로니Marcaroni에서 유래된 것으로 알려져 있다. 즉, 힘을 주어 반죽을 치대는 요리법에서 마카롱 이름이 탄생한 것이다. 이탈리아 메디치 가문의 카드린 드 메디치가 프랑스 앙리 2세와 결혼하며 프랑스에 전해진 걸로 알려져 있다. 카드린이 이탈리아 요리사들을 데려갔고, 이들은 이탈리아 요리법을 프랑스에 소개했다. 마카롱에 들어간 아몬드는 아랍인들이 시칠리아를 점령할 당시 전해졌다. 이때만 해도 마카롱은 표면이 거친 머랭 그 자체를 의미했다. 또 다른 기원설로는 수도원에서 만들어졌다는 이야기도 있다. 8세기경 이탈리아 베네치아 수도원 혹은 프랑스 코르메리 근처 수도원이 발상지라는 거다.

오늘날과 같은 매끄러운 표면의 두 머랭 사이에 각종 잼이나 크림을 넣은 마카롱은 1862년 파리에서 문을 연 '라뒤레(Laduree)'라는 가게에서 처음으로 개발했다. '피에르 데퐁텡'이 가나슈를 필링으로 채우는 아이디어를 내면서다. 그전에는 크러스트 사이엔 필링이 없었다. 데퐁텡은 가게 안에 차를 파는 티룸을 만들었다. 당시의 커피숍은 여성들이 출입할 수가 없었다. 티룸 덕분에 여성들이 마카롱과 차 한잔의 여유를 즐길 수 있게 되었다. 마카롱은 밀가루를 전혀 사용하지 않고 달걀흰자와 설탕, 아몬드 가루로 반죽해 식감이 바삭하다는 것이 특징이다. 바삭한 크러스트, 촉촉한 속, 달콤한 필링이 어우러진다.

프랑스 낭시는 마카롱으로 유명한 지역 중 하나다. 낭시의 마카롱은 표면이 매끄럽지가 않다. 소보로 빵처럼 표면이 울퉁불퉁하다. 18세기 후반 '레 담 뒤 생 사크르망 수녀원'은 육식 금지로 인해 부족한 영양분을 채우려고 마카롱을 만들었다. 이후 프랑스 혁명으로 수녀원이 문을 닫게 되는데, 당시 2명의 수녀마르게리트, 마리-엘리자베스가 '수녀의 마카롱(레 쇠르 마카롱)'으로 만들어 팔게 된다.

기운 나게 하는 디저트, 티라미수

티라미수Tiramisu는 쿠키, 에스프레소 커피, 카카오, 크림 등으로 만든 이탈리아 디저트다. 에스프레소 커피와 함께하면 쓴 커피 맛을 부드럽게 해준다. 티라미수는 이탈리아어로 '잡아당기다'라는 단어 티라레Tirare에다 '나'를 뜻하는 미Mi, '위'를 뜻하는 수Su가 합쳐졌다. 종합하면 '나를 위로 잡아당기다'라는 뜻으로 '기운나게 하다'는 의미가 담겨 있다. 티라미수는 1970년대 '캄페올' 부부가 베네토 주 트레비소에서 운영한 식당례 베케리에서 개발한 걸로 알려졌다. 알바 캄페올 부인이 시어머니가 출산 후 기력 회복을 위해 자신에게 만들어 준 음식에서 힌트를 얻었다. 그 음식을 먹고 기운이 났기 때문이다. 그 외의 기원설로는 19세기 이탈리아 첫 수상인 카밀료 카보르의 원기를 북돋기 위해 개발되었다는 설, 17세기 토스카나 대공 '코시모 3세 데 메디치'가 시에나 지역을 방문했을 때 그를 위해 개발되었다는 설 등도 있다. 하지만, 상하기 쉬운 달걀노른자, 마스카르포네 치즈를 생으로 사용하기에 냉장설비 발달 전에 이탈리아의 모든 지역에 퍼지기에는 불가능하다는 의견도 있다. 티라미수를 만드는 과정을 보면, 일단 티라미수는 가열 과정이 없다. 1)쿠키(사보이아르디 쿠키) 위에 2)에스프레소 커피(단맛 나는 브랜디나 럼주를 섞음), 3)크림(달걀노른자, 설탕, 마스카르포네 치즈를 섞음)을 층층이 쌓는다. 그리곤 냉장고에 넣고 5시간 이상 굳힌 다음 차갑게 먹는다. 다만, 가열 과정이 없다 보니 신선한 달걀이 아닐 경우 살모넬라 식중독 위험이 있긴 하다. 또한, 마스카르포네 치즈의 지방 함량이 높다는 점은 다이어터에게 고려사항이기도 하다.

와인으로 만드는
프랑스 대표 요리와 디저트

프랑스인에게 닭고기를, 신교도 앙리 4세

앙리 4세1553~1610년는 프랑스 부르봉 왕가를 연 왕이다. 부르봉 가문은 프랑스 왕 필리프 3세가 아들 로베르에게 부르봉 영지프랑스 중부지역를 주면서 시작했다. 앙리 4세로 시작한 부르봉 왕가는 루이 13세앙리 4세 아들를 거쳐 손자인 루이 14세앙리 4세 손자로 이어졌다. 원래 앙리 4세는 프랑스와 스페인 사이 소국이자 신교국가 '나바라'의 왕이었다. 외할머니가 프랑스 공주여서 프랑스 왕위 계승권도 있었다. 그는 첫 번째 결혼을 프랑스 공주 마르 그리트1553~1615년와, 두 번째 결혼을 메디치 가문 딸 마리1573~1642년와 했다. 마리는 엄청난 지참금을 가지고 와 프랑스 부채 문제를 해결해 주기도 했다. 마리와 낳은 아들이 루이 13세다. 앙리 4세의 장모마르 그리트 어머니 역시 메디치 가문의 카드린 드 메디치1519~89년다. 카드린은 앙리 2세와 결혼하고 10명의 자녀를 낳았다. 큰딸은 스페인 펠리페 2세 왕비가 되었다. 그 결혼 축하연 마상 창 시합에서 카드린 남편인 앙리 2세가 죽고 만다. 시합 상대의 창날이 부러져 투구 틈새로 파고드는 사고 때문이었다. 앙리 2세가 죽고 아들 3명이 프랑스 왕이 되지만 모두 단명했다. 프랑수아 2세1544~60년, 샤를 9세1550~74년, 앙리 3세1551~89년다. 카드린이 나이 어린 왕을 대신해 30여 년간 섭정을 했다.

당시 프랑스는 구교도가톨릭와 신교도 간 대립이 심했다. 그 대립을 종결하고자 카드린이 딸의 결혼을 주선했다. 신교도(나바라 왕자 앙리)와 구교도(프랑스 공주 마르 그리트) 간 결혼이었다.둘은 6촌 사이 당시 공주에겐 기즈공작 앙리란 애인이 있었다. 하지만, 세도가 기즈 가문 대신 신교도 집안을 택했다. 결혼식은 노트르담 대성당노트르담은 '성모 마리아'를 뜻함에서 거행되었다. 하지만, 결혼식은 '피의 결혼식'으로 기록된다. 결혼식 이후 '성 바르톨로메오 축일'이 시작되었는데, 신교도 학살이 일어난다. 성 바르톨로메오 축일의 학살이다. 결혼식에 참석하기 위해 파리에 온 신교도 지도자콜리니제독가 암살되고 전국적으로 신교도 학살이 벌어졌다. 카드린이 아들샤를 9세의 권력 강화를 위해 벌인 일이었다. 새신랑 앙리 4세신교도도 프랑스 궁정 볼모로 3년 넘게 잡혀 있었다. 앙리 4세의 결혼식은 영화 〈여왕 마고〉를 통해 만나볼 수 있다.

결혼식이 전화위복이었을까? 앙리 3세1551~89년가 후사 없이 사망하고 '발루아 왕조'가 끝나버린다. 덕분에 그의 매형 앙리 4세가 프랑스 왕위를 차지한다. 구교도 국가에 신교도 왕이 들어선 거다. 구교도 반대에 앙리 4세는 파리로 들어갈 수 없었다. 그는 가톨릭으로 개종하고 파리에 입성한다. 대신에 낭트칙령을 발표해 신교도들에게 신앙의 자유를 보장했다. 프랑스 칼뱅파 신교도를 위그노들은 대부분 상공업에 종사했는데, 종교적 불안에서 벗어나 본업에 집중할 수 있었고 상공업 발전도 이루어진다. 앙리 4세는 농민의 세 부담을 낮추고 귀족의 세 부담을 늘리기도 했다. "신이 허락한다면 국민이 일요일마다 닭고기를 먹게 하겠다"고 선언하기도 했다. 프랑스인 삶의 질을 높이고자 하는 진심이 담겨 있었다. 이후 수탉은 프랑스 민중의 상징으로 자리 잡게 된다. 프랑스 축구팀의 상징도 수탉이다. 앙리 4세는 종교 간 화합을 이뤘으나, 종교 간 화해 정책에 불만이 있던 구교도에 의해 암살당하고 만다.

프랑스 부르고뉴 와인이 들어간 요리, 코코뱅

코코뱅Coq au vin은 프랑스 북동부 부르고뉴 지역의 닭고기 요리다. 부르고뉴 지역의 풍부한 식재료와 와인을 활용해 발전해 왔다. 부르고뉴 지역은 대표적인 레드와인 산지이기도 하다. 코코뱅은 프랑스어로 '와인에 잠긴 수탉'이란 의미다. 코크Coq는 수탉, 뱅vin은 와인을 뜻한다. 조리법도 채소, 닭고기를 레드와인에 장시간 졸여내는 스튜 요리다. 와인 향이 배어든 닭볶음탕이랄까. 부르고뉴 지역에선 늙은 장닭의 질겨진 살을 와인에 담근 뒤 약한 불에 오래도록 고아냈다. 와인에 푹 고아져 부드러워진 닭고기, 진한 레드와인 향, 양파와 버섯 등 채소가 어루어진 맛이다. 특히, 부르고뉴 지역의 피노누아 품종으로 만든 레드와인의 풍부한 산미는 닭고기의 살을 부드럽게 해준다. 코코뱅에는 부르고뉴 지역의 피노누아 품종으로 만든 레드와인을 주로 쓴다. 하지만, 프랑스 지역별로 고유 와인을 활용하기도 한다. 알자스 지방에선 리슬링 품종으로 만든 화이트와인을 넣어 코크 오 리슬링, 상파뉴 지방에선 발포성 샴페인을 써 코크 오 상파뉴를 만든다.

와인에 닭고기를 졸여서 먹는 문화는 프랑스 앙리 4세 재임 시절 1607년부터로 추정된다. 앙리 4세가 국왕이 되기 이전 브레스 지역에 머물 때 닭 요리를 맛봤다. 브레스는 프랑스 유명 닭 산지다. 프랑스 국왕이 된 그는 "하느님이 허락하신다면 프랑스 국민이 매주 일요일 닭고기를 먹게 하겠다"고 선언했고, 그래서 코코뱅이 탄생했다는 설이다. 앙리 4세 시기 프랑스 경제 상황이 나아지며 일요일마다 코코뱅을 즐기는 문화가 싹텄다. 또 다른 설로는 흑사병이 만연하던 시절, 이상기후(소빙하기)와 전쟁으로 굶주린 이들이 와인통에 빠진 쥐를 조려 먹었는데, 형편이 나아진 뒤 늙은 수탉을 넣어 만들어 먹기 시작했다는 것이다. 마지막으로 코코뱅의 기원으로 고대 로마 율리우스 카이사르 관련 이야기가 구전되기도 한다. 카이사르가 고대

갈리아Gauls(현대의 프랑스, 벨기에 지역)를 정복한 후 닭을 진상 받았
는데, 이때 카이사르의 요리사가 코코뱅을 고안해 냈다는 것이다.
코코뱅은 부르고뉴 지역의 소고기 요리인 뵈프 부르기뇽과 함께 와
인을 소스로 활용하는 프랑스의 전통 가정식이다.

파리 노포 식당 중 하나로 1686년 문을 연 르 프로코프가 있다. 몽테스키외, 볼테
르 등 계몽사상가들의 식당으로도 알려진 이 식당 입구에는 나폴레옹이 외상값 대
신에 두고 갔다는 나폴레옹 모자가 진열되어 있다. 이 가게의 대표 메뉴로 코코뱅 치
킨이 있다.

마렝고 치킨과 나폴레옹

마렝고 치킨은 화이트 와인을 넣어 만드는 닭요리다. 나폴레옹과 마렝고
치킨과 관련된 일화도 있다. 나폴레옹은 알프스를 넘어 이탈리아 마렝고
평원에서 오스트리아 군과 맞붙어 승리했다.1800년 승리 뒤 배고픔에 요
리사에게 음식을 요구했다. 약간의 달걀, 토마토, 가재, 마늘, 암탉 그리고
나폴레옹 휴대용 술통에 담긴 브랜디를 섞어 요리를 만들어 냈다. 나폴레
옹은 전투를 끝내고 온 병사들에게도 마렝고 치킨을 주라고 명했다. 이후
나폴레옹의 요리사가 브랜디 대신에 화이트 와인을 넣어 마렝고 치킨을
만들었다는 설이 있다.

프랑스 부르고뉴 와인이 들어간 뵈프 부르기뇽

〈줄리 앤 줄리아〉는 2개의 실화를 바탕으로 한 영화다. 1950년대

프랑스 파리와 2000년대 미국 뉴욕을 오가며 이야기를 풀어간다. 첫 번째 실화는 1950년대 프랑스 파리, 줄리아 차일드(메릴 스트립)에 관한 이야기다. 그녀는 미국의 전설적인 프랑스 요리 연구가다. 그녀는 미국 외교관 남편을 따라 프랑스로 간다. 말도 통하지 않는 프랑스에서 명문 요리학교 '르 꼬르동 블루'에 등록한다. 그것도 현직 남성 요리사들만이 참여하는 전문가반을 말이다. 그녀는 그 누구보다 열심히 참여하고, 프랑스 요리책을 내놓게 된다. 두 번째 실화는 2000년대 미국 뉴욕, 줄리 파웰(에이미 아담스)에 관한 이야기다. 그녀는 줄리아의 요리책 레시피 524개를 1년 동안 직접 해보며 자신의 블로그에 이를 남긴다. 그녀의 블로그가 유명세를 타며 뉴욕 타임즈에 전면 기사가 실리고, 늘 꿈꾸던 자신만의 책을 내게 된다. 영화에서 중요하게 언급되는 요리가 부르고뉴 지방의 대표 소고기 와인찜 요리인 '뵈프 부르기뇽'이다. 줄리 파웰이 어머니가 어릴 적 손님을 대접하기 위해 했던 요리이며, 줄리아 차일드의 요리책을 편집했던 주디스 존스의 방문을 앞두고, 줄리 파웰이 밤을 세워가며 열심히 준비했던 요리다. 주디스 존스도 요리책 출간을 검토하려고 직접 요리를 해보다 너무 맛있어 거의 기절할 뻔했던 요리이기도 하다.

뵈프 부르기뇽Bœuf bourguignon은 프랑스 부르고뉴 지역 소고기 요리다. 부르고뉴 지역의 피노누아 품종 레드와인에 소고기, 버섯 등을 푹 끓여낸 스튜다. 뵈프Bœuf는 소고기, 부르기뇽bourguignon은 부르고뉴를 의미한다. 즉, 부르고뉴 지역 소고기 요리란 뜻이다. 소

고기는 부르고뉴 지역에서 사육되는 샤롤레Charolais 종을 쓴다. 샤
롤레 종은 프랑스에서 최고급 소고기로 쳐준다. 샤롤레 종은 몸집이
크고 털이 하얀 온순한 소다. 부르고뉴 남부 샤롤Charolles 지방에서
사육된다.

프랑스 브르타뉴 와인이 들어간 물 마리니에르

물 마리니에르Moules marinières는 바닷가 스타일의 홍합요리란 의
미다. 화이트와인 소스로 조리한 프랑스 브르타뉴 지역 홍합요리이
기도 하다. 부쇼 방식으로 양식한 홍합(물 드 부쇼)을 요리에 쓴다. 부
쇼Bouchot는 나무로 된 울타리다. 부쇼는 1290년 프랑스 남서부 해
안에 표류한 아일랜드인패트릭 월튼이 고안해 낸 방식이다. 바닷물에
나무 기둥을 박고 거기에 홍합을 길러낸다. 실은 새를 잡기 위해 기
둥을 박고 그물을 쳐놓았던 것이 그 기원이다. 한데, 그 기둥에 홍합
이 달려 있는 걸 발견한 거다. 이후 기둥 간격을 좁히고, 기둥 수를
늘리고, 기둥 사이를 나뭇가지로 연결하면서, 오늘날의 부쇼 방식이
만들어지게 되었다. 부쇼 방식 홍합은 밀물과 썰물에 따라 물과 햇
빛에 번갈아 노출되면서 바닷물 속 홍합과 달리 천천히 자란다. 크
기는 작지만 살이 꽉 차고 단맛이 풍부해진다. 갯벌도 없어 요리용
으로 적합해 가격도 비싼 편이다. 오늘날 부쇼 방식으로 홍합을 키
우는 곳은 프랑스 서쪽과 북쪽 해안가(푸아투-샤랑트, 브르타뉴, 노르
망디) 지역들이다.

프랑스 보르도 와인 산지의 디저트, 카눌레

카눌레Canelé는 와인 산지인 프랑스 보르도 지역 전통 디저트다. 겉바속촉(겉은 바삭, 속은 촉촉) 식감의 작은 케이크다. 카눌레는 세로로 파인 홈(또는 주름을 잡은)을 의미한다. 그래서인지 카눌레는 작은 원통형 안에 세로로 홈이 파인 형태를 띤다. 카눌레는 세로 홈이 파진 원통형 몰드에서 구워진다. 전통적인 카눌레 틀은 구리로 만들어졌으며, 현대에 와서는 실리콘 몰드도 많이 쓰인다. 카눌레는 겉은 탄 듯 어두운 갈색을 띠며 바삭하다. 속은 커스터드처럼 촉촉하고 부드럽다. 달걀노른자, 럼, 밀가루 등을 넣어 만든다. 카눌레 유래 중 하나는 수녀원과 관련 있다. 18세기 보드로 지역에선 달걀흰자를 이용해 와인을 맑게 만들었다. 와인 제조업자들은 남는 달걀노른자를 보르도 지역 아농시아드 수녀원에 기증하곤 했다. 이곳의 수녀들이 달걀노른자를 이용해 카눌레를 만들기 시작했다. 또 다른 기원설로는 영국의 디저트인 머핀과 푸딩 영향을 받았다는 이야기도 있다. 12~15세기 당시 보르도는 영국 땅이었고, 보르도 음식도 영국 영향을 받았다는 거다.

레드와인은 적포도를 으깬 뒤 통에 넣고 발효시킨다. 발효를 하면 부유물은 가라앉고 맑은 액만 남는다. 이 맑은 액을 따라내 와인을 만든다. 맑은 액을 따라내도 미세한 부유물은 남게 된다. 이럴 때 달걀흰자를 와인에 넣으면 흰자의 단백질 성분과 부유물이 엉켜 가라앉는다. 그 결과 더 맑은 와인을 얻게 된다.

마리 앙투아네트와 관련된
브리오슈, 크로아상, 구겔호프

프랑스 혁명이 불러온 레스토랑의 시작

1789년 7월 14일 바스티유 감옥을 습격하며 프랑스 혁명이 불타올랐다. 〈딜리셔스: 프렌치 레스토랑의 시작〉은 2021년에 개봉한 프랑스 영화다. 영화의 제목처럼 프랑스에서 레스토랑이 시작된 시대상을 보여준다. 레스토랑의 어원은 프랑스어 레스토레Restaurer로, 음식을 통해 에너지를 회복시킨다는 의미다. 시대적 배경은 1789년, 프랑스 혁명 직전의 상황이다. 주인공은 샹포르 공작의 남자 요리사인 망스롱이다. 새로운 요리를 공작의 만찬에 내놓았는데, 참석자들이 요리에 감탄을 한다. 다만, 요리재료가 감자였다는 걸 알게 된 순간 망스롱의 인생이 꼬이기 시작한다. 당시에는 감자 등의 뿌리식물은 돼지 사료로 여겼기 때문이다. 돼지들이 먹는 걸 귀하신 귀족과 가톨릭 사제에게 내놨으니, 공작은 망스롱을 해고하고 만다. 공작에게 쫓겨난 망스롱은 고향으로 가서 돌아가신 아버지가 남겨준 작은 주막을 운영하며 살아간다. 하지만, 의욕 없이 요리와 담 쌓고 시간만 흘러갈 뿐이었다.

공작이 자신을 다시 부를 거란 기대감에 살던 망스롱에게 아들은 시대의 변화를 이야기한다. 아버지는 자유인인데 왜 스스로 하인이 되려 하냐는 것이다. 미식이 귀족의 전유물이던 시절, 프랑스 사회는 변화의 조짐이 보이고, 망스롱은 요리가 귀족만의 것이 아님을 선언하게 된다. 당시 프랑스 귀족들은 허영심, 특권의식이 가득해 그들만이 미식을 즐길 수 있다고 생각했다. 간단한 요깃거리나 제공하던 주막이 신분에 상관없이 귀족들이 즐기던 전문적인 요리를 즐길 수 있게 된 시대적 변화를 영화는 담고 있다. 실제로도 프랑스 혁명 이후에 일자리를 잃은 궁정 요리사들이 대중들에게 전문화된 요리를 서비스한 게 레스토랑의 시작이다. 계급이 높은 사람들만 즐기던 코스요리 등 고급스러운 미식의 세계를 혁명을 통해 모두가 누릴 수 있게 된 거다.

경제적인 이유로 프랑스 혁명이 발발하다

프랑스 혁명 직전 프랑스는 경제적으로 힘든 시기를 보냈다. 프랑스는 7년 전쟁1756~63년(영국, 프랑스, 스페인 등이 유럽 및 식민지 패권을 놓고 싸움)에서 패배한 이후, 미국 독립전쟁1775~83년에까지 개입했다. 오지랖 넓게도 프랑스는 미국 편에 서며 엄청난 전쟁비용을 댔다. 여기에 프랑스 본토에 흉년이 깊어지며 빵 가격이 급등했다. 앙시앵 레짐(프랑스 혁명 이전의 구체제)에 대한 불만과 재정위기를 타개하기 위해 루이 16세1754~93년는 명사회를 소집했다. 명사회는 국가 비상시에 소집하는 신분제 의회다. 제1신분과 제2신분인 성직자, 귀족 중심으로 구성된다. 프랑스 전체 국민의 2% 수준으로 면세 특권을 받던 계층에게 세금을 내라는 세금 개혁안이 받아질 리 만무했다. 성직자, 귀족들은 삼부회만이 이를 결정할 수 있다며 반발했다. 결국 제3신분(평민)을 포함한 삼부회를 개최하게 된다. 결국 170여 년간 단 한 번도 열린 적 없는 삼부회를 열기로 했다. 삼부회는 성직자, 귀족, 평민대표 회의다만, 신분별로 1표씩 의결권을 가졌다. 귀족과 성직자 2: 평민 1로 평민 의견은 무시되었다. 특히 상공업으로 부를 쌓은 부르주아의 불만은 극에 달했다.

평민대표는 국민의회를 만들고 베르사유 궁전 테니스코트에 모였다. 그리곤 평민대표 수 확대, 공평과세 등을 반영한 헌법 제정을 요구했다. 루이 16세가 이를 무력진압하려 하자, 파리 시민들이 바스티유 감옥을 습격하게 된다.1789년 그렇게 프랑스 혁명이 시작되었다. 파리 시민봉기는 전국으로 퍼지고 국민의회는 봉건제를 폐지한다. 베르사유 궁전에 머물던 루이 16세는 파리로 끌려오게 된다. 이후 왕비 마리 앙투아네트의 고향인 오스트리아로 도주하다 발각

되어 다시 파리로 잡혀온다. 파리 시민은 왕이 외국과 내통한다 의심하고 루이 16세를 처형하게 된다. 프랑스 시민이 왕정을 무너뜨리자 주변 왕정국가오스트리아, **프로이센** 등들은 혁명이 번질 걸 우려했다. 이에 프랑스에 침략전쟁을 일으키는데, 이때 이 전쟁을 승리로 이끈 나폴레옹이 국민 영웅으로 떠오른다.

 # 프랑스 혁명1789년 → **제1공화정**1792년 → **왕과 왕비 참수**1793년 → **나폴레옹 등장** 1795년 → **제1제정**1804년 → **왕정 복귀**1815년 → **제2공화정**1848년 → **제2제정**1852 년 → **제3공화정**1870년

마리 앙투아네트, 가짜뉴스의 희생양

마리 앙투아네트1755~93년 왕비는 합스부르크(오스트리아, 헝가리를 지배) 공국 여자황제 마리아 테레지아의 막내딸이다. 15세에 한 살 많은 프랑스 루이 16세와 결혼했다. 프랑스 부르봉 왕가와 합스부르크 가문 간 동맹을 위한 정략적 결혼이었다. 결혼을 위해 프랑스에 오며 크로아상, 구겔호프를 가져왔다고 전해진다. 다른 나라 출신 왕비여서일까. 왕비에겐 끊임없이 나쁜 소문과 가짜 뉴스가 따라다녔다. 빵이 아니면 브리오슈를 먹으라는 말을 했단 오명도 더해졌다. 밀가루 등 생활물가 급등으로 굶주림에 분노한 국민의 화살이 왕비에게로 향한다. 호화로운 삶을 사는 세상물정 모르는 철없는 왕비로 비춰졌다. 그 와중에 루브르 궁에서 열린 살롱 전시회1783년에 걸린 왕비 초상화는 큰 충격을 준다. 왕비는 흰 모슬린 드레스를 입

고 장미꽃을 들고 있다. 모슬린은 영국에서 유행하던 면직물로 프랑스에선 속옷처럼 인식하던 상황이었다. 이 초상화로 왕비는 음탕한 여자로 인식되었다. 동성애는 물론, 왕비의 오빠, 시할아버지, 시동생, 아들과의 근친상간까지 성추문 소문이 더해졌다.

여기에 프랑스 한 여성이 왕비를 사칭해 다이아몬드 목걸이를 빼돌렸는데 왕비가 그 피해를 입는다. 몰락한 라 모트 백작 부인이 로앙 추기경에게 왕비가 비싼 다이아몬드 목걸이를 사려 한다고 거짓말을 한다. 이에 왕비의 환심을 얻으려는 추기경이 보석 가격을 대신 지급한다. 당연히 왕비에게 가 있을 거라 생각했지만, 왕비가 아무런 언급이 없자 추기경은 사기당했음을 알게 된다. 왕비는 이 사기와 상관이 없는데도 사실로 받아들여졌다. 왕비에게 사치스럽고 부도덕한 이미지가 씌워진다. 특히 혁명 중 왕실 일가가 초대형 왕실 마차를 타고 프랑스 탈출을 시도하다 바렌 지역에서 붙잡힌다.바렌도주 사건 왕실이 배신자로 몰려 실망감을 안기게 된다. 결국 프랑스 재정 파탄의 원죄인으로 몰려 프랑스 혁명 시기 반역(혁명 반대)과 국고 낭비를 이유로 단두대(기요틴)의 이슬로 사라졌다. 마리 앙투아네트 증후군은 머리색이 하얗게 변하는 경우다. 교수형 당일 마리 앙투아네트는 머리카락이 백발로 변해버렸다. 38세였던 그녀의 머리가 스트레스, 호르몬 이상 등으로 색이 바랜 것이다.

빵이 없으면 브리오슈를 먹으라

가난한 프랑스 민중들에게 마리 앙투아네트가 "빵이 없으면 브리오슈Brioche를 먹으라" 했던가. 이 말은 실제로 그녀가 한 말이 아니다. 장 자크 루소의 자서전『고백록』에서 비롯된 오해다. 와인과 함께 빵을 먹고자 했던 루소는 어느 대공비가 한 말인 '농민들에게 빵이 없으면 브리오슈'를 떠올렸다고 한다.『고백록』을 쓸 당시에는 앙투아네트가 왕비가 되기 전이다. 프랑스에선 바게트같이 껍질이 딱딱하고 단맛이 없는 종류를 '빵'이라 하고, 단맛이 나는 빵 과자를 '비에누아즈리Viennoiserie'라고 한다. 비에누아즈리는 '비엔나Vienna(빈의 영어식 표현)의 것'이란 뜻으로 비엔나풍 빵을 말한다. 1830년대 오스트리아 포병장교 출신 아우구스트 장이 파리로 와 비엔나식 빵집(블랑주리 비에누아즈)을 개업했다. 이 빵집의 빵들이 파리에서 폭발적 인기를 얻게 되었다. 그곳에서 파는 빵 스타일을 모두 비에누아즈리라 부르게 되었다. 적당히 단맛이 나는 빵들이다. 즉, 브리오슈, 크로아상, 팡 오 쇼콜라, 팡 오 헤장, 쇼송 오 폼므 등이다. 엄격히 보자면 브리오슈는 버터와 달걀이 듬뿍 들어간 비에누아즈리다. 브리오슈는 버터가 아닌 브리 치즈로 만들어져 브리가 붙고, 오치라는 무화과와 모양이 비슷해 오슈가 되었다는 설도 있다. 브리오슈는 버터와 달걀이 듬뿍 들어가다 보니 촉촉하고 부드럽다. 버터가 반죽에 녹아들어 씹을 새도 없이 입안에서 살살 녹는다. 여러 모양의 브리오슈 중 우리에겐 친숙한 브리오슈는 머리가 볼록 나온 눈사람 모양의 '브리오슈 아 테트'다.

원통 모양 브리오슈인 무슬린, 직사각형 틀에 구운 브리오슈 낭테르, 왕관 형태로 구운 브리오슈 쿠론 등이 있다.

전쟁 승리를 기념해 만든 크로아상

크로아상Croissant은 프랑스어로 초승달을 의미한다. 초승달처럼 생긴 모양에서 빵 이름이 비롯되었다. 오스만제국 국기에 그려진 초승달 모양을 본뜬 모양이다. 17세기 말 오스트리아나 헝가리에서 오스만제국과 전쟁에서 승리한 것을 기념해 만들어졌다. 이런 이유로 일부 아랍국가에선 패전의 상징인 크로아상을 먹는 것을 법으로 금지하고 있다. 크로아상도 버터가 많이 들어가지만 브리오슈와는 만드는 방법이 다르다. 버터가 반죽에 녹아 스며든 브리오슈와 달리, 크로아상은 빵 반죽 사이에 차갑고 딱딱한 버터를 놓아 여러 겹을 만든다. 밀가루 반죽에 차가운 버터를 듬뿍 넣은 후 밀대로 밀고 다시 접기를 반복한다. 이를 라미네이팅Laminating 반죽기법(겹겹이 반죽을 쌓는 방식)이라 한다. 그래야만 겉은 바삭하고 속은 부드러운 식감이 나온다.

크로아상도 마리 앙투아네트가 루이 16세에게 시집오면서 프랑스에 전해졌다고 알려졌다. 왕비를 따라온 오스트리아 출신 제빵사들이 초승달 모양 빵을 왕궁에 소개했고, 프랑스어로 초승달을 뜻하는 크루아상으로 프랑스에서 불리게 된 것이다.

한편, 크로아상은 비에누아즈리 어원이 된 아우구스트 장이 1830년대 프랑스 파리로 와 비엔나식 빵집을 열고 만들었다는 설도 있다. 오스트리아에선 키펠Kipferl이

란 초승달 모양 빵이 있었는데, 아우구스트 장이 이 빵을 자신의 제과점에서 만들어 팔기 시작했다는 것이다.

알자스 명물 케이크, 구겔호프

구겔호프Gugelhopf는 프랑스 동북부 지역으로 독일과 국경인 알자스Alsace 지방의 명물 케이크다. 알자스는 근세 들어 프랑스와 독일로 국적이 바뀌는 비운의 지역이다. 현재는 프랑스지만 오랫동안 독일의 영향을 받았다. 구겔호프는 17~18세기 버터가 보급되며 본격적으로 만들어졌다고 알려진다. 원래 오스트리아에서 먼저 만들어졌는데 이 케이크를 너무 좋아한 마리 앙투아네트가 프랑스로 시집오며 이를 전파시켰다는 설이 있다. 쿠글로프, 쿠겔호프 등으로도 불린다. 또 한 가지 기원설로는 동방박사의 이야기다. 알자스 지역 리보빌레 마을에 들른 3명의 (예수 탄생을 축하해 주기 위한) 동방박사는 쿠겔이라는 도자기 장인 집에 머물렀다. 그 답례로 쿠겔이 만든 그릇 모양으로 동방박사가 케이크를 구워내 쿠겔호프라 불렸다는 설이다. 그래서 유럽에선 크리스마스 등 특별한 날에 먹는 케이크이기도 하다. 구겔호프는 건포도를 넣은 브리오슈 반죽을 왕관 모양 틀에 넣어 구운 뒤 슈가파우더나 초콜릿을 묻히기도 한다.

프랑스 노르망디 몽생미셸과
아뇨 드 프레 살레

노르망디의 몽생미셸 수도원

5~6세기경부터 프랑스 북서부에 가톨릭이 전파되었다. 깊은 숲, 바닷가 섬에는 가톨릭 수도사들을 위한 수도원들이 설립되었다. 근세 관광지로 유명해진 몽생미셸은 사실 수도원이었다. 프랑스 북부 브르타뉴와 노르망디 경계에 위치한 바위섬에 우뚝 솟아 있다. 노르망디Normandie는 노르만인의 땅이다. 노르만Norman은 북에서 온 사람, 즉 Northman이다. 바이킹은 전쟁하다 죽으면 천국에 간다고 믿었다. 그래서 죽을 각오로 싸워대니 무서웠다. 프랑스는 바이킹이 하도 공격해 대니 아예 북쪽 땅을 내어줬다.911년, 생클레르쉬르엡트 조약 동네 이름은 노르망디이고, 우두머리롤롱는 가톨릭 세례도 받고 프랑스 왕의 신하인 노르망디 공작이 되었다. 당시 수도원들은 대부분

바이킹의 공격을 받아 파괴되어 사라졌지만, 몽생미셸만 거의 유일하게 살아남았다. 몽Mont은 '산', 생미셸Saint Michelle은 '성 미카엘'의 프랑스식 표현이다. 즉, 몽생미셸은 '성인 미카엘의 산'이라는 의미다. 면적은 0.97km²에 불과한 이 섬은 조수간만의 차가 심하다. 옛날에는 만조가 되면 섬 전체가 완전히 바다에 둘러싸였었다. 지금은 제방을 만들어서 만조에도 걸어다닐 수 있다. 708년 아브랑슈 주교(오베르) 꿈에 미카엘 대천사가 나타났다. 대천사는 이곳 바위섬에 수도원을 지으라 계시를 내렸다. 조수간만의 차도 큰 이 바위섬에 수도원을 짓는 건 불가능하다 생각해 주교는 이를 무시했다. 미카엘 대천사는 원래 호전적 성격이다. 주교의 세 번째 꿈에 나타난 미카엘 대천사는 주교 이마를 손가락으로 눌러 머리에 작은 구멍을 낸다. 꿈에서 깬 주교의 머리에 실제로 구멍이 생겼고, 뒤늦게 주교는 수도원 건설에 나선다. 이 수도원은 18세기 무렵까지 무려 1,000여 년에 걸쳐 지어진다. 오랜 시간에 걸쳐 만들어지다 보니 로마네스크, 고딕 등 그 시대의 건축 양식이 반영되었다. 백년전쟁 중에는 요새, 나폴레옹 시대엔 정치범 감옥으로도 쓰였다. 몽생미셸은 만화 〈라푼젤〉 속 코로나 왕국, 〈하울의 움직이는 성〉의 모티브가 되기도 했다.

영화 <라스트 콘서트>에 나온 성이 몽생미셸이다. 40대 중년인 무능한 피아니스트 리차드, 20대 초반의 스텔라가 버스를 기다리는 거리 뒤편 해안 성채가 몽생미셸이다.

노르망디 지역의 양고기, 아뇨 드 프레 살레

아뇨 드 프레 살레Agnenaudepré-salé는 노르망디 지역의 어린 양고기를 말한다. 좀 더 정확히 하자면 프랑스 북부(북서부) 노르망디, 피카르디 지역의 염생습지(갯벌과 하천이 만나 소금기가 많은 습한 땅)에서 자란 어린 양고기다. 염생습지에는 바닷물에 잠겨도 살 수 있는 식물들이 자란다. 아뇨는 '어린 양', 프레-살레는 '해변의 목장'을 말한다. 즉 아뇨 드 프레 살레는 '해변의 목장에서 키운 어린 양'이란 의미다. 아뇨Agneau는 12개월 미만의 어린 양으로 맛이 순하고, 누린내도 거의 나지 않는다. 오븐(그릴)에 굽거나, 스튜를 끓여서 먹는다. 노르망디 몽생미셸, 피카르디 솜므Somme 지역의 별미다. 몽생미셸과 솜므의 염생습지에선 목동들이 양치기 개와 함께 수천 마리 양을 몰고 가는 모습을 볼 수 있다. 염생습지에서 양을 키우는 방법은 때론 위험하다. 물때를 놓치면 바닷물에 양이 떠내려갈 수 있어서다. 오랜 세월을 거치며 목동들이 염생습지에서 키우는 노하우를 축적하게 된다. 산에서 키우는 것보다 양고기 품질이 우수하다 평가되며 오늘날까지 품질을 발전시켜 오고 있다. 추운 겨울(12~3월)엔 염생습지에서 육지로 양을 이동시켜 사육을 이어간다. 매년 10월 초에는 염생습지에서 초원으로 이동하는 양떼를 볼 수 있다. 또한 이와 관련한 대규모 지역축제가 그 시기에 열린다. 염생습지 풀은 바닷물 덕에 소금기와 요오드 성분이 많다. 이로 인해 양고기가 육즙이 풍부하고 부드럽다. 아뇨 드 프레 살레는 매년 1~2월 태어난 양을 2~3개월 어미 젓을 먹인 후 염생습지에서 풀을 먹이며 키운다.

아뇨 드 프레 살레는 보통 6월에서 이듬해 2월까지만 구할 수 있는 계절한정 식재료다. 공급량이 많지 않아 주로 인근 지역에서만 맛볼 수 있다. 공급량이 많지 않은 만큼 비싸게 판매된다.

아뇨 드 프레 살레로 만드는 대표 요리로는 나바랭 프랭타니에 다뇨가 있다. 봄철 어린 채소를 넣은 양고기 스튜다. 나바랭은 나바리노 전투1827년 이름에서 비롯되었다. 프랑스 남서부 포이약(지롱드주)은 와인 생산지다. 여기선 추수가 끝난 포도밭에서 풀을 먹인 어린 양의 고기인 아뇨 드 포이약이 있다. 13세기 피레네 산맥 목동들이 겨울철 지롱드 지역의 포도밭으로 이동하면서 아뇨 드 포이약이 생겨났다. 포도밭에는 양을 방목하기에 좋은 풀이 많다. 포도밭 입장에서도 양들을 통해 제초작업도 하고, 양들의 배설물이 좋은 거름 역할도 하니 도움이 된다.

나바리노 전투는 1827년 그리스 남단 나바리노 만에서 벌어진 해상전투다. 영국, 프랑스, 러시아 연합군이 그리스 독립군을 저지하려는 오스만제국과 이집트 함대를 격파했다. 이 전투는 그리스 독립에 결정적 영향을 미쳤다.

나이 든 양고기 머튼과 어린 양고기 램(아뇨)

양고기는 머튼Mutton과 램Lamb으로 구분한다. 머튼은 2년 이상 자란 나이 든 양이고, 램은 12개월 미만의 어린 양이다. 램은 프랑스식 표현으로 아뇨Agneau다. 호깃Hogget은 1~2살 양(램과 머튼의 중간 정도)이다. 머튼은 고기 냄새가 강한 데 비해, 램은 고기 냄새가 거의 없고 육질이 부드럽다. 냄새가 강하고 고기가 질긴 머튼은 장시간 서서히 끓여내는 스튜 요리 등에 쓰인다. 이때 머튼의 고기 냄새를 없애기 위해 마늘, 민트, 로즈마리 등 강한 양념(향신료)을 넣는다.

양갈비의 구분, 숄더랙과 프렌치랙

양갈비는 양고기가 낯선 이들이 접하기에 편하다. 양갈비는 소나 돼지보다 뼈에 붙은 살이 연한 편이다. 양갈비는 숄더랙과 프렌치랙으로 나뉜다. 숄더랙은 어깨 쪽 갈비로 목과 등 사이 부위다. 프렌치랙은 등쪽의 갈비다. 숄더랙 부위가 프렌치랙보다 뼈가 더 크다. 숄더랙은 살점도 크고 육질이 단단하다. 반면, 프렌치랙은 고기가 아담하며 부드럽다. 양고기는 영양 측면에서 소고기나 돼지고기에 뒤지지 않는다. 저칼로리, 저지방, 고단백 육류로 콜레스테롤 함량이 육류 중 낮은 편이다. 반면, 무기질(칼슘, 인, 아연 등)은 풍부하다. 유럽이나 중동에선 보양식 재료로 알려져 있다.

아키텐 알리에노르,
백년전쟁과 카술레

알리에노르의 두 번의 결혼

알리에노르Aliénor d'Aquitaine, 1122~1204년는 프랑스와 잉글랜드 두
나라 국왕과 결혼했다. 순서는 프랑스 먼저, 잉글랜드 다음 순번이
다. 아키텐 공작(기욤 10세)이 사망하자 맏딸인 15세의 알리에노르
가 아키텐 지역 계승자가 된다. 당시 아키텐은 프랑스 남서부 광활
한 지역(가스코뉴, 푸아투, 리무쟁 등)으로 프랑스 영토의 1/4이나 되
었다. 즉, 알리에노르와의 결혼은 프랑스 영토 1/4을 차지하는 황금
알이었다. 프랑스 국왕 루이 6세는 자신의 아들과 결혼시키고, 며칠
뒤 사망한다. 그 아들은 루이 7세가 되고 알리에노르는 프랑스 왕비
가 된다. 하지만 둘은 딸만 낳은 채 갈라선다.1152년 이혼 이후 알리
에노르를 차지하려는 노력들이 벌어졌다. 하지만, 알리에노르는 노

르망디 공작이며 잉글랜드 왕위 계승 후보인 헨리에게 청혼을 해 두 번째 결혼을 한다. 결혼 2년 후1154년 두 번째 남편인 헨리가 잉글랜드 국왕인 헨리 2세가 된다. 덕분에 알리에노르도 잉글랜드 왕비가 된다. 잉글랜드는 그녀로 인해 유럽 대륙 내 광활한 영토를 소유한 나라가 된다. 후일 백년전쟁의 시발점이 그녀의 결혼으로 얻은 아키텐에서부터다.

영국과 프랑스 간 백년전쟁

프랑스 왕이 사망하고, 잉글랜드 왕이 다음번 프랑스 왕이 되고자 했다. 프랑스 왕 샤를 4세가 남자 후계자 없이 사망한1328 뒤 벌어진 일이다. 프랑스는 살리카법프랑크 부족법전을 도입해1316년 여성의 왕위 계승이 금지된 상황이었다. 여성을 제외하니 샤를 4세의 사촌형제필리프 6세가 왕위에 오른다. 반면, 잉글랜드는 살리카법에 관대했다. 여성도 왕이 될 수 있다는 것이다. 그래서 잉글랜드는 다수의 여왕이 탄생했다. 당시 잉글랜드 왕에드워드 3세은 샤를 4세가 모계 쪽인 외삼촌이다. 왕과 4촌인 필리프 6세보다 에드워드 3세가 3촌이니 촌수로는 더 가까웠다. "외가 쪽인 나도 프랑스 왕이 될 상이다!"라며 문제를 삼는다. 한술 더 떠 양모 가공지 플랑드르프랑스 북부, 벨기에, 네덜란드 남부 등로 가는 양털 공급 중단을 선언했다. 프랑스도 프랑스 내 잉글랜드 영토인 포도주 산지 기옌 몰수를 선언했다. 백년전쟁은 그렇게 시작되었다. 왕위 쟁탈전이 표면적 이유였으나, 내심은 경제적 요인이다. 잉글랜드는 양모생산지 플랑드르를, 프랑스는 포도주 산지 기옌을 가지고 싶었다. 특히, 기옌의 연간 세수가 잉글랜드 전체 세수보다 많았다고 하니 프랑스가 탐날 만했다. 초반 판세는 장궁긴 활 덕에 잉글랜드가 잘 싸웠다. 프랑스 왕장 2세을 포로로 잡고 석방 보상금몸값 300만 크라운을 요구했다. 더불어 프랑스 노르망디와 함께 와인 산지 기옌도 되찾았다. 당시, 전쟁은 왕을 포로로 잡아 몸값을 요구하는 게 남는 장사였다. 하지만, 프랑스 왕장 2세은 석방 보조금이 없어, 잉글랜드로 돌아갔고 그렇게 잉글랜드에서 사망했다.

백년전쟁의 히어로, 프랑스 영웅 잔다르크

백년전쟁의 히어로는 단연코 민중의 딸 잔다르크다. 16살 소작농의 딸인 그녀는 천사의 계시를 들었다. 샤를 왕세자훗날 샤를 7세를 도와 프랑스를 구하라는 음성이었다. 당시, 잉글랜드 왕헨리 6세의 잉글랜드군은 프랑스 왕샤를 7세의 거점인 오를레앙을 포위했었다. 이때 잔다르크는 적은 수의 프랑스 병사로 잉글랜드군을 격파한다. 전통적으로 프랑스 왕은 랭스에서 즉위식을 거행했다. 잉글랜드에 밀려 후퇴한 샤를은 랭스에서 즉위식을 올리지 못하고 있었다. 잔다르크의 진군으로 랭스를 탈환하고 샤를은 대관식을 올려 프랑스 왕 정통성을 인정받게 된다. 이후 프랑스는 진격을 거듭해 지금의 프랑스 땅 대부분을 차지했다. 잉글랜드는 초라하게 프랑스 북부 칼레 정도만 차지하고 만다. 잉글랜드가 섬나라로 쪼그라든 셈이다. 116년간의 전쟁은 봉건귀족과 기사의 몰락을 불러왔다. 죽기도 많이 죽었다. 반면, 긴 전쟁 통에 왕이 상비군을 강화하게 되어 귀족세력을 누르고 중앙집권제를 추진하게 되었다.

프랑스판 부대찌개 카술레

카술레Cassoulet는 흰 강낭콩에 소시지와 여러 고기, 채소를 푹 끓여낸 스튜다. 쉽게 말해 프랑스판 부대찌개다. 2시간 이상 조리과정을 거치면서 만들어진 고기 육즙과 기름이 더해진 강낭콩 맛이 매력이다. 육류는 다양하게 넣을 수 있는데, 돼지고기, 오리다리 콩피, 툴루즈식 소시지 등을 더한다. 콩과 고기 비중은 7:3 정도다. 탄수화물은 낮지만 칼로리가 높은 요리라 빵보다는 채소, 샐러드와 곁들이는 게 좋다. 겨울철에 많이 먹으며, 무겁고 진한 풀바디 레드와인과 주로 같이 먹는다. 카술레는 프랑스 랑그독Langeudoc 지역을 대표하는 콩요리이기도 하다. 랑그독은 지중해에 가까운 프랑스 남부 최남단이다. 날씨가 아주 덥고 햇살이 강하다. 당시 카솔Cassole이라는 랑그독 전통 토기 냄비에 콩, 고기를 넣고 푹 끓여냈다. 카솔은 붉은 진흙으로 만드는데 따뜻함을 오래 유지하게 한다.

카술레 기원 중 하나는 프랑스와 잉글랜드 간 백년전쟁과 관련 있다. 당시 이야기가 영웅화되어 프랑스를 지켜낸 음식이란 애국심이 더해진 요리다. 백년전쟁 당시 카스텔노다리Castelnaudary라는 지역이 잉글랜드군에 포위되었다. 주민들은 프랑스 군인들을 위해 음식을 마련했다. 각자 집에서 먹을 재료들을 가져와 냄비에 함께 넣고 끓여냈고, 그게 카술레의 기원 중 하나다. 카스텔노다리 외에도 프랑스 툴루즈, 카르카손 지역도 카술레의 원조라고 주장 중이다. 스페인에도 카술레와 비슷하게 파바다Fabada란 고기 스튜가 있다. 강낭콩에 초리소(스페인식 소시지), 모르시야(스페인식 피순대) 등을 더한다. 프랑스에서 산티아고 순례길을 통해 요리법이 스페인으로 전해졌다고 한다.

프랑스에서 물보다 싼 와인, 랑그독 와인

랑그독은 유럽의 캘리포니아라 불리는 세계적 와인 산지이기도 하다. 포도밭 면적이 보르도의 2배로 프랑스 와인 생산량의 1/3을 차지한다. 하지만, 프랑스 슈퍼마켓에서 물보다 싼 와인 대부분이 랑그독 산이다. A.O.C 등급 와인은 10%뿐이고 하위 등급인 IGP(Indication Géographique Protégée, 보호된 지리적 표시)가 74%, 나머지 16%는 최하 테이블 등급인 뱅드프랑스Vin de France다. 1855년 철도 개통으로 저렴한 운송비로 가성비 높은 랑그독 와인이 파리 및 북유럽으로 널리 퍼졌다.

프랑스 남부 요리인 콩피, 툴루즈식 소시지

콩피Confit는 오리나 거위 고기 등을 자체(오리나 거위) 지방에 절여서 만든다. 오리로 만들면 콩피 드 카나르, 거위로 만들면 콩피 드 와다. 프랑스 남서부 지역의 전통 음식 중 하나다. 콩피는 보존하다 는 의미의 프랑스어 콩피르Confire에서 기원한다. 오늘날 콩피는 기 름 또는 설탕 등에 절여 만든 보존음식을 말한다. 유럽에선 사냥한 고기를 염장한 뒤 기름에 넣고 서늘하고 어두운 장소에서 숙성했다. 이 방법을 18세기 프랑스 남서부 가스코뉴 지역의 요리사들이 응용 해 콩피를 만들었다. 오리나 거위 고기를 약한 불로 익힌 뒤 그 기름 에 담가두고 나중에 요리에 사용했다. 가스코뉴 지역에선 푸아그라 를 얻으려 가바주Gavage 방식으로 오리나 거위를 키워왔다. 이 방법 으로 키우면 스트레스로 인해 간이 커지고 지방이 쌓인다.

툴루즈식 소시지는 프랑스 툴루즈 지역 전통 소시지다. 툴루즈는 프랑스에서 파리, 리옹, 마르세유 다음으로 네 번째 큰 도시다. 프랑 스 남부 옥시타니 지역의 대표 도시다. 프랑스에선 산티아고 순례길 로 가는 여러 루트 중 하나가 툴루즈를 지나는 방법이기도 하다. 툴 루즈 별명은 장밋빛 도시La Ville Rose다. 도시 대부분 건물이 붉은색 을 띠어서다. 이 지역 주변에 많이 있는 붉은 점토의 테라코타 벽돌 로 건물을 만들었다. 장밋빛 도시에 걸맞게 툴루즈식 소시지도 붉은 빛을 띤다. 현대의 툴루즈는 항공산업과 우주산업의 중심지다. 항공 기 제조사인 에어버스 등 수많은 항공기업의 소재지이기도 하다.

존 몬태큐 샌드위치 백작,
잠봉뵈르 샌드위치와 샤퀴테리

샌드위치 지역을 다스리던 몬태규 백작

현대적 의미의 샌드위치Sandwitch는 영국 존 몬태큐 샌드위치 백작에서 유래했다. 물론, 진위 여부에 대한 논쟁은 있다만, 대표적인 샌드위치 요리의 기원이기도 하다. 이 이야기는 프랑스 역사학자인 피에르 장 그로슬리가 처음 언급했다.1772년 영국의 샌드위치라는 동네를 다스리던 몬태큐 백작은 게임을 즐겨했고, 게임에 빠져 있다 보니 밥 시간을 놓쳤다. 끼니를 때우려 빵 사이에 고기와 야채를 넣어달라고 하인들에게 주문을 했다. 게임을 같이 한 이들도 몬태큐 백작과 같은 요리를 요청했다. 그로 인해 '샌드위치 백작이 먹는 음식'을 줄여 샌드위치로 이름을 지었다는 설이다. 하지만, 실제 몬태큐 백작은 워커홀릭에 가까웠다. 영국 해군을 담당하며 바삐 살았

143

고, 바쁜 와중에 간단히 먹을 음식을 만들게 되었다. 그게 샌드위치가 되었다는 이야기다. 재미있는 건 그의 후손이 현대에 와서 샌드위치 가게로 대박을 쳤다는 거다. 몬태큐 백작의 후손은 2004년 샌드위치 가게인 얼오브샌드위치Earl of Sandwitch를 연다. 미국 플로리다주 올랜도 지역(월트 디즈니 월드 리조트)에 처음 문을 열었는데, 인기를 얻어 이후 전 세계 곳곳에 지점을 냈다. 현재, 우리나라에도 이 샌드위치 가게가 오픈해 있다.

세상 다양한 샌드위치

파니니Panini는 이탈리아식 샌드위치다. 파니니는 파네Pane, 빵에 이니Ini, 작은 것를 더해서 만든 단어다. 파니니를 만들 때는 프레스로 빵을 눌러서 납작하게 샌드위치를 만든다. 이탈리아에서는 파니니용 빵으로 (씹히는 식감이 좋은) 치아바타를 쓴다. 오픈 샌드위치는 한 장의 빵만 쓴다. 그 한 장의 빵 위에 토핑을 올려 먹는 샌드위치다. 밀이 귀했던 북유럽에서 먹던 관습이 이어져 온 거다. 피데Pide는 튀르키예의 전통 납작빵이다. 구운 고기를 의미하는 케밥과 채소를 피데로 감싸서 먹는다. 튀르키예에선 빵 사이에 구운 고등어를 끼워서 먹기도 한다. 클럽 샌드위치는 빵 3장 사이에 햄, 치즈, 야채를 끼워 넣는다. 클럽 샌드위치는 미국 뉴욕 도박장인 '사라토라 클럽하우스'에서 처음 생겼다.1894년 그래서 클럽이란 이름이 붙게 된다. BLT 샌드위치는 베이컨Bacon, 양상추Lettuce, 토마토Tomato의 영문명 앞

글자를 따 BLT를 붙였다. 미국 뉴욕에선 베이글에 크림치즈, 연어 등을 넣어 먹는 뉴욕 베이글 샌드위치도 있다. 미국에선 샌드위치 중 소고기를 넣은 것만 버거라고 한다. 그 외에는 다 샌드위치다. 가령, 치킨을 넣으면 치킨버거가 아닌 치킨샌드위치다. 바인미Banh Mi는 베트남식 바게트 샌드위치다. 프랑스 바게트와 달리 쌀가루를 넣은 바게트에 고기, 야채를 넣어 먹는다. 홍루이젠은 대만식 샌드위치로 빵 사이에 크림버터, 과일잼 등을 넣는다. 멘바오샤는 튀겨낸 중국식 새우 샌드위치다. 주빠빠오는 마카오식 돼지고기 샌드위치다. 뼈가 붙어 있는 돼지갈비를 튀긴 다음에 빵 사이에 끼워 넣는다. 샌드위치는 샌드라고 줄여서 말하기도 한다. 일본에선 샌드를 일본식 발음으로 '산도'라고 한다. 일본의 샌드위치인 산도는 재료를 하나만 넣는 경우가 많다. 달걀(타마고)만 넣으면 타마고산도, 돈가스를 넣으면 가쓰산도다. 서브마린 샌드위치는 기다란 빵으로 만든 샌드위치다. 서브마린Submarine은 잠수함이란 뜻이다. 즉, 기다란 빵 모양이 잠수함과 비슷해서 붙여졌다. 샌드위치 가게인 써브웨이 이름도 지하철(Subway)이 아닌 서브마린 샌드위치에서 따왔다.

써브웨이 매장에서 샌드위치 안에 넣는 다양한 속재료들을 주문하기 어렵게 느끼곤 한다. 알아서 골라주는 썹픽 메뉴가 그래서 생겼다. 썹픽은 써브웨이 베스트픽의 줄임말이다. 원하는 메뉴명에 썹픽만 붙이면 된다.

프랑스 국민 간편식, 잠봉뵈르 샌드위치

잠봉뵈르Jambon-Beurre는 프랑스 국민 샌드위치로도 불린다. 프랑스에서 가장 클래식한 샌드위치 중 하나다. 간단히 만들 수 있어 대표적인 프랑스 간편식이자, 가장 즐겨 먹는 샌드위치다. 잠봉은 얇게 저민 햄, 뵈르는 버터다. 잠봉은 기름기가 적은 돼지 뒷다리살을 통째로 삶아 만든 프랑스 전통 햄이다. 얇게 저민 잠봉일수록 샌드위치 맛이 좋아진다. 샌드위치에 들어가는 빵으로는 바게트나 크로아상을 주로 쓴다. 종합하면 잠봉뵈르는 바게트 또는 크로아상 안에 프랑스산 햄(잠봉)과 버터(뵈르)를 넣은 샌드위치다. 빵을 반으로 자른 뒤 빵 위에 잠봉, 버터를 올려주고 빵을 덮어 마무리한다. 만들기는 아주 심플하지만, 잠봉과 뵈르가 주는 깊은 맛이 특징이다. 프랑스 특유의 미식 문화를 느낄 수 있다. 버터의 크리미한 맛, 촉촉한 햄의 짭짤한 맛, 바삭한 프랑스 빵(바게트나 크로와상)의 고소함이 어우러진다. 잠봉뵈르 하나로 프랑스에 온 느낌을 받을 수 있다. 19세기 후반~20세기 초반 산업이 발달한 프랑스에서도 간편식이 필요해지며 잠봉뵈르가 큰 인기를 얻는다. 오리지널 잠봉뵈르에 다양한 속재료를 넣어 변형을 꾀할 수도 있다. 코르니숑Cornichons(피클 오이), 작은 피클, 머스타드, 치즈에멘탈, 콩테 등을 넣어서 말이다.

프랑스식 샌드위치로는 크로크무슈Croque-monsieur도 있다. 크로크는 '바삭하다(Crunch)', 무슈는 '아저씨(MR)'란 의미다. 빵 사이에 햄과 치즈, 베샤멜 소스를 넣는다. 치즈가 녹을 때까지 '그릴에 구워낸다'. 광부들이 차가운 샌드위치를 난로에 올려 데워 먹은 데서 유래했다는 설이 있다. 크로크마담은 크로크무슈 위에 달걀프라이를 얹는다. 마담은 고전적 여성 모자를 닮았다 해서 붙여졌다.

몬테 크리스토는 크로크무슈 미국 버전이다. 햄과 치즈를 넣은 빵에 달걀옷을 입혀 '기름에 튀겨낸다'. 워싱턴주 몬테크리스토 호텔 주방에서 탄생했다는 설이 있다.

식육가공품을 뜻하는 샤퀴테리

샤퀴테리Charcuterie는 식육가공품을 뜻하는 프랑스어다. '살코기(Chair)'와 '가공된(Cuit)'이 합쳐진 말이다. 구체적으로 고기와 고기 부속물로 만든 햄, 소시지, 베이컨 등을 말한다. 식육가공품은 먹는 고기(식육)의 함량이 50% 이상인 경우다. 프랑스, 이탈리아, 스페인 등 유럽 식문화에서 모두 가지고 있는 공통된 식문화다. 낙농을 하던 곳이었기에 고기와 유제품을 치즈, 버터, 육포, 햄, 소시지 등의 방식으로 저장했다.

햄으로는 하몽(스페인), 프로슈토(이탈리아), 잠봉(프랑스) 등이 있다. 잠봉과 하몽, 프로슈토는 햄이다 보니 맛이 비슷하다. 햄은 원래 돼지 뒷다리살을 뜻한다. 돼지 뒷다리살이 아닌 다른 부위로 만든 건 햄이 아니다. 스팸처럼 잡육을 갈거나, 돼지고기가 아니면 햄이 아닌 셈이다. 즉, 햄은 돼지 뒷다리살(살코기)을 통째로 염장해 삶거나 찌거나 훈제한 것이다. 염장 후 발효과정 중에 풍미가 더해지는 건 덤이었다. 냉장고가 없던 시절, 상하기 쉬운 고기를 오래 보관하는 방식이 햄이었다. 장기간 보관이 가능해 전투식량, 항해식량으로 사용되었다. 햄이 돼지 뒷다리 살코기를 통째로 염장한 것이라면, 소시지는 살코기, 선지 등을 창자에 넣고 말리거나 훈제한 것이다. 소시지로는 살라미, 페퍼로니, 초리소 등이 있다. 베이컨(돼지 뱃살) 으로는 관찰레, 판체타 등이 있다.

샤퀴테리는 과거부터 전해오던 전통 수제방식에 따라 천연재료로 만드는 조금 고급스러운 제품들이라 할 수 있다. 특히, 천연 향신료만 쓰거나, 염도를 줄이고 천일염을 쓰는 등 프리미엄 제품들이 많다. 공장식 대량생산과는 거리가 멀다. 소금에 절이거나, 바람에 건조시키거나, 훈연하거나, 익히고 찌는 방식 등으로 가공한다. 대부분 항생제를 쓰지 않고 건강한 사료로 기른 동물의 고기를 사용한다. 인공 첨가물인 아질산나트륨 함량을 줄이고 없앤 것도 특징이다. 인공 첨가물을 줄이다 보니 건강한 먹거리로 인식되고 있다. 일반 가공육은 유통기한 확장, 붉은 색조 등을 위해 아질산나트륨을 넣는다. 아질산나트륨은 가공육이 1군 발암물질(Group1)로 지정된 결정적 이유다. 고온 가열 시 발암물질이 발생한다고 해서다. 샤퀴테리는 전채요리(식사 전 요리)나 와인 안주 등으로 인기가 많다. 치즈, 과일, 올리브 등과 곁들이면 고급스러운 와인 안주가 된다.

붉은 고기에 아질산나트륨 등 화학 첨가물에 대한 부정적 의견으로 인해 식물성 재료로 만든 대체육 햄도 만들어지고 있다. 중국 양나라 무제는 독실한 불교신자였다. 살생을 금하는 불교계율을 모든 백성에게도 적용했다. 단주육문(斷酒肉文, 술과 고기 금지) 포고령을 통해 술과 육식을 금해버렸다. 그 결과 고기를 대체할 식재료를 찾게 되었고, 승려들이 콩고기를 개발하게 된다.

스페인 전통 햄인 하몽

하몽은 돼지고기 뒷다리살로 만든 스페인 전통 햄이다. 하몽은 종이처럼 얇게 썰어 먹는 게 특징이다. 이탈리아 프로슈토, 프랑스 잠봉과 같은 햄류다. 최고급 하몽으로는 이베리코 데 베요타가 있다. 이베리코는 이베리아 반도(스페인, 포르투갈)에서 생산된 돼지란 뜻이다. 이베리코 돼지는 콜럼버스가 신대륙 탐험 당시 산타마리아호에 싣고 갔던 품종이다. 베요타는 도토리를 의미한다. 도토리는 비만을 억제하고 나쁜 콜레스테롤을 줄여준다. 참고로 이베리코 돼지는 몇 등급으로 나뉜다. 이베리코 돼지 순종 여부, 도토리 방목 여부(베요타) 등을 기준으로 하며, 블랙(순종돼지 100%+베요타), 레드(교배종 75%+베요타), 그린, 화이트 등으로 나뉜다. 즉, 블랙 등급은 아빠, 엄마가 모두 이베리코 돼지(순종 100%)이면서 도토리산에 자연방목해 도토리만 먹인 최고급 돼지다. 이베리코 데 베요타는 도토리 야산에 방목해 만든 순종 이베리코 돼지로 만든 하몽이다. 방목을 하기에 근육질 다리에 은은한 도토리 향도 난다. 다리가 근육질이기에 일반 하몽보다 숙성기간이 2배 이상 걸린다. 생산 단가가 비싸다. 일반적인 하몽은 사료로 키운 돼지로 만든다. 전통적인 방법으로 만들면 1년 이상이 걸린다. 하몽은 겨울인 12~1월에 주로 만들기 시작한다. 천일염을 뿌리고 문지르는 과정을 2개월간 한 뒤, 세척하고 서늘한 동굴에 6개월 이상 건조와 숙성을 시킨다.

알자스-로렌,
「마지막 수업」과 키슈
그리고 달걀요리

알퐁스 도데의 소설 「마지막 수업」

알퐁스 도데1840~97년의 「마지막 수업」은 도데의 『월요 이야기』란 단편집에 수록된 단편소설이다.1871년 프로이센-프랑스 전쟁에서 프랑스가 지면서 알자스-로렌이 독일(프로이센) 영토가 되었던 시대적 배경을 다룬다. 프랑스인이 모국어를 빼앗긴 슬픔을 그려냈다. 프랑스 알자스주에 사는 프란츠는 노는 게 더 좋은 소년이었다. 어느 날 학교에 간 프란츠는 엄숙한 학교 분위기에 놀란다. 선생님은 평소와 달리 정장 차림이었고, 교실 뒷자리에는 마을 사람들이 있었다. 선생님은 오늘이 프랑스어로 하는 마지막 수업이라고 알려주신다. 선생님은 프랑스어를 굳건히 지키는 의미도 알려준다. 학교 시계가 12시를 알리자 선생님은 말을 잇지 못하고 '프랑스 만세'라고 쓰고 수업이 끝났음을 알린다.

사실, 알퐁스 도데의 인생 히트작은 「별」이다. 프랑스 남부 프로방스 지역을 배경으로 양치기 소년과 주인집 딸(스테파네트)의 짧지만 깊은 만남을 이야기한다. 주인집 딸이 소나기로 인해 하룻 밤 산장에서 보내면서 두 사람은 별과 자연에 대한 이야기를 한다. 소년은 순수한 감정이 싹트지만 이루어질 수 없는 사이였다. 소년의 애틋한 마음을 서정적으로 표현했다.

소유권이 자주 바뀐 알자스-로렌 지역

로렌은 알자스와 함께 프랑스 북동부 끝자락(독일 국경)이다. 알퐁스 도데의 소설 「마지막 수업」의 배경이 되는 곳이다. 한때는 독일 땅이기도 했던 지역으로, 루이 15세 때 프랑스령이 되었다. 알자스-로렌은 산지 쪽은 지하자원이 풍부하고, 평야지대는 비옥한 농토가 펼쳐진다. 독일 입장에서 보면 프랑스와 유럽 남서부로 나갈 수 있는 관문이다. 프랑스로서도 독일을 견제하는 성문 역할을 한다. 1648년 베스트팔렌 조약으로 프랑스령, 1871년 프로이센-프랑스 전쟁 후 독일령, 1차 대전으로 알자스-로렌 독립 공화국, 1919년 베르사유 조약으로 프랑스령, 1940년 나치 독일에 의해 독일령, 1945년 2차 대전 후 다시 프랑스령으로 소유권이 바뀌어 왔다. 지금은 프랑스 땅이다. 독일과 프랑스로 자주 소유권이 바뀌다 보니 독일과 프랑스 음식이 섞여 있다. 독일의 투박한 간결함이, 프랑스의 세심한 맛이 더해져 맛이 오묘하다.

로렌의 대표적 달걀요리인 키슈

키슈는 프랑스식 달걀요리다. 밀이 주식인 프랑스에선 설탕을 더하면 디저트, 소금을 더하면 식사가 된다. 파트브리제(밀가루, 버터, 달걀 반죽)에 달콤한 과일을 더해 구우면 타르트가 된다. 단맛이 더해지니 타르트는 디저트다. 반면, 파트브리제에 소금, 채소, 베이컨을 넣어 구운 키슈는 식사다. 생긴 건 디저트 같지만 부드러운 오믈렛(달걀 푼 것, 치즈, 육류, 채소 등)이 타르트 반죽 속에 들어 있다. 크기도 커 든든한 한 끼로 충분하다. 파리지엔은 키슈와 타르트를 사서 점심식사와 디저트로 간단한 점심을 한다. 원래 키슈는 프랑스 로렌 지역에서 유래했다. 그래서 키슈를 키슈 로렌이라고도 부른다.

부드러운 프랑스식 오믈렛과 터프한 미국식 오믈렛

오믈렛Omelet은 대표적인 프랑스 달걀요리다. 달걀을 풀어 얇게 부쳐낸다. 오믈렛은 더해지는 재료와 소스 등에 따라 다양한 맛을 낸다. 짠맛이 가미된 세이보리Savory 오믈렛, 달콤한 맛의 스위트Sweet 오믈렛으로도 구분할 수 있다. 나라별로도 구분할 수 있는데, 오믈렛의 원조 프랑스식은 약한 불에서 표면에 색이 나지 않도록 익혀 원통형(럭비공 모양)으로 완성시킨다. 겉은 탱탱하되 속은 촉촉하게 익혀 말아준다. 핵심은 한결같은 부드러움이다. 팬에 부은 달걀이 최대한 작은 조직으로 뭉치며 익도록 빠르게 휘저어야 한다. 브런치로도 먹지만 감자튀김, 샐러드 또는 구운 빵을 더해 한 끼 식사로도 가능하다. 반면, 미국식은 적당히 센 불로 표면에 갈색이 나도록 달걀을 익힌다. 천천히 여유 있게 달걀을 휘저어 조직이 커지게 한다. 겉이 속보다 살짝 더 익어 프랑스식보다 좀 더 터프한 느낌이다.

나폴레옹에 의해 단합의 상징이 된 오믈렛

프랑스인들은 단합의 상징으로 오믈렛을 먹는다. 그 기원은 나폴레옹으로부터 유래했다. 나폴레옹 군대가 '베시에르'라는 프랑스 남부 마을에 머무른다. 나폴레옹 숙소 주인이 오믈렛을 저녁식사로 내놓는다. 오믈렛을 맛있게 먹은 나폴레옹이 병사들에게도 나누도록 마을의 달걀을 모두 거두어 대형 오믈렛을 만들라 명한다. 이때부터 오믈렛이 단합의 상징이 된다. 프랑스에서 오믈렛이 유명한 지역 중 하나는 노르망디다. 오랜 목축으로 인해 좋은 버터, 신선한 달걀을 쓰기 때문이다. 몽생미셸에 있는 오믈렛 식당(오믈렛 드 라 메르 풀라르)이 관광명소가 되고 있다. '라 메르 풀라르'는 풀라르 엄마라는 의미다. 이 식당의 창업자인 '아네트 풀라르' 이름에서 따왔다. 몽생미셸을 찾는 순례자들이 늘며 숙박시설과 식당이 생겨나게 된다. 아네트 풀라르가 자신의 여관을 찾는 순례자들에게 메인 식사전 제공하려고 만든 요리가 오믈렛이었다. 그녀는 달걀, 버터, 생크림만으로 만들었다. 달걀흰자와 노른자를 따로 풀어 식감이 수플레처럼 부드럽다. 지금도 풀라르의 후손들이 식당을 운영하고 있으며,

몽생미셸을 방문하면 맛봐야 하는 명소다.

　오믈렛과 유사한 달걀요리로는 1)프리타타, 2)토르티야 데 파타타, 3)키슈, 4)쿠쿠 등이 있다. 프리타타는 이탈리아식 오믈렛이다. 팬에서 달걀 물을 뒤척이지 않고 굽듯 익힌다. 토르티야 데 파타타는 감자를 넣은 스페인식 오믈렛이다. 키슈는 프랑스의 달걀요리다. 쿠쿠는 중동지방 달걀요리다.

오픈 페이스드 이탈리아식 오믈렛, 프리타타

　프리타타Frittata는 이탈리아식 오믈렛이다. 익히다 반으로 접어 럭비공 모양으로 만드는 프랑스식과 달리 접지 않고 원형 모양이다. 오믈렛은 달걀을 편평하게 부친 다음, 속재료를 넣고 반으로 접기에 속재료가 보이지 않는다. 반면, 프리타타는 달걀과 여러 재료(달걀, 채소, 육류, 치즈, 파스타 등)를 섞은 다음, 접지 않고 그대로 익힌다. 재료가 겉으로 드러나 있기에 오픈 페이스드Open Faced 오믈렛이라고도 한다. 오믈렛처럼 팬에서 뒤집으며 양면을 구울 수 있지만, 팬에서 아랫면을 익힌 다음 브로일러(오븐)에서 윗면을 구워낼 수 있는 것도 차이점이다. 프리타타는 오믈렛에 비해 두툼해 조각으로 썰어서 먹는다.

스페인식 오믈렛인 토르티야 데 파타타

일반적으로 토르티야Tortilla 하면 멕시코 옥수수빵으로 알고 있다. 옥수수를 주재료로 동그랗게 구워낸 토르티야는 우리로 치면 멕시코인의 쌀밥 같은 존재다. 토르티야에 고기 등 다양한 재료를 싸서 먹는다. 고기, 치즈, 양파를 얹으면 타코가 된다. 옥수수 반죽을 타원형으로 길게 펴내 고명을 얹고 반으로 접으면 케사디야다. 한데, 스페인에선 오믈렛도 '토르티야'라고 부른다. 16세기 남미 정복자 스페인 사람들은 현지 원주민 전통요리인 얇게 구운 빵을 토르티야라고 불렀다. 스페인 오믈렛과 닮았다고 해서다. 스페인 사람들에게 엄마가 해주는 가장 맛있는 요리가 토르티야다. 스페인 토르티야(오믈렛)의 기본은 감자를 넣은 토르티야 데 파타타Tortilla De Patata다. 파타타는 감자를 뜻한다. 감자, 양파, 달걀 3가지로 간단히 만든다. 기름에 튀긴 감자, 양파를 달걀에 섞은 후 팬에 두툼하게 구워낸다. 토르티야 데 파타타는 브런치, 아침 메뉴로 사랑받는다. 케이크처럼 조각으로 잘라 먹거나 빵 사이에 끼워 먹는다.

1만 년 전부터 시작된 달걀의 유구한 역사

단백질의 단(새알 단, 蛋)은 새알을 뜻한다. '새알의 흰 성분'이란 의미의 독일어 아이바이스슈토프(Eiweißstoff)를 중국에서 단백질로 번역했다. 그러기에 단백질은 달걀 등의 흰자위를 이루는 주요 성분이라 하겠다. 영어로는 단백질을 프로틴Protein이라 하는데 희랍어 프로테이오스Proteios에서 나왔다. '제일 중요한'이란 의미다. 신체 구성요소 중 중요한 영양성분이 단백질인 거다. 달걀은 저렴하게 단백질, 비타민, 필수아미노산을 얻는 가성비 높은 식재료다. 인류가 남아시아 지역에서 야생 닭을 길들여 사육한 건 1만 년 전이다. 주된 목적은 고기보다 달걀을 얻기 위해서다. 늘 닭을 잡기엔 번거롭고 닭을 잡으면 닭의 숫자도 줄어든다. 암탉이 낳은 달걀을 주기적으로 얻는 게 가장 효율적이었다. 또한 냉장고가 없던 시절이니 대부분 식재료는 빠르게 상했지만, 달걀은 단단한 껍데기와 흰자 덕분에 수 주간 상온에서도 보존할 수 있었다. 여기에 달걀은 영양만점 식자재이기도 하다. 달걀요리(스크램블 에그, 에그 베네딕트, 오믈렛, 머랭, 에그타르트 등)뿐만 아니라 다양한 빵과 과자, 음식의 핵심 재료로도 쓰인다. 달걀은 고대부터 생명, 부활을 의미했다. 페르시아 제국에선 매년 새해 축하기념으로 색칠한 달걀을 주고 받았다. 이런 풍습이 가톨릭으로 퍼져 부활절에 달걀을 주고 받게 된다. 병아리가 달걀 껍데기를 깨고 태어나는 것이 돌무덤에서 부활한 그리스도와 비슷하다는 점에서였다.

달걀 프라이 영어식 표현을 보면, 1)Sunny Side Up은 노른자를 깨지 않은 반숙 프라이다. 달걀노른자가 떠오른 동그란 태양 같아서다. 2)Over Easy는 노른자를 흐를 정도만 익힌 것이다. 3)Over Hard는 양면을 바싹 익힌 것이다. 4)Over Medium은 오버 이지와 오버 하드 중간 정도다. 5)'노른자를 깨다'는 Break the yolk다. Yolk는 노른자를 뜻한다. 6)삶은 달걀의 경우 반숙은 Soft Boiled, 완숙(노른자까지 익음)은 Hard Boiled다.

일본식 화양절충 요리

메이지유신 이후 일본에서 발전한 화양절충 요리들

화양절충和洋折衷 요리는 일본 음식和과 서양 음식洋을 합한 요리를 말한다. 요쇼쿠라고도 일컫는다. 서양 요리를 일본인의 식문화로 변형시킨 음식이다. 일본인 입맛에 맞는 서양식 요리 정도 되겠다. 메이지유신 이후 20세기 초 일본 군부대와 대학교를 중심으로 인기를 얻으며 일본에 퍼졌다. 일본의 여자대학교에서 서양요리를 가르치고, 요리학교가 생기기 시작했다. 메이지유신 전후 일본인들은 서양인의 큰 체격에 놀랐다. 서양처럼 나라가 강성해지기 위해선 서양인이 되자, 서양인과 먹는 걸 동일시해야 한다고 생각했다. 메이지유신 이전 불교를 믿어왔기에 육식이 금지되어 왔고, 채소와 생선 위주로 식사를 해왔다. 675년 불교신자였던 덴무 일왕이 육식금지령을 내렸다. 무려 1200년간이나 육식 문화가 발달하지 못했다. 부국강병, 문명 개화를 위해 메이지유신과 더불어 일왕은 육식을 허용

한다. 서양요리가 도입되고, 서양요리에 대한 교육과 홍보, 단체급
식을 통한 서양요리 보급 등도 커졌다. 화양절충 요리 대표로는 오
므라이스, 카레라이스, 돈가스가 있다.

메이지 유신1868년, 명치유신은 메이지 천황 시절 벌어진 1)왕정복고 쿠데타와 그 이
후 벌어진 2)일본판 산업 육성을 말한다.

오므라이스는 오믈렛과 라이스(쌀밥)가 합쳐진 요리다. 채소, 통
조림 고기를 잘게 썰고, 토마토즙을 섞어 밥을 볶는다. 그리곤 달걀
을 지단처럼 넓게 부쳐서 볶은 밥을 감싼다. 일본식 오므라이스는
1895년 문을 연 렌카테이(煉瓦亭, 연화정)라는 식당에서 출발한다.
렌카테이는 벽돌(煉瓦)로 지은 집(亭)이란 뜻이다. 오므라이스와 돈
가스의 발상지로 알려진 서양식 요리집이다. 1900년 식당 종업원들
이 바쁜 가운데 먹을 수 있는 요리를 개발하면서 발전했다. 다만, 당
시에는 별도로 달걀 지단을 부치는 형식이 아닌 달걀 물을 밥에 섞
어 볶는 볶음밥에 가까웠다. 달걀을 풍성하게 쓴 볶음밥을 먹는 종
업원의 모습에 손님들도 같은 요리를 요청하면서 정식 메뉴로 자리
잡았다. 달걀 지단형 오므라이스는 1905년 이후에야 등장했다. 남
유럽 국적 선박에서 일하던 일본 요리사들이 필라프(볶음밥), 리소
토 등을 보고 아이디어를 냈다. 한편, 오사카에서도 1922년 문을 연
식당 홋쿄쿠세이(北極星, 북극성)가 오므라이스 원조라고 주장한다.
1925년 위가 좋지 않아 밥과 오믈렛만 즐기던 손님에게 볶음밥과
달걀 지단을 올린 오므라이스를 제공했다는 설이다. 일본식 오므라

이스는 럭비공처럼 모양을 불룩하게 하되, 속은 흐를 것처럼 덜 익힌다. 밥 위에 얹어 반을 가르면 촉촉한 속이 흘러내린다. 카레라이스는 카레와 라이스가 합쳐진 요리다. 물과 섞은 카레(울금, 강황 등)에 고기, 채소를 볶아 밥 위에 얹었다. 영국이 식민지 인도에서 전수해 온 카레 비법이 일본의 밥 문화와 더해졌다.

돈가스는 서양의 커틀릿Cutlet에서 유래했다. 돼지 등심에 빵가루를 묻혀 튀긴 뒤, 밥, 양배추 등을 곁들여 먹었다. '돼지 돈(豚)'에 커틀릿의 일본식 발음인 '가스'가 더해졌다. 소고기를 튀기면 비프Beef 커틀릿이다. 돈가스와 비슷한 서양요리로는 영국의 커틀릿과 오스트리아의 슈니첼Schnitzel이 있다. 둘 다 얇은 고기에 빵가루를 묻혀 부침개처럼 기름에 구워낸 요리다. 1872년 서양문물 소개 책을 낸 가나가키 로분이란 사람이 커틀릿을 소개하면서 일본에서 인기를 얻는다. 1890년대 중후반부터 오므라이스 기원에서 언급한 렌카테이 식당이 돼지고기에 밀가루, 달걀, 빵가루를 입혀 기름에 튀겨낸다. 포크 커틀릿이란 이름으로 팔았는데 돈가스의 원조 모형이다. 1929년에는 전직 궁궐 요리사인 시마다 신지로가 자신의 돈가스 식당에서 젓가락으로 집을 수 있게 튀긴 고기를 썰어서 내놓았다. 그후 이 방식이 일본 돈가스의 전형적인 모델이 된다. 우리나라 돈가스는 얇고 큰 돈가스를 썰어내지 않고 그대로 내놓는 방식이다. 일본식보다 커틀릿이나 슈니첼에 가까운 셈이다.

이탈리아
지도

트렌티노알토아디제
발레다오스타
프리울리베네치아줄리아
롬바르디아
리소토
베네토
피에몬테
리소토
에밀리아로마냐
◆ 볼로냐 : 라구 알라 볼로네제
리구리아
토스카나
마르케
움브리아
제노바 : 포카치아,
페스토 소스 파스타
◆ 로마 : 가룸,
카르보나라
아브르초
라치오
몰리세
캄파니아
풀리아
◆
나폴리 : 봉골레 파스타,
마르게리타 피자
바실리카타
시르데냐
칼라브리아
시칠리아
정어리 파스타,
카놀리, 아란치니

이탈리아 요리, 이건 꼭 알아야 해

강인한 스파르타인을 만들어 낸 선지 수프

피지배민족을 지배하기 위해 강해져야 했던 스파르타

스파르타는 기원전 1200년경 도리아인이 펠로폰네소스 반도 남쪽으로 내려와 세운 그리스 도시국가다. 소수의 도리아인이 다수의 원주민을 정복하고 말이다. 도리아인들은 헤라클레스의 후손이란 의미를 가지고 있다. 그래서 자신들을 헤라클레이다이Heraclides라 불렀다. 도시국가 스파르타에는 3가지 신분제도가 있었다. 계급순으로 1)스파르타 시민, 2)페리오이코이, 3)헤일로타이로 말이다. 1)맨 윗계급인 스파르타 시민은 정치, 군사, 외교를, 2)그 아래 계급인 페리오이코이는 무역과 수공업 등을 담당했다. 3)맨 아래 계급인 원주민 후손 헤일로타이는 노예계급이었다. 문제는 노예계급 수가 스파르타 시민보다 20배가 넘을 정도로 많았다는 것이다. 스파르타

입장에선 노예계급의 반란을 막고 외부의 적을 물리쳐야만 했다. 스파르타는 그들보다 많은 피지배인들을 지배하기 위해서 군사적으로 강한 나라를 만들려 했다. 강력한 군사력을 유지하기 위해 국민에게는 희생을 강요했다. 시민의 행동, 교육, 결혼까지 엄격한 규율로 간섭했다. 스파르타의 남자들은 강제군역 의무를 졌고, 가족과 함께 식사하는 평범한 일상도 금지당했다. 문화, 예술과는 거리가 먼 전쟁하는 국가로 움직였다. 그리스의 또 다른 도시국가 아테네와 달리 창의적 문화성과는 거리가 멀었다.

강인한 전사를 만드는 스파르타식 교육

스파르타에서는 아이들이 국가의 자산이라 여겼다. 아이들에게도 엄격한 스파르타식 교육을 했다. 스파르타는 아이가 태어나면 원로원에서 검사를 해서 몸에 이상이 있으면 산에다 버렸다. 신체검사에서 살아남은 아이는 7살까지만 부모와 함께 살 수 있었다. 8살부터는 공동체(아고게Agoge)에 들어가 전사가 되기 위해 20살까지 스파르타식 단체 군사교육을 받았다. 조를 짜서 조장 중심으로 단체생활을 했다. 머리를 짧게 자르고, 맨발로 다니며, 옷은 딱 한 벌만 받았다. 강변의 갈대를 잘라 잠자리를 스스로 만들고 자야 했다. 음식을 부족하게 제공받았고, 모자라는 건 훔치되 들키지 않아야 했다. 실제 전투 상황에서 살아남도록 어려서부터 연습시켰다. 음식도 딱딱한 빵과 돼지 혈액이 섞인 검은 수프였다.

지도자 자질을 갖춘 이들은 18세가 되면 크립테이아Krypteia라는 행사에 참여시켰다. 크립테이아에서는 스파르타인들이 피지배민들을 무참히 살해했다. 나이프만 들고 피지배민을 살해해야 하고, 식량을 훔쳐와 능력을 증명해야 했다. 20살이 되면 특별한 시험을 치르고 군대에 들어갔다. 시험에 떨어질 경우 스파르타 시민으로 인정받지 못했고, 투표권도 없었다. 군대에선 공동생활을 하며 함께 먹고 자곤 했다. 30살이 되어서야 시민 자격을 얻고 결혼을 할 수 있었다. 이는 단체 기숙사 생활에서 벗어남을 의미하지, 군인을 그만두는 건 아니었다. 결혼을 해도 군사 훈련은 계속 받아야 했다. 의무 복무기간이 60세였기 때문이었다.

스파르타인은 건강한 아이를 낳아 강력한 병사로 키우는 것이 의무였다. 독신으로 지내는 남성은 범죄자 취급을 당했다. 미혼 남성은 겨울에는 옷을 벗고 거리를 다니며 자신을 조롱하는 노래도 불러야 했다. 늙은 남자가 젊은 아내와 사는 경우 좋은 후손을 낳기 위해 젊은 청년의 씨를 받도록 했다. 스파르타는 여자도 예외 없이 강한 훈련을 받았다. 남자들이 전쟁터에 나갔을 때, 피지배민 반란이 일어나면 여자들이 진압해야 했기 때문이다. 이러한 고생에도 불구하고 더 부유하고 자유로운 아테네가 스파르타에 비해 군사적으로 뒤지지 않았다.

스파르타의 체계를 만들었다고 알려진 리쿠르고스

리쿠르고스는 고대 스파르타의 모든 제도 대부분을 제정한 전설적 인물이다. 실제 출생과 사망연도를 알 수 없어 신(神)으로도 언급된다. 실제로 스파르타 등 펠로폰네소스 각지에서 같은 이름의 신이 숭배되었다. 그는 델포이 아폴로 신전에서 신탁(神託, 신의 말씀)을 받고 강한 국가를 만들기 위해 법률을 만든다. 금화·은화 사용 금지, 소년 교육, 공동식사, 가족제도를 정비했다. 부를 축적하고 사치를 누리는 걸 금지했다. 빈부차를 없애기 위해 모든 토지를 수용한 뒤 골고루 나눠주는 토지개혁을 시도했다. 화폐가 탐욕을 부추기지 못하게 금화와 은화를 폐기했다. 대신에 커다란 쇠돈을 만들었다. 사용이 불편하게 만들기 위해서였다. 돈을 보관하는 데 큰 창고가 필요하고, 돈을 쓰는 데도 소가 끄는 수레가 필요했다. 스파르타는 음식에 차이가 나지 않도록 모든 시민이 공회당에 모여 공동식사를 했다. 선지를 넣은 검은 죽으로 끼니를 때웠는데, 이 스파르타 수프는 볼품이 없고 맛이 없는 음식의 상징처럼 여겨진다.

스파르타를 멸망으로 이끈 이유 중 하나는 아이러니하게도 인구 감소였다. 기원전 5세기 플라타이아 전투에 스파르타는 중장보병 5,000여 명을 보냈지만, 1세기 후인 기원전 4세기 테베와 레욱트라 전투에선 중장보병이 2,000여 명 정도로 줄었다. 대지진, 노예반란, 전쟁 등으로 성인 남성의 인구수가 줄어들었기 때문이다. 스파르타에선 젊은 시절을 군대에서 보내야 했기에 결혼하고도 부부가 함께 지낼 시간이 부족했다. 그 결과는 출산율 저하로 이어졌다. 여기에 스파르타 시민 순수혈통을 강조했기에, 외국인에게 시민권을 부여하는 것도 어려웠다. 스파르타만의 순수혈통 유지를 위해 강력한 군대 조직과 엄한 규율을 만든 제도가 오히려 인구 감소라는 최악의 경쟁력 약화를 유발한 것이다.

고대 그리스와 로마시대에도 먹었던 선지

선지는 가축(소, 돼지, 염소) 혈액으로 만든 식재료다. 선지를 우리만 먹는 줄 알지만, 사실 고대 그리스와 로마시대에도 선지를 먹었다. 곡식에 섞어서 끓이거나 가축 창자에 넣은 뒤 굳혀서 먹었다. 오디세이아(고대 그리스 시인 호메로스 서사시)에는 결투 승자에게 피를 넣은 염소 창자 소시지를 상으로 준 걸로 나온다. 중국과 몽골에서도 돼지, 오리 혈액에 곡물가루를 넣은 음식들이 있다. 반면, 이슬람교의 할랄푸드와 유대교의 코셔푸드에선 혈액 사용을 금지한다. 따라서 선지 관련 음식이 없다.

선지는 혈액을 의미하는 만주어 셍지에서 나왔다는 설이 유력하다. 선지는 철분, 무기질(비타민, 칼륨, 칼슘 등)을 함유한 저지방 고단백 음식이다. 다만, 콜레스테롤이 높고 변비를 유발할 수 있다. 섬유질이 많은 우거지, 나물 등이 선지와 합이 잘 맞는다. 선지나 순대와 타닌을 많이 함유한 음료(와인, 녹차)는 합이 잘 맞지 않는다. 타닌이 선지 속 철분을 흡수하기 어렵게 하기 때문이다. 우리에겐 영국인의 블랙푸딩과 비슷한 피순대가 있다. 피순대는 가축 창자에 선지만 채워 넣는다.

고대 로마의 젓갈 가룸에서 시작된 토마토 케첩

나폴리탄 스파게티를 손님에게 건넨 영화 <심야식당>

일본 영화 <심야식당>에는 메뉴판이 특별히 없다. 주인(마스터)이 사연 있는 손님에게 원하는 음식을 듣고 즉석에서 만들어 준다. 가게에 만들 재료만 있다면 말이다. 영업시간은 밤 12시부터 아침 7시까지다. 가게 위치는 유흥업소가 밀집한 도쿄 신주쿠 뒷골목이다. 손님은 유흥업소 종사자, 동성애자, 조직폭력배 등 다양하다. 주인은 무심한 듯 손님의 넋두리 사연을 들어주고 때로는 희망 메시지를 전달한다. 영화에선 실의에 빠져 심야식당을 찾은 여자 손님에게 주인이 나폴리탄 스파게티를 건넨다. 심야식당은 일본 만화를 원작으로, 2009년부터는 일본 드라마로도 만들어졌다. 화면에 보이는 실제 요리는 일본 최고의 푸드 스타일리스트 '이지마 나미'가 만들었다. 음식을 주제로 한 대표적인 일본 영화를 꼽는다면, 〈리틀 포레스트〉, 〈카모메 식당〉 그리고 〈심야식당〉이다. 〈리틀 포레스트〉에선 혼자 사는 여주인공이 고향에 돌아와 자신을 위해 요리하고 맛있게 먹는다. "오이시(맛있다)"를 내뱉으며 혼자 감탄한다. 〈카모메 식당〉은 핀란드에 일본 식당을 연 주인공이 일본 음식에 낯선 핀란드 손님을 기다린다. "다레다, 다레다, 다레데쇼(누구지, 누구지, 누굴까)"라고 되뇌며 말이다. 반면, 〈심야식당〉은 손님이 미닫이문을 열고 들어오면 "이랏샤이(어서 오세요)" 하고 주인이 인사를 건넨다. 묵직한 인사말 이후 그리 살갑지 않으나, 손님의 넋두리를 묵묵히 들어준다. 어찌 보면 이 식당의 주된 술안주는 손님들의 넋두리 아닐까.

일본에서 만들어진 나폴리탄 스파게티

나폴리탄 스파게티는 이탈리아 나폴리 음식 같지만 나폴리와 무관하다. 이탈리아인들은 모르는 나폴리탄 스파게티는 일본에서 만들어졌다. 2차 대전 후 1940년대 후반(1950년대 초반) 일본 요코하마가 그 출생지다. 주된 소스는 토마토 케첩이다. 토마토 케첩 베이스기에 달고 새콤한 맛이 난다. 면을 삶고, 거기에 케첩, 베이컨(비엔나 소시지) 등을 넣으면 끝이다. 비엔나 소시지는 프랑크푸르트 소시지에서 파생되었다. 원래 프랑크푸르트 소시지는 돼지, 비엔나 소시지는 소고기와 돼지고기 등을 섞어 만들었다. 한데, 우리나라에선 긴 건 프랑크, 짧은 건 비엔나로 둔갑했다. 일본 나가사키 지역에선 나폴리탄 스파게티를 응용한 토루코(도루코)라이스가 있다. 토루코는 튀르키예를 의미하는 일본어다. 접시에 볶음밥, 나폴리탄 스파게티, 돈가스 등을 함께 담아 내놓는다. 이 또한 정작 튀르키예에서는 없는 메뉴다. 원래 나가사키는 와카란의 도시다. 와카란和華蘭은 3개국(네덜란드, 중국, 일본) 문화가 섞여 있다는 의미다.

가룸과 안초비

로마는 지중해 바다를 끼고 성장해 왔다. 고대 로마인들은 지중해 바다에서 잡히는 생선으로 젓갈을 만들어 먹었다. 젓갈은 상하기 쉬운 생선을 오래 보관해 먹는 방법이다. 이 젓갈을 가룸Garum이라고 불렀다. 고대 그리스인들도 생선을 소금에 절인 액젓 가로스Garos를 만들어 먹었다. 그리스인들은 이집트인들에게 액젓을 배웠고, 이집트인들은 메소포타미아의 수메르인들에게 배웠다. 고대 로마 서민들은 멸치, 귀족들은 참치와 고등어로 가룸을 만들어 먹었다. 멸치는 한자로 업신여길 멸(蔑), 다스릴 치(治)가 합쳐졌다. 업신여길 정도로 작고 볼품없는 생선이지만, 고대 로마제국에서는 중요한 음식이었다. 가룸은 안초비Anchovy와 다르다.

안초비는 지중해나 유럽 근해에 잡히는 멸치 또는 멸치 젓갈을 말한다. 가룸과의 차이라면 안초비는 크기가 큰 멸치 종류다. 멸치는 청어목에 속해 작은 청어라 할 수 있다. 멸치는 뼈를 포함해 통째로 먹기에 칼슘과 비타민D가 풍부하다. 멸치 똥이라 부르는 내장에도 우수한 영양분이 한가득이다. 안초비는 머리와 내장을 제거하고 소금을 뿌려 수개월간 냉암소(차고 어두운 곳)에 보관한다. 이후 배를 갈라 뼈를 제거한 뒤, 둘둘 말아 병에 채우고 올리브 오일을 부어 싸매 둔다. 즉, 안초비는 올리브 오일과 소금에 절인 멸치의 살을 먹는 것이다. 일일이 손으로 손질을 해야 하는 노동집약적 식품이다. 배를 따고, 비늘을 털고, 뼈와 살을 분리하는 예민한 작업들의 연속이다. 안초비는 빵에 곁들이거나, 샐러드에 넣거나, 거칠게 다져 파스타 소스로 만들어도 된다. 또는 질 좋은 올리브 오일에 재운 뒤 파슬리, 고추, 으깬 마늘을 넣고 전채요리로 먹어도 좋다.

반면, 가룸은 소금에 삭힌 멸치 살을 걸러내므로 동남아시아 젓갈(액젓)과 비슷하다. 가룸은 여름철에 생선과 소금을 섞어 3개월 정도 강한 햇빛에 노출해 발효시켰다. 고대 로마의 주식은 탄수화물인 빵이었다. 단백질 공급원이 필요했고, 생선을 소금에 절이는 생선젓갈은 중요한 단백질 공급자 역할을 했다. 하지만, 고대 로마가 멸망하자 가룸의 역사도 저물어 갔다. 이탈리아 남부 나폴리 인근 소도시 체타라에서 만드는 콜라투라 액젓 정도가 가룸의 후예로 여겨지는 정도다.

근래에 우리나라의 멸치잡이는 일본에서 전래된 니보시煮干し 제법으로 마른 멸치를 만든다. 배에 솥을 걸고 바다에서 잡은 멸치를 바로 삶는다. 그 뒤 육지에 와서 말린다. 이런 방법은 물을 끓이는 장비를 탑재할 정도로 배가 커야 하기에 근대에 생

겼다. 선인망(대형 쌍끌이 그물), 유자망(떠다니는 그물, 물고기 지나는 길목에 설치)으로 잡은 생멸치는 육지로 가져와 멸치털기(멸치 후리기)를 한다. 멸치 중 가장 비싼 건 죽방멸치다. 좁은 해협에 대나무 말뚝을 촘촘히 박아 V자의 죽방렴을 만든다. 여기 걸린 멸치를 뜰채로 잡아낸다.

동남아의 맑은 피시스소, 베트남 느억맘

동남아 피시소스는 액젓의 일종이다. 멸치, 새우 등 작은 생선에 소금을 넣고 발효시킨 다음 맑은 액만을 걸러서 먹는다. 베트남에선 느억맘, 태국은 남플라, 캄보디아는 턱트레이, 라오스는 남빠, 미얀마는 응아삐 등으로 불린다. 밥에 비벼 먹거나, 음식 간을 맞추거나, 요리에 찍어 먹는 디핑소스를 만들 때 주로 쓰인다. 베트남 느억맘은 짙은 갈색으로, 천연 글루타민산염, 단백질 등이 풍미를 더해준다. 베트남어로 느억Nouc은 물, 맘Mam은 젓갈을 뜻한다. 느억맘은 멸치와 비슷한 까껌Cacom이라는 5cm 길이의 작은 생선으로 만든다. 음력 4~8월경 생선이 맛이 있어 이 시기에 느억맘을 많이 만든다. 큰 나무통에 까껌을 넣고 6개월~1년 발효시키면 적갈색 액체를 얻는다. 이 액체를 걸러내면 최상등급 느억맘인 느억맘니를 만든다. 느억맘니를 희석하는 횟수에 따라 등급이 정해진다. 높은 등급일수록 물을 덜 희석시킨다. 북부지역 느억맘은 담백하고 깊은 맛이 나고, 남부는 야자수를 넣어 부드럽다.

소스 Sauce는 라틴어로 소금물을 의미하는 Salsus에서 유래했다. 과거 냉장보관이 어려웠기에 상한 음식의 맛을 감추기 위해 소스가 만들어졌다는 설이 있다.

이탈리아 반도에 정착한 토마토

스페인 사람들은 카카오, 토마토를 유럽 땅에 들여왔다. 이탈리아 남부가 스페인 지배 당시, 남아메리카에서 토마토가 나폴리 항을 통해 이탈리아에 도달했다. 이탈리아에선 토마토를 황금사과란 의미의 '포모도로'라 부른다. 아마 붉은 토마토가 아닌 노란색 관상용 토마토가 처음 이탈리아에 도착해서일 것이다. 처음에는 역병을 부르는 존재로 여겨 토마토 먹기를 꺼려 했다. 토마토가 독성을 지닌 식물 벨라돈나와 닮아 토마토에도 독이 들었을 거란 오해 때문이었다. 이후 유럽이 기근에 시달리면서 남아메리카에서 건너온 토마토, 감자, 옥수수 등이 식탁 위에 오르게 된다. 토마토는 나폴리 등 이탈리아 남부의 비옥한 토지와 따뜻한 기후에 잘 맞았다. 토마토가 대중화되며 우리가 먹는 토마토 파스타의 모습을 갖추게 된다.

아시아 생선소스에서 출발한 토마토 케첩

토마토 케첩의 뿌리는 아시아 생선소스다. 케첩이 토마토 베이스가 된 건 근세인 20세기부터다. 그 이전의 케첩은 액젓 또는 버섯 또는 호두가 주재료였다. 케첩은 남플라(태국), 느억맘(베트남) 같은 생선소스가 그 시초다. 케첩Ketchup의 어원은 중국 남부, 동남아 일대의 민난어에서 왔다. 민난어는 중국 남부(복건성, 광둥성)어, 동남아 말레이 계통의 언어다. 17세기 무렵 중국 남부와 동남아에선 생선 액젓을 케첩이라고 불렀다. 아시아 생선 액젓을 유럽으로 가져가게 되면서 케첩이란 이름을 그대로 썼다. 당시 향신료, 직물, 도자기 등을 찾아 동남아로 진출했던 네덜란드와 영국의 동인도회사 선원들이 유럽으로 생선 액젓인 케첩을 가져갔고, 그 이름 케첩이 변형되어 오늘날에 이르렀다. 17세기 동인도회사는 각종 향신료(후추, 정향, 육두구, 계피 등)와 차Tea를 팔아 큰돈을 벌었다. 아시아산 생선 액젓도 고가로 팔았다. 당시에는 토마토가 유럽산 케첩에 들어가지 않았다. 영국에선 자신들의 입맛에 맞춰 호두, 버섯, 굴 등을 넣어 케첩을 만들었다.

케첩에 토마토가 쓰여진 건 미국에서다. 미국에서 남북전쟁 1861~65년 이후 케첩에 토마토가 들어간다. 미국에서 남북전쟁이 끝나고 토마토를 대량 재배하게 되고, 값싼 토마토를 넣어 케첩소스를 만들게 된 거다. 1876년 하인즈란 회사가 토마토를 넣은 케첩을 상용화하게 된다. 피시소스(액젓)가 빠지고 단 것을 좋아하는 미국인들 입맛에 맞춰 설탕 양을 늘렸다. 빵 사이에 햄 등 가공육을 끼워서 샌드위치를 만들어 먹던 미국 노동자들에게 케첩은 고기 잡내를 잡고 풍미를 돋우는 소스가 되었다. 거기에 19세기 말 탄생한 햄버거는 케첩 판매를 확대시키는 계기가 된다. 이젠 햄버거, 감자튀김에는 토마토 케첩이란 공식이 일상화된 세상이다. 사실, 토마토 케첩은 토마토로 만들기에 몸에 좋을 것 같다만, 설탕과 소금 함량이 높다는 단점이 있다. 시큼한 토마토가 단맛이 듬뿍 난다는 건 그만큼 설탕이 많이 들어 있다는 것이다.

마욘 풍의 요리소스, 마요네즈

토마토 케첩의 단짝친구, 마요네즈는 식물성 기름, 달걀노른자, 식초, 소금, 후추를 넣어 만든다. 콩기름이나 옥수수 기름 같은 식물성 기름을 쓰기에 상온에서 반고체 상태를 유지한다. 마요네즈의 기원은 7년 전쟁1756~63년에 의해서다. 7년 전쟁은 비옥한 슐레지엔 지역을 프로이센(독일)에게 빼앗겼던 오스트리아가 이 지역을 찾기 위해 벌인 전쟁이다. 오스트리아는 프랑스, 러시아 등과 동맹을 맺고, 프로이센은 영국과 동맹을 맺었다. 유럽이 두 편으로 나뉘어 전쟁을 한 거다. 지중해 연안, 메노르카섬의 수도인 마욘 항구에서도 전투가 벌어졌다. 이 섬은 영국 해군의 서부 본거지였다. 프랑스군의 '리슐리 후작'은 영국군을 물리치고 큰 승리를 거두었다. 승리를 축하하기 위해 연회를 열었고 이때 나온 소스가 마요네즈로 불리게 된다. 마요네즈는 마욘풍의 소스란 의미다. 마욘(Mahon)과 '~풍(風)'이란 의미의 aise를 붙여 마요네즈(Mahonnaise=Mayonnaise)라 부르게 된 것이다.

마요네즈는 냉장고에 보관하면 안 된다. 저온에서 보관하면 달걀노른자, 식용유 등이 분리되면서 변질해 잘 썩는다. 그러기에 마요네즈는 실온 보관해야 한다. 햇빛이 들지 않는 서늘한 곳에 두면 좋다. 마요네즈가 묻은 그릇은 찬물로 씻어야 한다. 더운물을 쓰면 마요네즈에서 기름이 녹아 기름 범벅이 될 수 있다.

파스타, 시칠리아 그리고 카놀리, 아란치니

이탈리아 남부의 건면 파스타, 북부의 생면 파스타

파스타Pasta는 이탈리아어로 반죽을 의미한다. 이탈리아에서 파스타는 밀가루 반죽으로 만든 모든 요리다. 가늘고 긴 면요리만을 말하는 건 아니다. 스파게티는 가늘고 긴 면으로 만드는데, 파스타의 한 종류다. 파스타가 스파게티보다 큰 개념인 셈이다. 마르코폴로1254~1324년는 이탈리아 베네치아 출신으로 원나라에서 17년간 관리로 일하며 중국 각 지역을 돌아다니고, 그 후 고향으로 돌아와 그 여정을 책으로 냈다. 그 책이 바로 『동방견문록』이다. 한데, 마르코 폴로가 중국에서 들여온 국수가 이탈리아에서 파스타가 되었다는 주장도 있다. 다만, 파스타가 마르코 폴로 출생 이전 이탈리아 남부에서 즐겨 먹던 요리로 알려져 있기도 하다. 파스타 반죽은 건면과 생면으로 구분한다. 건면은 단단한 경질밀을 사용하는데, 오랜 보관이 가능하다. 생면은 부드러운 밀에 달걀을 넣어 만든다. 건면은 날씨가 따뜻한 이탈리아 남부, 생면은 추운 이탈리아 북부에서 주로 먹는다. 토마토 소스에는 건면을, 치즈나 크림 같은 유제품 소스에는 생면을 주로 쓴다. 건면 파스타는 시칠리아가 고향이지만 나폴리에서 큰 인기를 얻는다. 나폴리는 건면 파스타를 위한 자연 조건을 모두 갖췄다. 베수비오산과 바다에서 부는 바람과 강렬한 햇빛 덕분이다. 알 덴테Al dente는 이탈리아어로 '치아에 닿는'이란 뜻이다. 파스타를 삶을 때 씹으면 약간 단단한 식감이 느껴지는 상태다. 알 덴테는 건면에만 해당되고 바로 만들어 삶아 먹는 생면에는 해당되지 않는다. 생면은 부드러운 밀가루로 만들기 때문이다.

아랍인들이 전해준 건면 파스타

이탈리아 파스타 요리는 아랍인들의 기여가 크다. 아랍인들은 6세기부터 가느다란 파스타와 비슷한 음식을 만들어 먹었다고 한다. 사막을 이동하는 동안 운송과 저장이 쉬운 음식이 필요했고, 건면 파스타를 개발해 냈다. 밀가루, 소금, 물로 만든 반죽을 얇게 밀어 건조시켰다. 7세기 말 아랍인들에 의해 듀럼밀과 파스타가 시칠리아로 전해졌다. 중세 아랍인들은 시칠리아에서 건면 파스타를 만들었다. 포크가 발명되기 이전에 파스타는 서민이 손으로 먹던 음식이다. 거리의 수레에서 팔던 음식이었고, 그러다 보니 귀족이나 왕의 음식과는 거리가 멀었다. 포크가 발명되고 나서 파스타의 지위가 올라갔다. 파스타가 대중적인 음식이 된 건 18세기 산업혁명 덕분이다. 증기기관을 활용해 면을 쉽게 뽑고 건조기로 건조하면서 빠르게 대량생산할 수 있어서였다. 19세기 말 이탈리아인들이 미국으로의 이민이 급증했다. 미국인들이 본격적으로 파스타를 먹게 된다. 이후 미국은 듀럼밀을 생산하기 시작하고, 현재는 이탈리아에 이어 세계 두 번째의 파스타 생산국가가 되고 있다.

혈당 관리에 도움을 주는 단단한 듀럼밀

듀럼밀은 경질밀의 한 종류로 듀럼Durum은 라틴어로 단단하다는 뜻이다. 듀럼밀은 현존하는 밀 가운데 가장 단단하다. 단단한 밀일수록 글루텐식감을 책임지는 단백질 함량이 높다. 듀럼밀은 단단해서 거칠게 제분한다. 제분한 듀럼밀 가루를 '세몰리나Semolina'라고 한다. 세몰라나 반죽은 수분이 적어 당겨서 늘리기보다 틀에 넣어 압출 방식으로 면을 뽑는다. 삶아도 그 꼬들꼬들함이 오래 유지된다. 세몰리나 국수는 딱딱하지만 수분이 적어 오랫동안 보관할 수 있다. 듀럼밀은 다른 곡식보다 단백질 함량이 높다. 단백질 함량이 쌀이 6~8%지만 듀럼밀은 13~16%다. 듀럼밀은 몸에서 느리게 소화가 되어 다이어트에도 유리하다. 파스타면이 밀가루이지만 저지방 식단인 지중해식 식단인 이유다. 느리게 소화되면 혈당을 천천히 높이고 지방으로 축적되기 전인 포도당 단계에서 소모된다. 파스타를 슬로 푸드라 부르는 이유다. 평상시 먹는 탄수화물을 파스타면으로 대체할 경우 2형 당뇨 발생위험이 감소하게 된다. 다만, 소스는 주의해야 한다. 미트소스 스파게티에 사용하는 라구(미트소스) 등은 살이 찔 수 있어서다. 라구를 적게 넣거나 올리브 오일 파스타로 먹는 게 좋다. 신선한 채소 섬유소나 우유 단백질이 지방의 빠른 흡수를 막아주므로 신선한 샐러드나 우유를 파스타와 함께 먹는 것도 좋다.

가늘고 긴 면을 쓰는 파스타인 스파게티

스파게티Spaghetti는 파스타의 한 종류다. 파스타가 스파게티보다 큰 개념인 셈이다. 스파고Spago는 이탈리아어로 '실'이란 뜻이다. 즉, 스파게티는 실처럼 가늘고 긴 면이 모여 있다는 의미다. 스파게티의 초기단계는 남부 나폴리에서 현재와 같은 얇고 가는 면발로 만들어졌다. 이후 이탈리아 북부로 전해지고, 두꺼운 면발을 좋아하는 북부인 입맛에 맞게 면이 두꺼워졌다. 해산물이 풍부한 남부의 입맛은 깔끔하고 간이 약한 소스를 썼다면, 산악지대인 북부는 간이 강한 진한 소스를 썼다. 소스를 충분히 흡수하기 위해 두꺼워진 면이 현재와 같은 얇고 가는 면발로 변하게 된다. 스파게티 면으로 오랜 시간이 지나도 퍼지지 않도록 단단한 경질밀을 주로 썼다.

이탈리아아인들은 긴 면발보다 짧은 면발을 즐긴다. 짧은 면발은 나선형이거나 구멍이 있는데, 소스가 잘 묻기에 더 맛있다. 긴 면발(길이 20cm 이상)은 기다란 면 전체에 소스가 묻어야 하기에 조리시간이 상대적으로 길다. 긴 면발은 치즈, 버터, 생크림 등 묵직한 소스와 잘 어울린다. 반면, 짧은 면발(길이 10cm 이내)은 바질 페스토, 토마토 소스 등 가벼운 소스와 잘 어울린다. 짧은 면발은 샐러드로도 즐길 수 있다.

파스타의 다양한 면 종류

링귀네(링귀니)Linquine는 면이 둥근 스파게티 면과는 차이가 있다. 스파게티 면을 납작하게 눌러놓은 모양이다. 납작한 모양이 작은 혀Lingua(링구아)를 닮았다 해서 링귀네라고 부른다. 뇨키gnocchi는 우리나라 수제비와 비슷하다. 감자나 세몰리나 밀가루 반죽을 빚어 만든 덤플링이다. 덤플링Dumpling은 곡물 반죽을 작은 덩어리로 빚어

파스타의 다양한 면 종류

익힌 음식이다. 라비올리Ravioli는 이탈리아식 작은 만두다. 원형이나 사각형으로 자른 파스타 반죽에 치즈, 채소, 생선, 고기 등으로 속을 채워 만든다. 이탈리아 중북부 지역에서 발달했다. 마카로니Macaroni는 구불구불 짧은 튜브 모양 파스타다. 과거에는 파스타가 길이, 구멍 유무에 상관없이 모두 마케로니Maccheroni라 불렸다. 푸실리Fusilli는 실뭉치란 의미로 꼬불꼬불 돌돌 말린 작은 나사 모양이다. 파르펠레Farfalle는 나비 넥타이 모양이다. 펜네Penne는 짧은 튜브 모양으로 양쪽 끝이 펜촉처럼 뾰족한 파스타다. 라자냐Lasagna는 반죽을 얇게 밀어서 넓적한 직사각형 모양으로 자르고, 속재료와 함께 층층이 쌓아 오븐에 구워 만든다.

이탈리아 남부, 중부, 북부의 파스타

남북으로 뻗은 장화 모양인 이탈리아는 남부와 북부 지방의 지방색이 강하고 기후, 풍토, 사람들의 성격 등도 모두 다르다. 서로마제국이 멸망하고 이탈리아 북부는 군소 도시국가로 나뉘어 독자적인 영역을 구축했다. 반면, 이탈리아 남부는 동로마제국으로 편입되었다. 이후 이탈리아 남부는 16세기부터 약 2세기간 스페인의 식민 지배를 받았고, 그 이후 이탈리아 통일 전까지는 스페인 부르봉 왕조의 실질적인 지배하에 있었다. 이탈리아 반도를 통일한 주역은 서북쪽의 사보이(사보이아) 왕국이다. 통일 이후 이탈리아 북부는 정치와 경제의 중심지 역할을 해오고 있다. 북부는 경제력에서 월등히 앞서 있다. 파스타도 이탈리아 남부와 북부 차이가 크다. 이탈리아 북부는 버터, 고기, 생면 파스타인 반면 이탈리아 남부는 올리브 오일, 토마토, 건면 파스타 요리가 대표적이다. 이탈리아 남부는 덥고 건조한 날씨다. 더운 날씨에 보관하기 위해 건면 파스타를 주로 사용한다. 토마토나 올리브가 잘 자랄 수 있는 환경이기도 해 소스는 토마토, 올리브 오일, 마늘 등을 사용한다. 바다와 인접해 있기에 해산물도 많이 사용한다. 나폴리는 봉골레 스파게티, 시칠리아섬은 정어리 파스타 등이 유명세를 탄다. 이탈리아 중부는 맛이 진하고 감칠맛이 강한 소스를 쓴다. 토마토소스, 아마트리차나, 카르보나라 등의 소스를 쓴다. 아마트리차나Amatriciana는 토마토, 올리브 오일, 양파, 고추, 베이컨 등을 넣은 토마토 베이스 파스타 소스다. 카르보나라Carbonara는 달걀, 베이컨, 파르미지아노 레지아노 치즈 등으로 만든다. 중부도시인 로마는 카르보나라 파스타가 유명하다. 이탈리아 북부는 알프스에 인접해 버터, 치즈, 햄 등을 이용한다. 라구 알라 볼로네제, 초록색 바질을 활용한 페스토 소스 등을 쓴다. 볼로냐는 볼로네제, 제노바는 페스토 소스 파스타가 유명하다.

봉골레 파스타와 알리오올리오

이탈리아 남부 나폴리 음식 중 큰 인지도를 얻고 있는 음식이 봉골레 파스타Vongole Pasta다. 봉골레는 조개를 뜻하는 이탈리아어다. 나폴리 연안에서 잡히는 작은 조개들을 한 솥에 넣고 데친 뒤, 조개

육수로 파스타를 넣어 만든 데서 기원한다. 만드는 방법은 올리브 오일을 두른 팬에 마늘과 조개를 넣고 볶다가, 면을 넣어 추가로 볶아내면 완성이다. 토마토소스나 크림소스가 들어가지 않는 담백한 맛이다. 오직 조개와 올리브 오일이 맛을 좌우한다. 치즈를 넣은 스파게티에 지루함을 느낀 어부들이 갓 잡은 조개들을 넣고 요리한 게 그 시초다. 봉골레 파스타는 본래 면이 두꺼운 링귀네로 먹어야 제맛이다. 다른 파스타와 달리 칼로리가 높지 않아 다이어트식이기도 하다. 알리오올리오Aglio e Olio는 마늘(알리오)과 기름(올리오)이란 뜻으로 마늘과 올리브 오일로 만든 파스타다. 매운맛을 더하려면 이탈리아 매운 고추인 페페론치노(건고추)를 추가하면 된다.

마늘(알리오)은 매운 향으로 고기 잡내를 잡는 데 후추만큼 효과적이다. 원산지는 이집트로 고대 피라미드 노동자들에게도 마늘을 지급했다. 고대 그리스 올림픽 운동선수들도 시합 전에 먹었다. 동유럽에선 뱀파이어를 쫓는 데 마늘을 썼다. 남유럽에선 오스만 제국이 마늘을 전해준 덕에 마늘을 넣은 요리가 발전하게 된다. 이탈리아 알리오올리오, 스페인 감바스 알 하이요처럼 말이다. 올리브 오일(올리오)은 파스타 밀가루에 부족한 지방을 보충해 준다. 올리브 오일에는 올레산이 함유되어 있다. 올레산은 식욕을 억제하고 혈당을 낮추기도 한다. 최고급 엑스트라 버진 올리브 오일을 쓰면 풍미가 더 좋아진다. 파스타집 실력은 알리오올리오를 시켜보면 안다. 가장 흔한 재료가 내는 깊은 맛 차이 때문이다.

이탈리아 남부
시칠리아 요리들

아랍 문화가 결합된 이탈리아 남부도시, 시칠리아

이탈리아 남부 요리를 대표하는 곳은 나폴리와 시칠리아다. 이 중 시칠리아는 이탈리아 장화 모양 앞에 툭 튀어나온 섬이다. 북아프리카와 이탈리아 반도 사이에 있다. 지중해 한복판에 풍부한 해산물과 비옥한 땅을 물려받아 예로부터 수많은 문명이 거쳐 간 지역이다. 시칠리아는 페니키아, 그리스, 로마, 아랍, 노르만, 스페인, 프랑스 등의 지배를 받았다. 덕분에 다양한 문명이 만나 시칠리아만의 독특한 음식 문화가 발달했다. 시칠리아 관광객의 방문 목적 대부분이 음식인 이유다. 시칠리아에 터를 잡았던 그리스인에 의해 밀을 심는 농경 문화가 시작되었다. 이후 아랍 문화가 결합된다. 그리스인들은 올리브, 포도, 아랍인들은 가지, 오렌지와 레몬, 아몬드와 파스타치오, 사프란, 쌀, 사탕수수 등을 들여왔다. 사탕수수는 카놀리 같은 단맛의 디저트를 탄생시켰다. 파스타는 아랍인들에 의해 시칠리아에서 먼저 시작되었다.

시칠리아 대표 디저트, 카놀리

시칠리아를 대표하는 디저트는 카놀리Canoli다. 카놀리는 풍요와 땅의 비옥함을 상징한다. 카놀리는 이탈리아어로 '작은 파이프'란 뜻이다. 작은 파이프 모양 과자에 설탕이 듬뿍 들어간 리코타 치즈로 안을 채운다. 과자 위에 설탕에 절인 과일, 초콜릿 조각, 피스타치오 등이 올라간다. 카놀리는 사순절이 시작되는 카니발 기간에 만들어서 먹었다. 카놀리는 포크가 아닌 손으로 집어 먹는다. 마피아와 시칠리아를 전 세계에 각인시킨 영화 〈대부〉에서 "총은 내려놓고 카놀리나 집어"란 대사에도 등장한다. 아랍이 시칠리아를 통치하던 시기9~11세기 남성성을 돋보이려 만들었다는 기원설도 있다.

가톨릭에선 사순절(부활전 이전 40일간)에 고기를 먹지 않았다. 가톨릭은 예수의 고난에 동참해 절제와 금욕을 요구했다. 그래서 사순절 이전에 미리 고기를 먹어두려 했고, 카니발(사육제)이 생겼다. 카니발 기간에 고기와 술을 마음껏 먹고 놀았다.

리코타Ricotta는 다시 끓여 만든 치즈라는 뜻이다. 이탈리아어로 Ri는 '다시', Cotta는 '끓이다'라는 뜻이다. 치즈를 만들고 남은 부산물(유청Whey)로 만들어 부드럽고 달콤한 맛이 난다. 우유 단백질(카제인)을 응고시켜 만드는 것이 아니기에 치즈보다 유제품에 가깝다. 치즈 특유의 진한 향이 없어 샐러드 등 다양한 재료와 잘 어울린다. 지방 함량도 낮아 느끼하지 않다. 고대 로마시대부터 만들어 먹던 것으로 유청을 그냥 버리지 않고 다시 활용할 방법을 찾다가 탄생했다.

시칠리아 주먹밥, 아란치니

시칠리아는 약 200년간 아랍인들의 지배를 받았다. 아랍인들은 쌀이 주된 식사였기에 벼를 재배하고 쌀을 이용한 요리를 전파했다. 음식을 황금빛으로 물들여주는 사프란도 아랍으로 들어오게 된다. 아란치니Arancini는 튀긴 주먹밥이다. 아란치니는 작은 오렌지란 뜻이다. 사프란으로 노랗게 물들인 쌀밥에 고기, 채소, 치즈 등으로 소를 채운 뒤, 이 주먹밥을 기름에 튀겨낸다. 쌀밥은 크리미한 질감의 리소토를 만들어서 사용한다. 간편히 먹을 수 있는 길거리 음식이자 간식으로, 시칠리아 대표 음식 중 하나다. 아란치니는 농부들이 밭일 갈 때 새참 역할도 했다. 북아프리카 유목민족이 염소 고기와 쿠스쿠스를 주먹밥처럼 뭉쳐 만든 것에서 유래했다. 쿠스쿠스Couscous는 세몰리나Semolina(곡물을 기루로 빻음)에 수분을 가해 만든 좁쌀 모양 파스타다. 시간이 흘러 아랍에서 쌀이 들어오고, 쿠스쿠스 대신에 쌀을 이용해 주먹밥을 만들고 겉에 빵가루를 입혀 튀겨 보존기간을 높였다. 전통적인 아란치니에는 리코타 치즈, 라구(미트소스)를 사용한다. 라구는 토마토와 잘게 다진 고기를 오랫동안 익혀 만든다.

볼로냐 그리고
이탈리아 중북부 지역 파스타

뚱보의 도시, 볼로냐

미식의 도시인 볼로냐Bologna는 기름기를 뜻하는 라 그라사La Grassa로도 불린다. 볼로냐의 대표적인 요리들이 버터, 파르미지아노 레지아노 치즈, 기름진 고기 등이기 때문이다. 프로슈토, 모르타델라, 살라미 등 돼지고기 가공식품도 유명하다. 그래서일까. 볼로냐는 뚱보들의 도시로도 불린다. 볼로냐는 넓은 평야지대에다 편리한 교통 덕에 다양한 음식 문화가 어우러졌다. 볼로네제 스파게티 식당, 육류나 치즈를 파는 델리카트슨 식당, 노천시장이 미식가를 유혹한다. 볼로냐는 이탈리아 북부 에밀리아로마냐주의 주도이자 주 내에 가장 큰 도시다. 이탈리아 내에서 부유한 도시 중 하나로, 대기업 본사 소재지이자 하이테크 산업 중심지로 유럽 최대 상설 무역박람회가 열리는 도시다. 유명 스포츠카 람보르기니의 본사가 있는 도시이기도 하다. 이탈리아의 슈퍼카 마세라티의 탄생지도 볼로냐다.1914년 마세라티의 엠블럼(상징)은 삼지창이다. 볼로냐의 구도심에는 넵튠 분수가 있다. 분수 한가운데 삼지창을 들고 있는 넵튠 동상이 있다. 넵튠은 그리스 신화의 바다의 신 포세이돈을 일컫는다. 유네스코 지정 음악의 도시2006년이자, 유럽의 문화수도로도 지정2000년된 도시다.

볼로냐는 붉은 색을 뜻하는 라 로사La rossa라는 별명도 가졌다. 도심의 건물 색상이 붉은색이기도 하지만, 좌파적 정치이념을 가진 도시라서다. 2차 대전 이후 공산주의의 보루로 유명세를 탔다. 극우세력에 대한 저항의 역사도 깊다. 무솔리니 집권시절 레지스탕스의 도시였다. 볼로냐에는 농민과 노동자 사회적 투쟁의 산실인 협동조합이 잘 발달되어 있다. 볼로냐는 탑이 있다는 뜻의 라 투리타La turrita로도 불린다. 중세시대 180여 개의 탑이 있을 정도로 탑의 도시다. 현재는 탑이 20개 남짓 남아 있다.

세계에서 가장 오래된 대학교인 볼로냐대학교

볼로냐는 배운 자라는 뜻의 라 도타La dotta로도 불린다. 세계에서 가장 오래된 대학교인 볼로냐대학교1088년 설립가 위치해 있기 때문이다. 전 세계에서 대학교Universitas라는 명칭을 처음 사용했다. 당시는 종이와 인쇄술이 보편화되기 이전이라 읽고 쓰기보단 듣고 말하기 위주의 교육방식이었다. 볼로냐대학교는 중세 로마법 연구의 중심지였고, 단테, 보카치오, 페트라르크, 코페르니쿠스 등 이탈리아 대표 문인과 학자들이 공부했다. 현대의 달력체계(그레고리력)를 만든 교황 그레고리우스 13세, 베스트셀러 『장미의 이름』 저자인 움베르토 에코도 볼로냐대학교 교수 출신이다. 볼로냐 역사 중심지에는 38km 회랑(아케이드)인 포르티코Portico가 이어져 있는데 유네스코 인류 문화유산으로 지정된 바 있다.2021년 중세시대 학생들의 숙소 마련을 위해 건물 1층을 회랑처럼 조성한 거다. 이동통로를 확보하면서 거주공간을 넓히려는 아이디어였다. 포르티코 덕분에 볼로냐에선 비 오는 날 우산이 필요 없다.

볼로냐 지역의 미트소스인 라구 알라 볼로네제

이탈리아 북부 요리에 들어가는 소스로는 라구 알라 볼로네제, 바질을 활용한 페스토 소스 등이 있다. 볼로냐는 볼로네제, 제노바는 페스토 소스 파스타가 유명하다. 라구 알라 볼로네제Ragu Alla Bolognese'는 볼로네제 파스타 '소스'를 말한다. 라구는 '고기가 들어간 미트소스Meat Sauce', 알라Alla는 'At the(~에서)'의 의미다. 볼로네제는 이탈리아 북부 '볼로냐 지역에밀리아로마냐 주도'을 말한다. 즉, 라구 알라 볼로네제는 볼로냐 지역의 라구소스를 뜻한다. 라구(미트소스)는 다진 고기, 야채, 토마토를 오랜 시간 끓여낸다. 라구Ragu는 '맛을 되살리다'라는 의미의 프랑스어 Ragoûter에서 유래했다. 라구 알라 볼로네제도 다진 소고기 양지, 야채, 토마토, 와인을 낮은 불에서 오랫동안 천천히 끓여 붉은빛의 걸쭉한 소스를 만든다. 과거에는 늙은 소를 이용했기에 고기가 질겼고, 많은 가족들을 먹일 양을 끓였기에 조리시간이 길었다. 소고기가 들어 있는 요리이기에 부유한 이들이 특별한 날(축제나 기념일 등)에 먹던 요리였다. 라구를 만드는 냄비로는 점토로 구운 토기인 테라코타Terracotta가 좋다. 오랜 기간 천천히 가열해야 하기 때문이다. 볼로네제는 주로 달걀을 넣어 반죽한 생 파스타인 탈리아텔레Tagliatelle에 얹어 먹는다. 탈리아텔레는 8mm 정도의 너비의 편평한 파스타 면이다. 이탈리아 북부인 에밀리아로마냐 지방은 생 파스타를 주로 먹는다.

미국, 영국, 북유럽에서 즐겨 먹는 볼로네제 스파게티

볼로네제 스파게티는 라구 알라 볼로네제 소스로 만든 스파게티다. 다만, 이탈리아 북부에서 먹는 요리는 아니다. 이탈리아 남부의 듀럼밀로 만든 건면 파스타로 주로 미국, 영국이나 북유럽에서 즐겨 먹는다. 소스의 내용도 오리지널 레시피와는 조금 달라, 토마토와 채소 비중이 더 높다. 2차 대전 당시 라구 알라 볼로네제를 맛본 미국과 영국군인들이 고국에 돌아가서도 그 맛을 기억했고, 현지의 이탈리안 레스토랑들이 현지식 볼로네제 스파게티를 만들어 팔았다. 볼로네제 스파게티는 간편식 등으로도 개발되면서 대중화된다. 이탈리아 남부 나폴리에서도 라구 소스를 이용한 '라구 알라 나폴레타나Ragu alla napoletana' 파스타가 있다. 볼로네제와 달리 나폴레타나는 고기를 통째로 끓인 후 썰어서 내놓는다. 또한 볼로네제가 토마토를 제한적으로 쓰는 것과 달리 나폴레타나는 토마토를 듬뿍 넣는다.

제노바식 파스타 소스인 페스토

페스토Pesto는 파스타 소스로 많이 활용된다. 페스토는 '가루가 되게 빻다'는 의미다. 페스토는 이탈리아 북서부 제노바리구리아주 주도에서 기원했다. '페스토 알라 제노베제'는 제노바의 오리지널 페스토를 말한다. 제노바 페스토는 바질, 마늘, 치즈, 엑스트라버진 올리브 오일(첫 번째 압착에서 나오는 가장 순수한 올리브 오일), 잣 등을 곱게 으깨 만든 소스다. 특별히 열로 가열하지 않고 만든다. 바질Basil을 기본으로 활용하기에 바질 페스토라고도 한다. 바질이 들어가다 보니 초록색을 띤다. 제노바는 바질, 올리브 오일, 마늘의 생산지로도 유명하다.

바질은 민트과에 속하는 초록색 식물로, 로열 Royal을 뜻하는 그리스어 바질리코스Basilikos에서 유래했다. 왕의 허브란 의미다. 바질은 혈당 조절에 도움이 되는 식재료다.

페스토의 고향인 리구리아주(주도는 제노바)에서는 트레네테Trenette면을 넣어 트레네테 알 페스토 파스타를 즐긴다. 트레네테는 굵기가 얇고 링귀네보다 넓적한 건조 파스타다. 참고로 페스토 요리는 시칠리아, 칼라브리아 지역에도 있다. '페스토 알라 시칠리아나'는 이탈리아 남부 시칠리아의 페스토다. 토마토를 넣어 색이 붉다. 제노바 페스토에 비해 바질 양이 적고, 잣 대신 아몬드를 넣는다. 페스토 로쏘Rosso라고도 불린다. '페스토 알라 칼라브레제'는 이탈리아 칼라브리아주 페스토다. 토마토, 홍피망, 코티지 치즈를 첨가해 매콤하면서 크리미하다.

제노바식 이탈리아 식사빵인 포카치아

제노바가 탄생시킨 또 다른 요리는 이탈리아 식사 빵인 포카치아 Focaccia다. 치아바타와 함께 이탈리아 대표 빵으로 알려졌다. 포카치아는 서민들이 최소한의 재료로 만들어 먹던 주식이었다. 납작하게 구운 빵(Flat Bread, 플랫브레드)이다. 낮은 온도에서 천천히 구워낸다. 덕분에 피자보다 식감이 부드럽고 담백한 맛이다. 겉은 바삭하고 속은 부드럽다. 반죽에 토핑을 얹어 굽기에 포카치아를 피자의 전신으로 보기도 한다. 포카치아는 라틴어 Focus(화덕, 불)에서 유래한 이름이다. 오븐이 발명되기 이전부터 사랑받았다. 불만 있으면 판판한 돌 위에 반죽을 놓고 뜨거운 재에 묻어 구웠다. 화덕 빵이란 의미인 파니스 포카치우스Panis Focacius로 불렸다. 포카치아는 예수가 최후의 만찬에서 사용했던 빵(플랫브레드)과 유사하다. 당시에는 빵을 부풀게 하는 누룩(효모)을 부패와 타락으로 여기기도 했다. 이에 누룩이 빠진 빵(플랫브레드)은 고결한 예수의 몸을 상징했다. 그러기에 포카치아는 종교의식에도 사용되었다.

포카치아의 세 가지 핵심 재료는 올리브 오일, 소금, 허브다. 특히, 엑스트라 버진 올리브 오일을 사용하면 깊은 풍미를 준다. 지중해식 건강 식단이 인기를 끌며 포카치아도 많은 사랑을 받고 있다. 포카치아는 올리브 등 지역별 식재료를 더해 다양한 버전이 만들어지고 있다. 토핑으로 무얼 넣느냐에 따라 여러 가지 맛이 난다. 포카치아는 그냥 바삭하게 구워서 또는 반으로 가른 뒤 속재료를 넣고 샌드위치로 만들어 먹을 수도 있다.

이탈리아 북부 쌀요리 리소토

리소토Risotto는 이탈리아에서 쌀로 만든 대표적 요리다. 리소토는 이탈리아 북부지방피에몬테, 롬바르디아주에서 시작되었다. 리소토는 냄비에 버터를 바르고 쌀과 육수를 부은 뒤, 저으면 완성된다. 쌀 이외에도 해산물, 버섯 등 다양한 재료를 함께해서 만들 수 있다. 해안 지역은 해산물, 산악 지역은 버섯 등을 넣는다. 이탈리아는 유럽에서 쌀을 가장 많이 생산한다. 그러기에 쌀을 활용한 요리도 발달했다. 이탈리아인들은 딱딱한 쌀을 좋아한다. 단단하고 찰진 이탈리아 쌀을 넣는다. 쌀의 가운데 심이 느껴지도록 알 덴테Al dente로 조리한다. 알 덴테는 면의 딱딱함이 살짝 느껴지는 상태의 조리법이다. 그래서 리소토는 죽과는 달리 단단한 쌀 맛이 난다. 완성된 리소토에는 치즈가루를 뿌려서 먹기도 한다.

생크림을 넣지 않는 로마식 카르보나라

카르보나라Carbonara는 대표적인 크림 파스타로 이탈리아 중부 지역인 라치오 지방의 요리다. 라치오 지방의 주 수도는 로마다. 이탈리아어 Carbone는 석탄이란 뜻이다. 처음엔 그 지역의 석탄 광부들이 소금에 절인 고기, 달걀로 파스타를 만들어 먹었다. 몸에 붙은 석탄가루가 음식에 떨어진 걸 보고 응용해 후추가루를 넣었다는 설도 있다. 원래 이탈리아 로마식 파스타는 생크림을 넣지 않는다. 그러다 보니 크림색이 아닌 진한 노란색으로 느끼함보단 담백한 맛이 특징이다. 주요 재료로는 치즈가루, 달걀노른자, 돼지 베이컨(관찰레, 판체타)만 넣는다. 치즈는 로마 전통 양젖 치즈인 페코리노 로마노를 넣는다. 반면, 우리나라에서 먹는 카르보나라는 크림을 넣은 걸쭉한 맛이다. 이는 2차 대전 후 미국에서 만든 미국식 파스타 요리이기 때문이다. 2차 대전 후 이탈리아인들이 대거 미국으로 넘어갔고, 미국인의 입맛에 맞게 변형시켰다. 미국식은 크림과 우유를 넣은 다음 파르미지아노 레지아노(파르메산) 치즈를 넣는다. 파르미지아노 레지아노는 이탈리아 북부에서 생산되는 아주 단단한 경성 치즈다. 보통 이탈리아에선 음식 위에 갈아서 얹어 먹는다.

이탈리아 통일,
가르발디 칵테일과
마르게리타 피자

이탈리아 통일왕국

스페인 왕 카를로스 2세가 후손 없이 죽자 스페인 왕실에선 프랑스 부르봉 왕가의 필리프를 후계자로 지명했다.18세기 이에 프랑스와 스페인이 합쳐질 것을 우려한 국가들영국, 오스트리아, 네덜란드, 사보이공국 등이 프랑스·스페인과 스페인 왕위계승 전쟁1701~14년을 벌인다. 이 전쟁에 참여한 사보이(사보이아) 공국은 승전국이 되면서, 스페인령 사르데냐섬을 얻고 사르데냐 왕국을 설립한다. 사르데냐섬은 시칠리아 다음으로 이탈리아에서 큰 섬이다. 원래 사보이 공국은 프랑스령 사보이 지역을 중심으로 스위스 일부, 이탈리아 북서부 등에 세력을 떨치던 사보이 가문의 통치 지역이었다. 그 후 사르데냐 왕국은 프랑스의 나폴레옹에게 영토를 잃었다.18세기 후반 하지만 나폴레옹이 몰락하자, 유럽 국가들은 빈 회의에서 나폴레옹 이전의 유럽 영토로 돌아가기로 결정했다. 그 덕분에 사르데냐도 피에몬테 등 과거 영토를 회복했다만, 완벽한 이탈리아 통일은 아니었다. 당시, 이탈리아는 1)오스트리아가 지배하던 북부 롬바르디아와 2)베네치아, 3)교황의 로마 교황령, 4)스페인 왕가의 양(兩)시칠리아 왕국(나폴리왕국+시칠리아왕국 합병), 5)사르데냐-피에몬테 왕국 등으로 나뉘어 있었다.

하지만, 서로마 멸망476년 이후 여러 국가로 분열되어 있었던 이탈리아에서 통일국가에 대한 열망이 일어났다. 특히, 마치니, 카부르, 가리발디는 통일 이탈리아 국가 건설에 앞장섰다. 마치니는 이탈리아 청년당을 만들어 옛 로마제국의 영광을 되살리자는 리소르지멘토 운동(부흥운동)을 펼치며 민족정신을 고취시켰다. 사르데냐의 총리 카부르는 9개로 나눠진 작은 나라들을 통합하는 데 주도적 역할을 했다. 주세페 가리발디1807~82년는 1,000여 명의 '붉은 셔츠단'을 이끌고 시칠리아 등 이탈리아 남부를 점령하고 이를 사르데냐 왕국에 바쳤다. 가리발디 의용군은 가축 도살장 노동자들이 피 얼룩을 감추기 위해 입었던 붉은 셔츠를 입었다. 그 결과, 가리발디 의용군은 붉은 셔츠단으로 불렸다. 이로써 이탈리아는 통일국가를 이루게 된다. 사르데냐의 '비토리오 에마누엘레 2세'를 통일왕국 초대 국왕으로 하는 이탈리아 왕국 선포식을 갖는다.1861년 이후 이탈리아는 오스트리아·프로이센 전쟁에 참여해 베네치아1866년를 차지하고,

로마교황령도 이탈리아 영토로 편입1870년시켰다.

가리발디 칵테일

　캄파리는 이탈리아 리큐르 브랜드다. 전 세계 리큐르 중 가장 많이 판매되는 브랜드이기도 하다. 리큐르Liqueur는 알코올에 설탕, 식물성 향료 등을 첨가해 만든 혼성주다. 캄파리는 60여 가지 허브에 향신료, 약초뿌리, 과일껍질, 나무껍질 등을 숙성해서 만든다. 허브 아로마와 달콤쌉싸름한 맛이 특징이다. 1)소다 워터를 추가한 캄파니 소다, 2)오렌지주스를 넣은 캄파니 오렌지(가리발디 칵테일), 3)자몽주스를 활용한 스푸모니 등으로 많이 마신다. 캄파리는 이탈리아의 아페리티보 문화를 대표하는 주류다. 라틴어 Aperire는 '열다'라는 의미다. 즉, 아페리티보는 이탈리아에서 저녁 식사 전에 가벼운 음료와 간단한 안주를 즐기는 사교 문화다. 이탈리아는 저녁 식사를 늦게 하다 보니 아페리티보 문화가 생겼다. 보통 오후 5~8시 사이에 즐긴다. 가리발디 칵테일은 캄파리와 오렌지주스를 1:3 비율로 만든 칵테일이다. 서빙할 때는 캄파리와 주스 간 서로 층이 지도록 하고, 마실 때는 저어 마신다. 둘을 섞으면 자몽주스 비슷한 색이 된다. 맛도 자몽주스 맛이 나는 술이다.

아페리티보

아페리티보Aperitivo는 식사 전에 간단한 전채요리(식전요리)와 마시는 도수 낮은 술(식전주)이다. 유럽에선 오후 5~8시 사이 식욕을 돋우기 위해 가볍게 즐기는 주류 문화가 있다. 아페리티보 제공 레스토랑 등은 술을 시키면 간단한 핑거푸드를 무제한으로 주기도 한다. 기원전 5세기 그리스 의사인 히포크라테스가 식욕부진 환자에게 자신의 특제 음료를 처방한 게 그 기원이다. 아페리티보는 '열리다'라는 뜻의 아페리레Aperire에서 유래했다. 이는 굶주림 해소라는 의미를 내포한다. 아페리티보는 베르무트Vermouth라는 주정강화 와인을 발명하면서, 이탈리아의 토리노에서 본격적으로 먹기 시작했다는 설이 있기도 하다. 이탈리아에서는 남부는 8시, 북부는 9~10시에나 저녁식사를 한다. 그러기에 이탈리아인들은 아페리티보로 허기를 달랜다.

이탈리아 피자의 역사

피자의 어원은 다양하다. 먼저, 그리스어 피타Pitta에서 유래되었다는 기원설이다. 피타는 둥글고 납작한 빵을 의미한다. 또 다른 기원설은 고대 로마어 피체아Picea로부터다. 피체아는 파이를 뜻하는 납작한 빵이다. 고대 지중해에선 구운 납작한 빵에 양파, 마늘, 치즈 등 토핑을 얹어 먹었다. 이후 그리스인들은 플라쿤토스Plakuntos라 부르며 빵 반죽에 토핑을 올리고 구워 먹었다. 이 요리법이 이탈리아에 전해지며 피자가 되었다. 화산 폭발로 뒤덮인 폼페이 유적에도 피자 가게 유적이 남아 있다. 현재 우리가 먹는 피자는 18세기에 확립되었다. 이탈리아 나폴리 지역에서 토마토를 재배하게 되고, 토마토를 피자에 올리면서다. 피자는 세계 각국에서 온 재료들의 종합판이라 할 수 있다. 중동 지역에서 시작된 밀가루, 지중해의 올리브 오일, 남아메리카에서 건너온 토마토, 인도에서 온 바질과 물소 젖으로 만든 모차렐라 치즈 등으로 만들기 때문이다.

이탈리아 국기 색의 마르게리타 피자

움베르토 1세는 에마누엘레 2세의 아들로 통일 이탈리아 2대 국왕이 된다. 마르게리타 왕비Margherita, 1851~1926년는 움베르토 1세의 아내다. 나폴리를 방문1889년한 국왕 부부가 나폴리 요리를 맛보고 싶어 하자, 나폴리 요리사가 마르게리타 왕비를 위해 녹색, 백색, 적색 이탈리아 국기 색깔을 담은 피자를 내놓는다. 통일 왕국의 왕비에게 다분히 정치적인 음식을 대접한 셈이다. 그 후 이 나폴리 피자는 마르게리타 피자로 불리게 된다. 폼페이 근처에서 수확한 밀가루로 만든 빵에 초록색의 바질 잎, 흰색의 모차렐라 치즈, 붉은색의 토마토가 어우러져 있다. 왕비는 나폴리의 요리사를 궁전으로 불러 피자를 만들어 먹었다. 왕비가 피자를 좋아하게 되자 귀족들도 덩달아 피자를 먹게 된다. 덕분에 이탈리아 남부의 나폴리 피자는 발전하게 된다. 사실, 18세기 나폴리 지역 피자는 빈민들의 음식이었다. 조리도 간편하고 먹기도 편해 어부들이 주로 먹어 어부피자로도 불렸다. 당시 이탈리아 북부에선 피자보다 파스타 등 면류를 주로 먹었다.

이탈리아인의 피자 자부심, 나폴리피자 인증

이탈리아 피자는 감자, 버섯, 토마토 등 한 가지 재료로 만들어진 것이 대부분이다. 매우 짜고 비린 생선피자도 만든다. 반면, 미국식 피자는 여러 재료가 한꺼번에 들어간 콤비네이션 피자를 주로 먹는다. 이탈리아 피자는 주로 얇게 만든 한 판을 한 사람이 모두 먹는다. 동그란 피자를 8등분해 먹는 미국식과 다르다. 이탈리아 피자에는 핫소스, 치즈가루, 케첩, 피클도 없다. 4절지 크기 네모난 피자는 원하는 만큼 잘라서 무게로 가격을 매긴다. 이탈리아인들은 피자의 원형 보존을 위해 나폴리피자협회를 설립하고1984년 까다로운 규정을 내걸었다. 화덕의 종류, 도우 형태 등 나폴리피자 인증을 위해서는 준수해야 할 내용이 많다. 나폴리피자 제조법은 유네스코 인류무형유산으로 지정됐을 정도다.2017년 이탈리아인들은 미국인들이 피자를 망쳐놨다고 생각한다.

나폴리피자 규정 1)장작 쓰는 화덕 사용, 2)굽는 온도 430~480도, 3)둥근 모양 지름 35cm 이하, 4)반죽은 손으로, 5)크러스트 2cm 이하 두께, 6)가운데 0.3cm 이하 두께, 7)쫄깃함과 접을 수 있을 부드러움, 8)이탈리아산 토마토 소스와 치즈 사용

가난한 이민자들이 만든 미국 피자 문화

1890년대 말 나폴리, 시칠리아 등 이탈리아 남부의 가난한 이들이 미국 북동부로 이민을 떠났다. 특별한 기술이 없던 그들이 미국에 도착해 피자를 팔기 시작하면서, 피자는 미국인들의 입맛을 사로잡는다. 미국에 최초로 피체리아(피자 전문식당)를 연 이는 '젠나로 롬바르디'다. 1905년 뉴욕 그의 가게 롬바르디Lombardi's는 나폴리 피자식 화덕피자로 피자 열풍을 일으켰다. 화덕피자는 석탄으로 불을 피웠는데, 지금은 환경 문제로 인해 더 이상 화덕피자 가게 허가가 나지 않는다. 예외로 기존의 화덕피자 가게는 계속 기존 방식으로 할 수 있다. 두툼한 크러스트가 특징인 미국식 피자는 1940년대 말 시카고 지역에서 시카고 피자로 탄생한다. '아이크 슈얼'은 미국인들이 두꺼운 피자를 선호한다는 것을 알고, 시카고에서 두꺼운 도우에 야채와 고기를 듬뿍 토핑해 피자를 만들었다. 도우나 토핑이 두꺼울 경우 화덕에 구우면 겉은 타고 속은 덜 익기에 팬에 구워냈다. 디프 디시Deep Dish로 불리는 시카고 피자는 포크와 나이프로 썰어서 먹는다.

반면, 뉴욕 피자는 조각피자로 길거리에서 쉽게 접어서 먹을 수 있다. 뉴요커들은 피자를 반으로 접고 가장가리를 냅킨으로 감싸 기름이 떨어지지 않도록 하는 뉴욕 폴드New York fold 방식으로 먹는다. 시카고 피자의 디프디시 방식(포크와 나이프 사용)과 뉴욕 피자의 뉴욕 폴드 방식 간 경쟁은 뉴욕 피자의 대중화로 끝났다. 식당 테이블

서비스의 시카고 방식보다는, 뉴욕 방식이 길에서 즐기고 배달이 쉬워서였다. 미국 전역에 뉴욕 스타일 피자가 퍼져나갔다.

2014년 뉴욕시장(빌 드 블라지오)이 뉴욕의 피자가게에서 피자를 칼과 포크로 먹어 곤욕을 치렀다. 칼과 포크는 피자를 손으로 접어서 먹어야 한다고 생각하는 뉴요커들에게 허용되지 않는 식사법이었다. 뉴요커들의 시장 탄핵 요구가 쏟아지기도 했다. 당시 시장은 이탈리아 가문 출신으로, 이탈리아에선 칼과 포크로 피자를 먹는다고 해명했다. 시장을 곤란하게 한 건 피자가게가 문제의 포크를 경매에 내놓으면서다. 범죄 증거물처럼 경찰 감식 봉투에 보관까지 하는 위트를 보였다. 피자가게 사장은 문제의 경매 처분시기에 맞춰 뉴욕시장이 범죄 현장에 돌아오길 바란다는 말도 더했다. 그래서일까. 해당 피자가게는 뉴욕시의 불시 위생검사를 받고 벌점 과다로 문을 닫고 말았다.

디트로이트 피자는 길쭉한 네모형 피자다. 미국 디트로이트 지역 자동차 정비공들이 철제 사격형 팬을 사용해 만든 것에서 유래했다. 두툼하고 바삭한 도우에 랍스타, 부채살 같은 독특한 고명을 올리는 게 특징이다. 이후 미국식 피자가 전 세계에 퍼지게 된다. 1950년대 이후 '프랭크 카니'가 세운 피자헛, '톰 모나간'이 설립한 도미노 피자가 전 세계에 퍼지면서다. 도미노 피자는 피자를 집에 배달해 주는 딜리버리 서비스라는 새로운 개념을 도입하기도 했다.

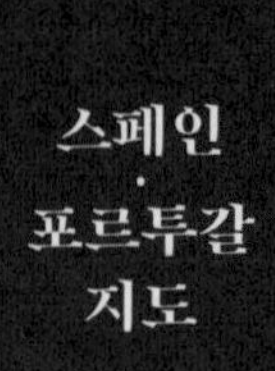
스페인
·
포르투갈
지도

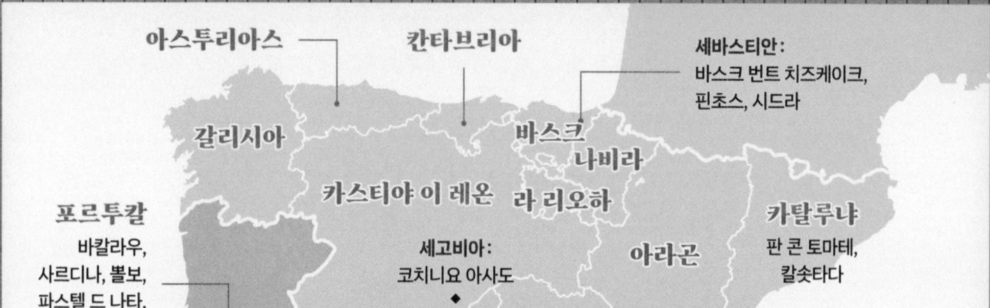

아스투리아스
칸타브리아
세바스티안:
바스크 번트 치즈케이크,
핀초스, 시드라
갈리시아
바스크
나비라
카스티야 이 레온
라 리오하
카탈루냐
판 콘 토마테,
칼숏타다
포르투칼
바칼라우,
사르디나, 뽈보,
파스텔 드 나타,
프란세지냐,
카스텔라
세고비아:
코치니요 아사도
아라곤
마드리드
발렌시아
파에야
카스티야 라 만차
에스트레마두라
안달루시아
감바스 알 아히요, 가스파초, 셰리와인
무르시아

스페인·포르투갈, 독일 요리, 이건 꼭 알아야 해

대항해시대를 연
포르투갈의 항해 음식,
바칼라우

포르투갈의 향신료 선점

아시아 향신료는 인도, 말라카말레이시아 지역, 몰루카인도네시아 반다제도 지역가 유명했다. 인도네시아는 '인도+섬'이란 뜻으로 향신료 교역지 인도와 의미가 닿아 있다. 포르투갈은 바스쿠 다 가마가 인도 캘리컷에 도착한 후 향신료 길을 소개했다. 이어 아랍과 베네치아 상인은 포르투갈의 동양 진출을 저지하려 했다. 포르투갈은 이슬람 연합함대를 격파하고 인도 고아에 기항지를 마련한 다음 말라카를 차지했다. 이어 몰루카 암본까지 병력을 주둔시킨다. 그 결과 16세기 향신료 무역을 포르투갈이 독점했다. 특히, 말라카와 몰루카는 정향, 육두구가 자랐다. 두 향신료는 후추보다 가격이 수십 배 이상 비쌌고 포르투갈은 부자나라가 되었다. 포르투갈은 아프리카, 인도,

말라카, 몰루카에 이어 마카오, 일본 데지마나가사키까지 무역길을 만들었다.

\# 포르투갈에서 리스본에 이어 두 번째로 큰 도시는 북부의 포르투 Porto다. 포르투갈어로 '항구'를 뜻한다. 포르투갈이란 나라 이름도 여기서 유래했다. 대항해시대 탐험대가 출발하는 기지이자 무역 거점이었다.

인류의 식생활에 중요한 큰 입 생선, 대구

대구큰 대大, 입 구口는 한자 뜻 그대로 입이 큰 생선이다. 큰 입으로 여러 생선들을 먹다 보니 몸집도 꽤 크다. 그만큼 먹을 생선살 부위도 튼실하게 많다. 무리를 지어 몰려다녀 한 번에 많이 잡힌다. 비리지 않으며 맛도 담백하니, 먹는 데 거부감도 적다. 염장해 말려도 맛이 크게 달라지지도 않는다. 오히려 염장건조 과정에서 감칠맛이 더해져 맛있어진다. 지방질이 적어 염장하고 말려두면 크게 상하지 않는다. 말려서 오래도록 보존할 수 있는 몇 안 되는 생선이다. 찬바람에 말리면 생선 무게가 20% 수준으로 감소해 부피도 줄어든다. 그래서일까. 대구Cod는 오랜 역사를 지닌 중요한 식재료다. 찬물을 좋아하는 대구는 북유럽인 노르웨이, 아이슬란드, 그린란드와 아메리카 대륙의 찬 바다에 모여 살았다. 북유럽 바이킹의 항로가 대구 어장과 일치하는 이유다. 바이킹은 말린 대구를 배에 싣고 유럽 곳곳을 침략하러 다녔다. 대구를 찾으러 캐나다 뉴펀들랜드(NewFound-land, 새로 찾은 땅)까지 찾아 나섰다. 스페인 바스크 지역에서도 대구

를 찾으러 신대륙 뉴펀들랜드 인근에 도달했다는 이야기도 있다. 둘
다 콜럼버스 신대륙 발견보다 훨씬 빠르다. 영국인의 국민 음식 피
시앤칩스의 생선도 대구로 만들었다.

포르투갈 염장대구, 바칼라우

　포르투갈에서 시작된 대항해시대 배에 실린 주된 항해 식량도 대
구다. 미지의 땅을 찾아 먼 거리를 가기 위해선 생존 먹거리로 염장
해서 '말린 대구'가 꼭 필요했다. 말린 대구를 물에 불려놓으면 부드
러운 대구살이 살아났다. 불을 피우지 않아도 먹을 수 있어 간편했
다. 영양결핍을 극복할 수 있는 단백질원이기도 했다. 대구는 추운
지역에 사는 한랭성 생선이다. 당시 대구는 추운 유럽 북부지역에서
많이 잡혔다. 반면, 대항해시대를 주도한 포르투갈이나 스페인 등
유럽 남부지역에선 대구가 잡히지 않았다. 결국 대구를 잡아 상하지
않도록 염장하고 말린 대구를 사다가 먹을 수밖에 없었다. 포르투
갈, 스페인 등 서남부 유럽인들이 생대구보다 염장대구를 즐겨 먹었
던 이유다. 바칼라우Barcalhau는 염장대구다. 포르투갈의 대표적 요
리를 꼽으라면 바칼라우를 꼽는다. 요리방법만 수천 가지라고 할 정
도로 인기다. 이탈리아에선 바칼라Baccala, 스페인은 바칼라오Baca-
lao라고 한다.

　유럽 북부 한자동맹 상인들은 북해에서 잡아서 말린 대구를 판매
하기 위해 보관 창고로 브뤼겐Bryggen(노르웨이 베르겐 지역)을 건설하기도

했다. 대항해를 떠나는 서남부 유럽에 말린 대구를 판매하기 위해서다. 북부 유럽에선 추울 때 잡은 대구를 말리기 위해 해안가에 대구 덕장을 지었다. 추위 속에서 얼었다 녹았다 하며 대구가 제대로 마르게 된다.

20세기 대구를 놓고 벌인 전쟁, COD WAR

현대에 와선 대구가 귀하다. 산업혁명으로 증기선이 들어서며 저인망 조업(바다 밑바닥까지 훑으며 생선잡이)으로 대구를 싹쓸이해서 잡아들인 까닭이다. 20세기에는 기술의 발달로 위치추적기, 냉동시설 등이 발전해 더 많이 대구를 잡아들였다. 여기에 지구 온난화로 바닷물이 더워지며 찬물에 사는 대구가 줄어들었다. 부족한 대구로 인한 전쟁도 벌어졌다. 일명 Cod War(대구전쟁)이다. 20세기 중반 대구를 놓고 아이슬란드와 영국 간 싸움이 벌어졌다. 당시에는 바다에 특별한 주인 개념이 없어, 아이슬란드 앞바다에는 많은 외국 국적의 배들이 조업을 했다. 18년간 세 차례나 지속된 싸움의 결과 아이슬란드가 대구 어장을 지켜냈다. 긴 싸움 끝에 체결한 조약이 200해리(약 370km) 배타적 경제수역(EEZ, Exclusive Economic Zone)이다. 자기 나라 근처 200해리 바다에서는 다른 나라의 배가 어업활동을 할 수 없다는 기준이다.

찬물 생선 (대구, 명태, 꽁치, 정어리), 따뜻한 물 생선 (오징어, 해파리)

포르투갈 대표 요리들

포르투갈은 바다와 인접해 있어 해산물 요리가 발달했다. 특히, 염장대구인 바칼라우 외에도 정어리 사르디나, 문어 뽈보 요리가 발전해 왔다. 또한 포르투갈과 인접한 스페인에서도 비슷한 요리들을 즐긴다. 사르디나Sardinha는 정어리를 소금에 절여 구워 먹는 요리다. 포르투갈인의 국민음식 중 하나다. 포르투갈의 정어리 통조림은 화려한 디자인 때문에 여행 기념품으로도 인기다. 이 통조림은 정어리 외에도 문어, 새우 등 다양한 해산물이 담겨 있다. 현지인들은 마트에서 보다 저렴하게 구입한다. 특히, 다양한 연도가 적혀 있는 통조림 디자인은 출생연도 등 특별한 의미가 있는 연도를 선호하는 이들이 선택한다. 뽈보Polvo는 문어를 구이, 튀김, 샐러드 등으로 조리해 먹는다. 숙회로 쫄깃한 맛을 즐기는 우리와 달리, 포르투갈에선 압력솥에서 쪄낸 것처럼 부드러운 식감을 즐긴다. 파스텔 드 나타 Pastel de nata는 포르투갈식 에그타르트다. 에그타르트의 시초를 마카오로 알고 있지만, 원조는 리스본이다. 수도사들이 옷깃에 풀을 먹일 때 달걀흰자를 이용했고, 버려지는 노른자로 파이를 구운 것이 에그타르트라는 기원설이 있다. 페이조아다 Feijoada는 포르투갈과 브라질에서 인기가 높은 스튜다. 고기, 검은콩, 채소를 넣어 끓인다. 프란세지냐 Francesinha는 포르투(포르투갈 북부)에서 유래한 샌드위치로 고기와 치즈를 겹겹이 쌓아 만든다.

포르투갈이
아시아에 전해준 요리들

포르투갈의 아시아 진출, 마카오와 일본 데지마

대항해시대를 연 포르투갈은 동아시아에도 많은 영향을 줬다. 중국의 비단 집산지인 주강하류 마카오를 점령해 450여 년간 지배했다. '칼사다 포르투게사'는 마카오의 포르투갈식 도로포장 기법이다. 물결무늬 또는 바다 생물이 그려져 있는데, 대항해시대 영토 개척 의지를 담고 있다. 한 가지 재미있는 건 포르투갈에서 건너온 돌들이 도로포장에 섞여 있다는 점이다. 당시 마카오로 올 때는 빈 배로, 포르투갈로 갈 때는 중국산 물건을 싣고 갔다. 빈 배의 균형을 맞추기 위해 배 바닥에 포르투갈 돌을 깔아서 왔고, 이 돌들을 마카오에 내려놓았다. 포르투갈인들은 일본에도 무역관을 차렸다. 이름하여 데지마나가사키의 인공섬. 쇄국정책을 펴던 일본의 유일한 무역창구였다. 다만, 포르투갈인들은 가톨릭 전파를 열심히 하다가 쫓겨난다. 그 자리를 네덜란드인들이 꿰찼다. 가톨릭 포교를 하지 않는 조

건이었다. 쇼군에게 하느님 중심인 가톨릭은 나라를 뒤집을 위험세
력이다. 네덜란드는 데지마에서 일본산 은과 도자기 등을 가져갔다.

포르투갈이 전해준 일본의 빵, 카스텔라, 덴푸라 요리들

포르투갈인들이 일본에 전해준 물건으로는 1)조총머스킷총, 2)빵, 3)
카스텔라, 4)덴푸라가 있다. 조총의 조는 '새 조(鳥)' 자다. 조총은 '하
늘을 나는 새를 쏘는 총'이란 뜻이다. 빵은 포르투갈어 pão발음 팡이
일본에 전해진 결과다. 그래서 일본에만 가면 빵이 맛있다. 카스텔
라는 스페인 '카스티야 지역의 빵'이란 뜻팡 드 카스텔라이다. 카스텔라
는 오랜 기간 썩지 않아 장거리 항해 선원들의 애용품이었다. 지금
도 나가사키에 가면 지역 명물 카스텔라를 맛볼 수 있다. 덴푸라는
일본식 튀김요리다. 해산물, 채소 등에 튀김옷을 입히고 기름에 튀
겨낸다. 덴푸라의 어원도 포르투갈에서 나왔다. 일본 에도막부 초기
인 16세기 초, 포르투갈 상인들이 일본에 들어왔다. 가톨릭을 믿던
그들은 1년에 네 번(각 계절의 초기 3일간) 육식을 먹지 않았다. 그 기
간이 쿼터 템포라Quatuor Tempora다. 1/4인 '쿼터', 일시적 금지를 뜻
하는 '템포라'가 더해졌다. 포르투갈인들은 쿼터 템포라 기간에 육
식을 금하기에 해산물, 야채를 기름에 튀겨 먹었다. 일본인들도 그
런 포르투갈 튀김요리 문화를 받아들였고, 요리 이름을 덴푸라라 부
르기 시작했다. 요리 이름인 줄 알고 붙인 덴푸라가 실은 종교적 의
미임을 모른 채 말이다. 데지마에서 규슈 북쪽 해안까지 223km 길
은 '나가사키 가도 또는 슈가로드'로 불린다. 초기에는 포르투갈인

들과 선교사, 이후에는 네덜란드 상선의 설탕이 이 길을 따라 일본에 전파된다. 설탕은 일본만의 독특한 디저트 문화를 만들게 했다. 그래서일까. 나가사키 카스텔라 바닥에는 굵은 설탕이 깔려 있다.

포르투갈 요리와 중국 요리가 뒤섞인 매캐니즈 요리

마카오식 포르투갈 요리를 매캐니즈Macanese Cuisine라고 한다. 마카오에 차이니즈가 합쳐졌다. 포르투갈인들은 16세기 마카오에 들어온 뒤 400여 년을 거주해 왔다.1999년 중국반환 대항해시대를 이끈 그들의 고유의 음식 문화에 식민지(아프리카, 인도, 동남아시아) 식재료, 향신료를 더하고, 중국 음식 문화가 가미되어 매캐니즈가 탄생한 거다. 대표적인 매캐니즈 요리로는 아프리카 치킨, 바칼라우 크로켓, 주빠빠오(폭찹번), 에그타르트 등이 있다. 아프리카 치킨은 오직 마카오에만 있는 요리다. 1940년대 마카오 호텔(포사다 데 마카오) 요리사인 '아메리코 안젤로'가 개발했다. 1)아프리카산 피리피리 고추의 매운 소스 맛에 2)인도 고아의 빈달루 카레를 더하고, 3)중국의 석탄화력으로 치킨을 구워낸다. 대항해시대 포르투갈의 식민지 루트를 거친 식재료들이다. 바칼라우 크로켓은 잘게 부순 바칼라우를 감자와 함께 뭉쳐서 튀긴 것이다. 탱탱한 대구 살이 부서지면서 부드러운 질감이 되고, 기름에 튀겨내 바삭한 식감도 더해진다. '바칼라우 아 브라스'는 바칼라우, 달걀, 양파, 피망, 감자튀김을 휘저은 볶음요리다. '바칼라우 꼼 타나스'는 감자와 바칼라우를 크림소스에 섞은 뒤 오븐에 구운 요리다.

폭찹번豬扒包을 광둥어(마카오 사용 언어)로 읽으면 주빠빠오다. 주빠빠오는 포르투갈식 양념 돼지고기 샌드위치인 '비파나'가 마카오식으로 변한 거다. 비파나는 얇게 저민 돼지고기를 쓴다. 비파나는 돼지고기를 와인, 향신료, 마늘에 재운 뒤 끓여 양념 돼지고기를 만든다. 그래서 싱거운 맛의 제육볶음이라 할 수 있다. 반면, 주빠빠오는 뼈가 붙은 두툼한 돼지고기를 튀긴 뒤 빵에 끼워서 먹는다. 먹기 전 돼지 뼈가 있는지 확인해야 한다. 잘못하면 뼈에 이빨이 상할 수 있어서다.

포르투갈 파스텔 드 나다의 마카오 버전이 에그타르트다. 둘 다 바삭한 페이스트리를 쓴다. 둘의 차이는 안에 들어가는 커스터드가 마카오의 에그타르트가 조금 더 부드럽다. 순두부와 두부의 차이랄까. 홍콩식 에그타르트도 있는데 홍콩식은 빵이 쿠키같이 딱딱하다. 반면, 마카오식은 부드럽다.

카스티야와 카스텔라,
카탈루냐 판 콘 토마테,
칼솟타다

이사벨과 페르난도의 결혼과 스페인 통합

카스티야 연합왕국(카스티야+레온) 엔리케 4세재위 1454~1474년의 별명은 불능왕이다. 29살에 즉위했으나, 나약하고 무능했다. 귀족들과 갈등, 내전 등으로 어려움을 겪었다. 엔리케 4세는 스페인 통일왕국의 기초를 마련한 이사벨 1세 여왕의 이복오빠이기도 하다. 엔리케 4세는 국왕 직위 후 잠재적인 정적 제거를 위해 이복 어머니와 2명의 이복동생들(이사벨 1세, 알폰소 왕자)을 궁궐에 내쫓는다. 이사벨 1세는 '아레발로'라는 시골로 가게 되는데, 그곳의 생활은 공주의 삶과는 거리가 멀었다. 어린 공주가 먹을 걸 구해야 하고 밥도 하면서 살았다. 알폰소 왕자는 자라면서 병으로 죽는다. 15세기 이베리아(현재 포르투갈, 스페인 지역) 반도는 가톨릭 국가인 포르투갈, 카스티야 연합왕국, 아라곤 연합왕국(아라곤+카탈루냐)과 이베리아 반도 남부의 이슬람 국가인 '그라나다 왕국'으로 나뉘어 있었다. 엔리케 4세는 이복동생인 이사벨 1세를 포르투갈의 나이 많은 왕에게 정략결혼을 시키려고 했다. 이웃한 가톨릭 국가인 포르투갈과의 동맹을 위해서였다.

이사벨 1세는 포르투갈 늙은 왕과 정략결혼에 앞서, 자기 또래의 다른 나라 왕자에게 먼저 청혼을 한다. 그는 이사벨 1세(18세)보다 1살 어린 이웃나라 아라곤 연합왕국의 페르난도 왕자였다. 그렇게 이사벨 1세와 페르난도는 결혼을 하게 된다. 엔리케 4세가 후사 없이 죽자 이사벨 1세는 카스티야 연합왕국의 여왕으로 즉위한다.1474년 그리고 남편인 페르난도도 아라곤 연합왕국의 왕 페르난도 1세로 즉위하면서1479년 아라곤·카스티야 연합왕국이 만들어졌다. 둘은 공동 통치자로서 연합왕국을 통치해 나갔다. 이 두 사람의 결혼이 통일 스페인의 시작으로 여겨진다. 가톨릭 국가 간 연합으로 가톨릭의 힘은 커졌다. 이베리아 반도 전체를 가톨릭 영역으로 넓히기 위한 전쟁에 돌입하게 된다. 원래 이베리아 반도는 고대 로마제국 식민지 이후 가톨릭의 영역이었다. 로마제국 이후 415년 게르만족인 서고트족이 이베리아 반도에 서고트 왕국을 건설하고 300여 년간 지배했다. 이후 711년 이슬람 세력인 우마이야 왕조가 북아프리카에서부터 지브롤터 해협을 건너 침략하면서 이슬람에게 쫓겨난다. 이슬람은 불과 7년여 만에 북서쪽 고산지대를 제외한 이베리아 반도 전체를 차지한다. 이후 이베리아 반도의 북쪽으로 쫓겨난 가톨릭 왕국이 조금씩 남하하며 남부 그라나다를 제외한 옛땅들을 되찾는다. 1492년 1월엔 이슬람 국가인 그라나다는 알함브라 궁전에서 가톨릭 왕국에 항복한다. 이로써 가톨릭의 이베리아 반도 통일이 완성된다. 800여 년간 이베리아 반도에 살아왔던 이슬람 세력의 몰락인 거다. 아라곤·카스티야 연합왕국, 그라나다는 하나로 합쳐지는데, 이러한 가톨릭의 국토통일 활동을 레콩키스타(재정복 운동)Reconquista라 부른다. 이슬람을 몰아내기 위한 가톨릭 국가의 정복 활동이다. 오늘날 스페인의 기초가 이사벨과 페르난도의 결혼, 그들의 레콩키스타 전쟁으로 완성된 것이다. 이제 이베리아 반도는 카스티야 연합왕국(카스티야+레온), 나바라, 아라곤, 포르투갈 등 가톨릭의 나라 연합체로 운영되었다.

카스티야 지역의 빵에서 유래된 일본의 카스텔라

카스텔라Castella는 밀가루, 달걀, 설탕(물엿) 등으로 반죽한 다음에 오븐에 구워낸 빵이다. 달걀을 거품 내고 그 거품으로 반죽을 부풀려 부드럽고 달콤한 빵을 만든다. 카스텔라는 포르투갈에서 시작된 빵이며, 포르투갈어로 Pão de Castela라고 불린다. Pão는 빵이란 뜻으로, Pão de Castela는 '카스티야의 빵'이란 뜻이다. 즉, 카스텔라는 카스티야에서 유래되었음을 알 수 있다. 또 다른 설로는 카스티야 지역의 과자 비스코초Bizcocho가 포르투갈로 전해졌고, 가토 디

카스티유(카스티야 과자)로도 불렸다는 것이다. 이 카스티야의 과자가 카스텔라가 되었다는 것이다. 또 다른 의미로는 성Castle이란 단어에서 유래했다는 것이다. 포르투갈어로 성은 카스텔루Castelo라고 한다. 포르투갈에서 카스텔라 원형인 빵(팡드로pão de ló, 스펀지케이크)이 성 모양과 비슷하기 때문이다. 카스텔라는 포르투갈을 통해 일본에 전해졌고, '카스텔라'라는 이름으로 널리 유행하게 된다. 16세기 포르투갈은 대항해시대를 열었다. 장기 보관이 가능하다는 점 덕에 카스텔라는 뱃사람들의 빵이었다. 당시에는 달걀을 적게 넣고, 설탕을 듬뿍 넣어 장기간 보관을 했다. 오븐에 구워내기도 하지만, 오븐 없이 배 안에서도 만들 수 있었다. 포르투갈은 아시아 무역 네트워크를 구축했고, 이 과정에서 일본에도 진출하게 된다. 일본 나가사키는 포르투갈인들이 일본의 문을 두드린 곳으로 카스텔라도 함께 전달된다. 포르투갈인들은 나가사키의 히라도, 데지마에 상관을 열었다. 일본인들은 전통적인 카스텔라와는 다른 일본식으로 발전시킨다. 지금도 나가사키의 명물은 나가사키 짬뽕과 카스텔라다. 당시 일본은 오븐이 없었기에 저온에서 오래 굽는 방식으로 카스텔라를 만들었다. 물엿을 넣어 부드럽긴 하지만, 유럽과는 달리 건조한 식감을 가지게 된 이유다. 카스텔라 바닥에는 종이가 붙어 있는데, 과거 일본인들의 만드는 방식 때문이다. 오븐 대신 나무찜틀에 종이를 깔고 반죽을 얹은 뒤 가마에서 불을 조절하며 구워냈다. 또한 종이 위에는 굵고 고순도인 설탕(자라메)을 뿌려서 씹히는 진한 단맛을 냈다. 과거 일본에서 카스텔라는 높은 계급들만 즐기는 고급과자였다. 차와 함께 카스텔라를 즐겼다. 외국사신에게도 대접했는데, 조선통신사도 대접을 받았다. 나가사키를 대표하는 3대 카스텔라 점은 쇼칸도, 후쿠사야, 분메이도가 있다.

쇼칸도는 나가사키 현에 하나뿐인 가게다. 매년 일왕과 그의 가족들에게 헌납하는 카스텔라 맛집이다. 이 집 간판 메뉴는 고산야키로, 달걀노른자 50%, 흰자 30%로 나누어 만들어서 붙여진 이름이다. 후쿠사야는 일본인에게 가장 널리 알려진 집이다. 1624년 창업했으니 역사도 오래되었다. 분메이도는 1900년에 창업했다. 후쿠사야와 함께 양대산맥을 이룬다. 가족 일가가 도쿄, 시즈오카 등에도 분점을 내고 있다.

스페인 공업중심지인 카탈루냐의 역사

스페인 북동부 카탈루냐는 스페인 독립투쟁이 활발한 곳 중 하나다. 카탈루냐는 1714년 스페인에 편입되었다. 하지만, 독자적인 언어와 문화 전통을 지켜오고 있다. 지역 내에선 그들의 고유언어인 카탈루냐어가 오히려 더 자연스러울 정도다. 카탈루냐는 공업지역으로 남부와 달리 스페인 내 부유한 지역 중 하나다. 카탈루냐 독립은 스페인 경제에도 타격이 될 수밖에 없다. 카탈루냐 주도는 바르셀로나다.711년 우마이야 왕조의 침략 이후 이베리아 반도를 차지한 이슬람은 피레네 산맥을 넘어 유럽 중앙으로 공격을 가한다. 유럽 중앙에 있던 프랑크 왕국(후에 프랑스, 이탈리아, 독일로 나눠짐)은 서고트 왕국과는 달랐다. 프랑크 왕국은 게르만족인 프랑크족이 세운 나라로 이슬람 공격을 막아낸다. 오히려 이베리아 반도를 공격해 카탈루냐 지역을 차지한다. 프랑크왕국 카를로스 대제는 변경백(마그레이브Margrave)을 카탈루냐 지역에 포진시킨다. 변경백은 이민족, 이교도 등 외적 침입에 대비해 국경지역에 임무를 맡긴 영주다. 바르셀로나 변경백이 주변을 흡수해 카탈루냐 전체를 차지한다. 서고트 왕국 이후 스페인 내륙은 이슬람이 차지했지만 카탈루냐는 바르셀로나 변경백이 버티고 섰다. 이로 인해 이슬람 문화가 섞인 여타 스페인 중앙지역과 달리 게르만족의 고유 문화를 카탈루냐가 가지게 된다. 이후 1137년 아라곤 여왕과 바르셀로나 백작이 결혼하면서 아라곤과 카탈루냐는 아라곤 연합왕국(아라곤+카탈루냐)이 된다.

1469년 이사벨 1세(카스티야)와 페르난도(아라곤)가 결혼하며, 스페인 내륙과 카탈루냐가 합쳐진 스페인 왕국이 탄생했다. 카탈루냐인들은 혼인을 통한 통일은 적극 환영하지 않았다. 역사적 기원도 다르고, 경제적으로도 카스티야와 차이가 있어서였다. 중세시대부터 카탈루냐는 상업이 발전해 있었다. 지리적으로 지중해와 인접해 지중해 무역을 통해 상업을 발전시켜 부유했다. 반면, 스페인 내륙의 카스티야는 농업 위주로 낙후되어 있었다. 스페인 정치를 지배한 카스티야 귀족들은 카탈루냐의 상업 보호에 적극적이지 않았다. 카탈루냐 입장에선 독립 의지가 싹트고 있었다. 스페인 합스부르크 가문 출신 카를로스 2세가 죽자 스페인 왕위 계승전쟁이 벌어졌다.1699년 프랑스와 신성로마제국(독일 등) 간 전쟁이 벌어지는데, 카탈루냐인들은 신성로마제국 편을 든다. 신성로마제국 승리 시 독립시켜 달라는 요구와 함께 말이다. 하지만, 허무하게도 프랑스 승리로 전쟁은 끝나고, 카탈루냐는 프랑스 점령지가 되고 만다.

　근세에 들어서도, 스페인 내전에서 승리한 독재자 프랑코의 전체주의 정치 속에서 카탈루냐는 억압을 당한다. 1940년대부터 1970년대까지 독재자 프랑코는 마드리드 위주의 정책을 펼쳤다. 카스티야 지역(마드리드 중심) 이외 지방은 탄압하기도 했다. 카탈루냐의 모든 자치권을 박탈하고 카탈루냐어 사용도 금지했다. 카탈루냐(바르셀로나 중심)가 카스티야 지역(마드리드 중심)에 대한 반감이 더 커지게 된 요인이다. 프랑코가 죽고 나서야1976년 카탈루냐어도 되찾고, 자치권도 다시 얻는다. 하지만, 여전히 바스크 지역과 함께 스페인 중앙정부로부터 독립을 꿈꾸는 지역 중 하나다. 카탈루냐 지역에는 스페인 국기 대신 빨간색과 노란색 줄무늬가 연이어진 카탈루냐주기가 걸려 있다. 우리가 아는 스페인어는 'Español(스페인어)'라고도 하지만, 'Castellano(스페인 내륙 카스티야어)'라고도 한다. 스페인 공용어이지만 마드리드 중심으로 한 카스티야 지역어이기도 하다. 스페인 지역에는 카탈루냐어(북동부 카탈루냐), 갈리시아어(북서부 갈리시아), 바스크어(북부 중앙 바스크)라는 지역 공통어도 있다. 다른 언어를 쓴다는 건 서로 다른 정체성을 가진다는 의미이기도 하다. 카탈루냐, 바스크가 카스티야와 결을 달리 하는 이유다. 개별국가로의 독립 의지도 강하다.

카탈루냐의 명물 요리, 판 콘 토마테와 칼솟타다

판 콘 토마테Pan con tomate는 '토마토를 곁들인 빵'이란 의미로 카탈루냐 요리다. 구운 빵 위에 토마토, 생마늘을 문지르고, 올리브 오일, 소금을 뿌리면 완성이다. 아침식사 또는 타파스(스페인 전채요리〈식사 전 요리〉)로 먹는다. 토마토가 들어가 있기에 건강한 빵으로 알려졌다. 치즈, 햄(소시지) 등을 토핑해서 먹기도 한다. 고대 그리스 시대부터 먹던 판 콘 아세이테pan con aceite에 토마토를 더한 요리다. 토마토는 16세기 아메리카 신대륙에서 전해졌으나, 18세기까지 식탁에 오르지 못했다. 19세기 이후 토마토를 요리에 이용하며 판 콘 토마테가 되었다. 당시에는 매일 빵을 구워내는 게 번거로워 며칠에 한 번씩 빵을 구웠는데, 딱딱한 빵에 토마토를 문질러 부드럽게 한 게 기원이라는 이야기도 있다. 빵 위에 토마토를 얹어 먹는 요리로는 이탈리아의 브루스케타, 그리스의 다코스가 있다.

또 다른 카탈루냐 지역 요리로 칼솟타다Calçotada가 있다. 칼솟은 카탈루냐어로 '대파'다. 정확히 말하자면 칼솟은 대파를 닮은 양파(끝이 동그란 양파과 채소)다. 칼솟을 통째로 석쇠에 올린 뒤 장작불에 새카맣게 구워낸 요리다. 구우면 양파의 단맛이 올라온다. 매년 11월에서 이듬해 4월 사이가 칼솟타다를 먹는 시기다. 탄 부분을 한 겹 벗겨낸 다음 소스에 찍어서 먹는다. 칼솟타다가 유명한 도시는 카탈루냐의 소도시 발스Valls다. 프랑스에도 대파 요리가 있는데, 프랑스는 굽기보단 쪄서 먹는다.

스페인 이슬람 역사와 파에야, 깜바스 알 아히요, 가스파초

이베리아 반도를 지배한 이슬람의 역사

이슬람교 창시자는 무함마드570~632년다. 사우디아라비아 메카Mecca 지역에서 태어난 그는 동굴에서 명상을 하다 알라신의 계시로 이슬람교를 창시했다. 이슬람은 유일신인 알라신에 절대복종을 의미한다. 7세기 무함마드가 이슬람 공동체를 만든 뒤, 이슬람은 무함마드 사후 4대 정통 칼리프 시대를 거쳐서 우마이야 왕조661~750년로 이어진다. 이슬람은 서아시아에서 우마이야 왕조, 아바스 왕조750~1258년를 거치며 널리 전파되어 갔다. 우마이야 왕조는 아라비아 반도를 차지한 뒤 북아프리카를 거쳐 8세기 유럽의 이베리아 반도스페인, 포르투갈 등까지 넓혀갔다. 당시 스페인을 점령한 게르만 계열 서고트족을 물리치고 3년 만에 스페인 절반을 점령한다.

아랍 지역은 우마이야 왕국 내부반란으로 아바스 왕조가 들어선
다.750년 우마이야 왕실에 대한 학살을 피해, 우마이야 가문 출신 아
브드 알라흐만(알라흐만 1세)이 안달루시아 중심지인 코르도바를 점
령한다. 그리곤 후기 우마이야 왕조를 세웠다.756년 알라흐만 1세는
정복지의 종교를 탄압하기보다 관용으로 통치했다. 당시 이베리아
반도에 많이 거주하던 유대인도 널리 중용했다. 이슬람이 소수라는
현실적 이유도 있었다만, 대립하면 발전이 어렵다는 공존의 철학이
있었다. 이를 공존과 관용을 의미하는 콘비벤시아Convivencia라고 한
다. 이슬람 세력권이 된 안달루시아는 이슬람 무슬림, 유대인, 가톨
릭교도가 함께 조화롭게 살았다. 수도 코르도바는 아랍의 바그다드
와 맞먹을 정도로 번영했다. 후기 우마이야 왕조는 1000년경 이베
리아 반도 대부분을 차지하게 되었다. 당시 이베리아 반도와 북아프
리카에 살던 이슬람인들을 무어인Moor이라 불렀다.

하지만, 변방으로 밀려난 가톨릭 세력들이 힘을 합쳐 이슬람 세력
을 몰아내려 했고, 이슬람 세력은 쇠락해 갔다. 가톨릭 국가를 세우
려는 가톨릭 세력의 전쟁을 재정복운동(레콩키스타Recinquista)이라
고 한다. 후기 우마이야 왕조가 멸망하고1031년 이후 수많은 이슬람
제후국으로 분열한다. 북쪽에서부터 재정복운동에 의해 이슬람제
후국들도 멸망해 갔다. 13세기에는 이베리아 반도 남쪽 끝의 그라
나다만이 가톨릭 왕국인 카스티야의 속국으로 살아남았다. 그라나
다는 스페인어로 '석류'란 뜻이다. 카스티야는 이슬람 국가들과의

무역을 위해 속국으로 남겨두는 게 나을 거란 판단에서였다. 하지만, 15세기 포르투갈이 대항해시대를 열며 무역을 위한 그라나다의 중요도가 떨어졌다. 1492년 카스티야와 아라곤 연합이 그라나다를 함락했다. 클래식 기타연주곡 〈알함브라의 궁전〉이란 노래로 유명한 그라나다의 알함브라 궁전이 함락되며 이슬람 국가그라나다는 멸망했다. 그 해가 1492년이다. 서양사에서는 중세와 근대를 나누는 기준 해이기도 하다.

카스티야의 이사벨 여왕과 아라곤의 페르난도 2세는 정략결혼 1469년을 통해 나라를 합쳤다. 그들은 함락시킨 그라나다를 통합하고 가톨릭 통합왕국 스페인으로 통일을 한다. 800여 년 동안 스페인에 싹터온 이슬람 문명이 사라졌다. 이슬람 문화유산으로는 그라나다의 알람브라 궁전, 코르도바의 메스키타이슬람 사원 등이 남아 있다. 알람브라 궁전은 무어 양식(이베리아 반도 이슬람 건축) 중 최고로 꼽힌다. 메스키타는 이슬람 사원으로 지어졌으나, 가톨릭 왕국에 정복된 뒤에는 성당으로 쓰였다. 이슬람과 가톨릭 종교 양식이 지금도 함께 자리 잡고 있다.

스페인식 철판 볶음밥, 파에야

파에야Paella는 철판 볶음밥이다. 스페인 전통요리로 다양한 육류, 해산물, 사프란 등을 넣는다. 사라센(아랍 이슬람) 음식 문화 덕분에 스페인은 유럽에선 유일하게 쌀을 많이 먹는다. 스페인 동부 발렌시아에서는 쌀이 생산된다. 사라센(아랍 이슬람)에서 파에야는 프라이팬이란 뜻이기도 하다. 이 프라이팬은 바닥이 넓고 깊이가 얕은 둥근 모양이며 양쪽에 손잡이가 달려 있다. 원래 파에야는 들에서 일하던 사람들이 장작불을 피우고 큰 프라이팬을 올린 다음에, 주변에서 쉽게 구할 수 있는 재료들을 쌀과 함께 볶아냈다. 이후 이슬람식 공동체 문화 영향으로 파에야를 함께 먹는 문화가 발달했다. 마을 잔치 등에서는 많은 양을 요리해 나눠 먹었다. 파에야 조리 시 바닥에 눌어붙은 누룽지를 '소카라다'라고 한다. 스페인 사람들은 구수한 맛의 소카라다를 매우 좋아한다.

파에야의 밥 색깔은 노란색을 띠는데, 사프란이란 향신료 때문이다. 사프란 꽃에는 3개의 붉은 꽃술이 있는데 이를 말려서 향신료를 만든다. 붉은 꽃술은 물에 풀면 노란색으로 변한다. 사프란은 소량만 꽃에서 나오기 때문에 비싼 향신료다. 그래서 웬만한 스페인 현지 레스토랑에서도 듬뿍 넣을 수가 없다. 저렴한 스페인 식당에선 강황이 들어간 착색료콜로란테Colorante로 노란색을 낼 수도 있다. 파에야를 만드는 방법은 1)육류나 해산물을 이용해 육수를 만들어 놓는다. 2)프라이팬에 올리브 오일을 두르고 육류나 해산물을 따로 볶아놓는다. 3)프라이팬에 야채 등을 넣고 볶다가, 쌀과 볶아놓은 육류나 해산물을 넣는다. 4)사프란을 넣고 미리 만들어 둔 육수를 붓고 중간불에서 쌀을 익힌 뒤 뜸을 들이면 끝이다.

파에야 주재료 : 육류(닭, 돼지, 소, 토끼 등), 해산물류(오징어, 낙지, 새우, 가재, 게, 생선 등)

스페인 올리브 산지, 안달루시아 지방

안달루시아는 스페인 남쪽 끝에 위치해 있다. 지브롤터 해협을 사이에 두고 아프리카 대륙과 맞닿아 있다. 코르도바, 그라나다, 세비야 등 8개 주(州)로 나누어진다. 안달루시아는 페니키아기원전 12세기, 카르타고기원전 5세기 지배 이후 고대 로마의 통치를 받았다. 이후 게르만족 계열의 반달족이 침입했고5세기 8세기부터는 800년간 사라센(아랍 이슬람)의 지배를 받았다. 사라센Saracen은 중세 유럽인이 아랍의 이슬람교도를 부르던 호칭이기도 하다. 이슬람 문화는 건축과 의상, 관개기술 등 스페인 남부에 여러 영향을 주었다. 이슬람 세력이 물러나고 콜럼버스가 세비야 항구를 떠나 아메리카 신대륙을 발견한다. 안달루시아의 주도인 세비야는 대항해시대 아메리카 신대륙과의 교역을 독점했던 항구다. 세비야를 통해 신대륙의 토마토, 피망, 옥수수, 감자 등의 곡물이 전해졌다. 기후 영향을 덜 받고 척박한 환경에서도 잘 자라는 감자와 옥수수는 유럽의 만성적 기근을 해결해 줬다. 가톨릭 국가에 의해 스페인이 통일된 이후1492년에는 전통적으로 대토지 소유자들이 안달루시아 지역을 지배했다. 경제적으로는 스페인에서 안달루시아가 가장 낙후되어 있어 스페인 내 실업률 1~2위를 다투는 지역이기도 하다. 주요 산업은 농업과 농산물 가공업이다. 스페인 올리브 생산의 70%를 담당한다. 보리, 포도, 오렌지, 커피 등도 재배하고 있다. 주정강화 와인인 셰리와인의 생산지역도 안달루시아 지역이다.

안달루시아 요리, 감바스 알 아히요

감바스 알 아히요Gambas Al Ajillo는 올리브 오일에 새우, 마늘, 페페론치노고추, 방울토마토 등을 넣고 끓인 요리다. 스페인어로 감바스는 새우, 알 아히요는 마늘소스다. 올리브 오일의 느끼함을 마늘이 잡아주고, 말린 고추가 매콤한 맛을 더한다. 올리브 오일이 잔뜩 들어감에도 스페인 건강식 중 하나다. 올리브 오일 대부분은 불포화지방산이다. 포화지방산은 혈관을 막지만, 불포화지방산은 막힌 혈관을 부드럽게 풀어줘 심혈관계 질환을 예방해 준다. 그래서, 올리브 오일은 장수 식단으로 알려진 지중해 음식에서 빠지지 않는다. 새우는 콜레스테롤 함량이 돼지고기나 소고기보다 높다. 하지만, 식품으로 섭취한 콜레스테롤은 수치에 큰 영향을 미치지 않는다. 무기질이 풍부한 마늘은 살균, 향균, 면역력 유지 식품이다. 스페인에서는 식사 전 식욕을 돋우는 전채앞 前, 나물 채菜요리(식사 전 요리) 또는 술안주로도 감바스 알 아히요를 먹는다. 스페인 술집에 가면 쉽게 만나볼 수 있는 대중적 안주이기도 하다. 적은 양을 접시에 올려 타파스로도 즐긴다. 타파스는 스페인에서 식전 술과 곁들여 간단히 먹는 소량의 음식을 말한다. 지중해와 대서양을 맞대고 있어 해산물이 풍부하게 잡히는 스페인 남쪽 끝 안달루시아 지방에서 유래했다. 바게트에 새우와 마늘은 얹어 먹거나, 오일이 풍족하면 파스타 면을 넣어 볶아 먹기도 한다.

뜨거운 올리브 오일이 식으면 느끼한 맛이 나기에 따뜻함이 오래 남는 그릇인 카수엘라Cazuela로 조리한다. 카수엘라는 스페인 전통 토기냄비로 조리도구인 동시에 완성 음식을 내놓는 그릇으로도 쓰인다. 열을 오랫동안 가지고 있어 음식을 따뜻하게 먹을 수 있다. 파스타, 그라탱, 파에야 등 다양한 음식을 조리할 때 카수엘라가 쓰인다. 요리 방법은 간단하다. 카수엘라에 올리브 오일을 넣고, 오일이 끓으면 준비된 재료를 넣고 끓여주면 끝이다.

안달루시아 요리, 가스파초

가스파초Gazpacho는 토마토, 올리브 오일이 들어간 스페인식 차가운 수프다. 토마토, 피망, 오이, 마늘, 물에 적신 빵을 믹서기에 넣고 올리브 오일, 식초, 얼음물을 추가해 갈아서 마신다. 스페인 남부 안달루시아 대표요리로 정식명칭은 '가스파초 안달루스'다. 빵, 올리브 오일, 마늘, 물을 넣어 만든 이슬람 음식이 중세에 스페인 지역에 전해졌다. 초기의 가스파초는 채소가 들어가지 않고 빵이 주재료였다. 가스파초는 아라비아어로 '젖은 빵'이란 뜻이다. 이후 안달루시아 지역에선 일꾼들이 밭에서 기른 채소 등을 나무절구에 갈아 먹었다. 16세기 신대륙에서 토마토가 전해졌으나 토마토를 사용하는

데는 많은 시간이 흘러야 했다. 토마토가 독성을 지닌 식물 벨라돈
나와 닮아 토마토에도 독이 들었을 거란 오해 때문이었다. 19세기
들어서야 토마토를 넣은 지금의 가스파초를 만들어 먹게 된다. 가스
파초에는 올리브 오일이 들어가므로 토마토와 궁합이 맞다. 음식에
있는 비타민C는 가열하면 파괴되지만, 가스파초는 가열하지 않으
니 비타민C 섭취도 높인다.

유럽에서 토마토 생산을 가장 많이 하는 나라가 스페인이다. 매년
8월엔 스페인 토마토 축제라 토마티나La Tomatina가 열린다. 잘 익은
토마토에는 라이코펜Lycopene이 들어 있다. 항산화 역할을 해서 과
도한 스트레스 등으로 생기는 활성산소를 제거한다. 자외선으로 생
기는 피부 노화나 뇌 신경세포 산화를 억제하기도 한다. 전립선암
예방에도 효과적이다. 토마토의 라이코펜은 지용성이라 기름과 함
께해야 흡수가 잘된다.

레콩키스타와 유대인 추방
그리고 코치니요 아사도

레콩키스타와 유대인 추방

1492년 이베리아 반도에서 이슬람 세력을 몰아내고 스페인을 통일(레콩키스타)한 가톨릭 정부는 유대인 추방령을 발표했다. 유대인을 추방하고 그들의 재산을 차지하기 위함이었다. 유대인 추방은 고급두뇌, 핵심인력 유출로 스페인의 몰락을 가져왔다. 당시 유대인은 스페인의 재정, 금융, 행정 등의 주요 업무를 담당했다. 특히 상업, 금융, 의술 등을 담당하는 인력이 빠지면서 스페인 경제가 돌아가지 않았다. 국내 생산과 유통망이 붕괴되고, 국제적 교역도 감소하게 되었다. 스페인 내에 남아 있던 유대인들도 기존 직업 대신에 농업을 택했다. 유대인임을 드러내 억압받는 걸 피하기 위해서였다.

유대인 추방을 피할 유일한 방법은 가톨릭으로의 개종이었다. 가톨릭으로 개종한 유대인들은 스페인에 남을 수 있었는데, 그들을 '마라노'라고 불렀다. 마라노는 돼지라는 의미로 개종 유대인을 낮춰 부르는 말이었다. 개종 유대인들은 가톨릭을 믿는 척하고 실제로는 유대교를 믿었다. 이에 가톨릭 정부는 실제 가톨릭을 믿는지를 확인하기 위해 새끼돼지(애저)를 먹는 행사를 열었다. 유대인들은 돼지고기를 먹지 않는다. 축제기간에 애저요리를 먹음으로써 진정한 가톨릭인임을 증명하게 했다.

유대인을 속아내기 위한 요리, 코치니요 아사도

코치니요 아사도Cochinillo asado는 스페인식 새끼돼지(애저) 통구이 요리다. 이 요리는 유대인 추방의 역사를 담고 있다. 코치니요는 '젖먹이 새끼돼지', 아사도는 '구운 요리'란 의미다. 태어난 지 2주 정도 지난 젖을 떼지 않은 어린 돼지로 만든다. 새끼돼지 요리는 영어로 '젖을 빤다'는 의미로 서클링 피그Suckling Pig로도 이야기한다. 독일에선 새끼 돼지구이를 슈판페르켈Spanferkel이라고 한다. 필리핀에선 리촌(레촌), 인도네시아 발리에선 바비굴링이라고도 한다. 필리핀에는 스페인 식민지 시절 새끼돼지 구이가 전파되었다. 코치니요 아사도는 스페인 중부 세고비아카스티야 이 레온 지방의 전통 음식이다. 세고비아 지역은 넓은 고원에 돼지목장이 널려 있다. 통으로 구워진 새끼돼지는 손님들에게 내보인 뒤, 접시를 세로로 세워 자른

다. 접시로 자를 정도로 고기가 부드럽다는 걸 보여주는 일종의 쇼
다. 굽는 과정에서 지방이 줄어들어 겉바속촉(겉은 바삭, 속은 촉촉)의
맛을 낸다. 자른 접시는 바닥에 던져서 깨버린다. 이는 액운을 부수
고 나쁜 기운을 없앤다는 의미를 담는다.

소브리노 데 보틴Sobrino de Botin, 보틴의 조카라는 뜻은 원래 왕실의 손
님을 맞는 작은 여인숙이었다.1725년 스페인 마드리드에서 개업했
다. 세계에서 가장 오래된 식당으로 기네스북에 등재되기도 했다.
이 집의 유명한 메뉴가 코치니요 아사도다. 개업한 이래 돼지구이
장작불 불씨가 꺼지지 않고 있기도 하다. 프랑스인 장 보탱(스페인어
발음 보틴)이 처음 시작할 때 식당은 카사 보틴이었다. 그가 죽고 조
카가 이곳을 물려받고 '보틴의 조카'가 식당 이름이 된다. 이곳은 나
폴레옹이 스페인을 점령하고 직접 찾아와 식사를 한 장소이기도 하
다. 화가 프란시스코 고야는 궁중화가로 들어가기 전인 19살에 이
곳에서 웨이터이자 접시닦이 일을 하기도 했다. 어니스트 헤밍웨이
는 이곳에서 코치니요 아사도를 즐겼다. 그의 소설『해는 또다시 떠
오른다』,『오후의 죽음』에서 언급할 정도였다.

이탈리아 돼지 바비큐 요리, 포르케타

포르케타Porketta는 이탈리아 돼지 바비큐 요리다. 돼지 내장과 뼈
를 발라내고, 통돼지 속에 마늘, 허브, 향신료를 넣는다. 속을 채운
돼지를 묶은 뒤에 돌돌 만다. 살을 말아 접어서 속이 새지 않도록 실

로 묶는다. 그리곤 긴 꼬챙이에 끼워 장작불에서 천천히 굽는다. 겉 바속촉 요리로 겉은 바삭, 속은 부드럽다. 장시간 서서히 가열시켜서 속이 쭉쭉 찢어질 정도로 부드럽다. 통으로 구워낸 돼지를 얇게 썰어서 먹거나, 샌드위치로 만들어 먹는다. 이탈리아어로 돼지인 포르코Porco에서 기원했다. 포르케타 기원설 중 하나는 고대 로마시대 로마 근교 '아리치아(아리차)Ariccia'라는 작은 도시에서 만든 것으로 추정된다. 고대 로마시대에는 땅에 구덩이를 판 뒤 돼지를 통째로 구워냈다. 네로 황제가 즐겨 먹었다고 하며, 병사들의 사기를 돋우기 위한 음식으로도 쓰였다. 기름이 풍부해 산미가 있는 레드와인과도 어울린다. 코치니요 아사도는 새끼돼지를 쓰지만, 포르케타는 1년 정도 키운 30~50kg 돼지를 쓴다. 아리치아(아리차) 지역에는 프라스케테Fraschette라고 불리우는 선술집들이 있다. 숙소 기능도 했던 우리의 주막 같은 역할도 했다. 투박한 빵 사이 얇게 썬 포르케타를 끼워서 파니노(이탈리아어로 샌드위치)를 식사로 제공했다.

독일의 슈바인학센과 아인스바인

독일의 돼지요리로는 슈바인학센과 아인스바인이 있다. 슈바인학센Schweinshaxen은 독일식 돼지족발 요리다. 겉바속촉(겉은 바삭, 속은 촉촉)한 담백한 요리로 겉이 바삭해질 때까지 오븐에 구워낸다. 뮌헨이 있는 바이에른주의 전통요리다. 바이에른 지역은 농사일이 주를 이룬다. 농사일로 소모된 에너지를 보충하고자 단백질, 탄수화물이 풍부한 요리가 발달했다. 주로 저녁에 슈바인학센에 양배추 피클(사워크라우트), 매쉬포테이토(으깬 감자요리), 맥주를 곁들여 먹었다. 'Schweinshaxe'는 돼지 무릎을 뜻한다. 한국식 족발은 돼지 발끝까지 요리하나, 슈바인학센은 발끝을 쓰지 않는다. 기원설을 보면, 독일 수도원에서 금식기간에 수도사가 돼지고기를 구워 먹다가 그 냄새 때문에 들키게 된다. 이를 무마하려 변명을 하면서 즐겨 먹게 된다. 즉, 신께서 무게가 없는 새끼돼지를 탄생시켰고, 금식기간에도 무게가 없는 식재료는 먹어도 된다는 억지 논리를 폈다. 17세기 초 독일도 프랑스 미식 요리에 영향을 받으면서 단순히 쪄내는 방식에 오븐에서 구워내는 방식이 더해졌다. 아인스바인Einsbien은 삶아서 부드럽게 먹는 돼지 정강이 요리다. 베를린 등 독일 동북부 지역에서 발달했다. 훈제한 돼지 정강이를 야채, 향신료와 함께 삶거나 쪄낸다. 한국식 족발도 양념에 푹 삶아내는 방식이다.

아인스바인이 삶아냈기에 부드러운 반면, 슈바인학센은 껍질이 바삭해지도록 오븐에 구워냈기에 겉바속촉이다. 아인스바인도 슈바인학센과 마찬가지로 양배추 피클(사워크라우트)을 곁들여 먹는다.

사워크라우트는 신맛 나는 양배추란 뜻이다. 독일어로 사워Sauer는 '시다', 크라우트Kraut는 '양배추'를 뜻한다. 우리 김치처럼 채소를 발효시켜 만든 음식이다. 독일산 양배추 김치라 칭해도 되겠다. 소시지나 베이컨 등 육류와 곁들여서 먹는다. 양배추를 잘게 썰어서 발효시켰기에 시큼한 맛이 난다. 채소를 발효시키면 오랫동안 먹을 수 있다. 채소를 구하기 어려웠던 겨울철에 중요한 비타민 공급원이기도 했다. 원래는 13세기 몽골이 유럽에 전파시킨 중국의 배추 피클(산채)이 기원이다.

올리브 오일과 버터
그리고 종교개혁

중세 가톨릭의 육식 금지와 종교개혁

중세 가톨릭은 1년 중 거의 절반을 육식 금지를 시켰다. 사순절과 금요일, 각종 성인 축일에 육식을 금해왔다. 사순절은 예수님이 십자가에 못 박혀 돌아가시고 다시 살아난 부활절 직전 40일 동안이다. 교인들이 예수님의 고난과 고통을 기억하며 금식에 들어가는 기간이기도 하다. 흑사병 이후 로마 교황청은 엄격한 식단을 요구했다. 금식일에는 고기뿐만 아니라 유제품, 달걀, 버터도 금지했다. 육식을 성욕을 부추기는 음식으로 여겼기 때문이다. 육식 금지는 15세기부터 수도자뿐만 아니라 일반 신자에게도 확대되었다. 지중해 연안 남부 국가들은 육식 금식에도 힘들지 않았다. 고기를 대체할 해산물과 올리브 오일이 풍부해서였다. 반면, 알프스 이북 낙농업을 기반으로 하는 유럽 내륙지역 게르만인들은 달랐다. 척박한 땅에 육식을 금지하니 먹을 게 마땅치 않았다. 추운 북쪽 지역은 올리브 나무가 자랄 수 없는 환경이었다. 내륙지역이라 해산물을 접하기도 어려웠다. 지방질 섭취를 위해선 고기 또는 버터를 먹을 수밖에 없었다. 버터가 올리브 오일 같은 지방 제공자 역할을 했다. 북부인들의 딱한 사정을 고려해 로마 교황청은 버터와 우유를 먹게 한 대신 면벌부를 구입하게 했다. 오스만제국과의 전쟁자금이 필요했던 로마 교황청은 면벌부(재물을 바친 이의 죄를 면해주는 증서) 판매에 열을 올린다. 15세기 인쇄술의 발명은 면벌부의 대량 발행으로 이어지고, 면벌부의 폐해가 더 심해진다.

프랑스 루앙북부도시에는 대성당이 있는데, 대성당 오른쪽에는 버터타워라는 탑이 있다. 버타타워라 불리는 이유는 버터 면죄부를 받은 돈으로 탑을 지었기 때문이다. 결국, 신부님이던 루터는 버터 소비 관련 면벌부를 파는 행위에 대해 근거가 없음을 주장하며 종교개혁을 부르짖는다. 버터를 먹던 알프스 이북 지역은 종교개혁의 선봉에 서게 된다. 현재 유럽의 종교 지형을 보면 버터를 먹는 독일, 네덜란드, 스위스 등은 개신교가 강세다. 반면, 올리브를 먹는 이탈리아, 스페인, 포르투갈은 가톨릭이 우세하다.

유럽 남부의 올리브와 유럽 북부의 버터

지중해 문화권(그리스, 이탈리아, 스페인, 프랑스 중남부)은 지중해성 기후 덕분에 포도와 올리브 산지가 많다. 덕분에 포도주와 올리브가 주요 식재료가 된다. 올리브 열매는 녹색에서 익어가며 검은색으로 변한다. 녹색 올리브는 독성이 있어 생으로 먹으면 안 된다. 삶은 후에 염장을 해서 먹기에 짠맛이 난다. 올리브 열매는 식량보다는 보조 식량이나 올리브 오일로 주로 즐겨왔다. 고대 그리스인들은 올리브 오일을 많이 먹었다. 올리브 오일이 구황작물 역할을 했기 때문이다. 고대 그리스인들은 고된 노동과 식량 부족으로 인해 고열량 음식이 필요했다. 포도주보다 훨씬 고열량인 올리브 오일이 그 역할을 해냈다. 덕분에 올리브 오일을 이용해 고기나 생선을 튀기는 요리가 발달하게 되었다.

반면, 유럽 북부(영국, 네덜란드, 독일, 프랑스 북부 등)에선 추운 기후로 인해 포도와 올리브 재배가 어려웠다. 그로 인해 맥주와 버터가 주요 식재료가 되었다. 기온이 낮고 토지가 비옥하지 않아 오직 밀 농사만 지을 수 없었다. 밀보다도 호밀이 더 잘 자라는 환경이었기에 호밀도 많이 심었다. 여기에 가축 사육에도 힘을 쏟았다. 가축 사육을 하면서 만들어진 주요 식재료가 버터다. 즉, 버터는 가축 사육의 부산물로, 원래 유목을 본업으로 했던 북유럽에서 발전할 수밖에 없었다.

가염·무염, 가공·천연 버터의 모든 것

우유에서 유지방을 분리해 내면 버터가 된다. 버터를 얻기 위해 과거에는 계속 젓거나 주머니에 넣고 충격을 가하는 등 물리적인 힘을 들였다. 반면, 최근에는 유지방 분리기 등 기계를 쓴다. 버터에 염분을 첨가하면 가염버터, 염분을 첨가하지 않으면 무염버터다. 가염버터가 짭짤한 맛이 있어 맛이 더 좋다. 다만, 나트륨을 많이 섭취할 수 있어, 고혈압이나 심장질환자는 무염버터가 나은 선택이다. 가공버터와 천연버터는 다른 음식이다. 유지방이 50% 이상이면 가공버터, 80% 이상이면 천연버터(가염버터, 무염버터)다(우리나라 기준). 원래 우유 100%로 버터를 만들어야 한다만, 보관 문제나 비용 등을 고려하다 보니 다른 첨가물이 들어간다. 마가린, 팜유 등을 넣는데 문제는 이들 제품이 트랜스지방이 많다는 것이다. 트랜스지방은 혈관을 막는 LDL콜레스테롤 수치를 높여 건강에 좋지 않다. 발효버터는 버터 제조 중 균을 넣어 숙성을 시킨 버터다. 일반 버터보다 유산균이 많아 날것 그대로 빵에 발라 먹는 게 좋다. 버터는 높은 온도에서는 액체지만, 낮은 온도가 되면 굳는다. 굳어진 버터는 냉장보관이 가능하다. 버터는 냄새를 흡수하기에, 냉장고 안 분리칸이나 밀폐용기(또는 알루미늄 포일)에 넣어야 한다. 옛날에는 토기로 만든 특수 버터 용기에 소금물을 넣고 버터를 보관했다.

인류가 포유류를 가축으로 삼아 기른 이유 중 하나는 우유 같은 유제품에 있다. 척박한 환경에서 고기보다 안정적 식량이 필요했고,

'포유류의 젖'은 가장 중요한 생존 먹거리였다. 유제품을 유럽보다 먼저 활용한 것은 아시아의 건조지대였다. 유목민의 삶에서 만들어진 버터는 중세시대까지 유럽에서 큰 인기를 누리지 못했다. 중세시대의 귀족 음식은 후추를 많이 넣다 보니 매웠다. 귀한 후추를 많이 쓰기에 매울수록 오히려 비싼 음식이었다. 중세시대 후추의 매운맛을 좋아하는 식문화 덕에 후추를 찾아 대항해시대가 열리게 되었다. 후추 중심의 매운맛이 16세기 이후부터는 음식에 버터를 넣어가면서 부드럽게 변했다. 16세기 이후 버터가 유럽의 남부까지 전해지며 유럽인들은 부드러운 맛에 길들여졌다. 부드러운 버터를 찾는 수요가 늘며 유럽 농가에서 소를 키우는 목축이 발전하게 된다. 프랑스 북부 노르망디 지역에서 목축이 활성화되고 유제품 생산이 늘어나게 된 이유다.

버터의 가성비 대체품, 마가린

버터는 동물성 유제품이다. 우유에서 분리해 낸 유지방으로 크림을 만든 뒤, 이를 응고시킨 결과물이다. 마가린은 버터 대용품으로 개발되었다. 식물성 기름에 수소 가스를 고압으로 주입해서 굳힌다. 버터보다 저렴하게 쓸 수 있다만, 만드는 과정에서 트랜스지방이 만들어지는 단점이 있다. 가공버터도 마가린 등 식물성 유지가 많이 들어간다. 마가린을 첨가하기에 가공버터도 트랜스지방 함량이 천연버터보다 높다. 천연버터도 포화지방 함량이 높다. 천연버터의 포화지방, 마가린의 트랜스지방은 혈관 건강을 해친다. 버터나 마가린 대신에 올리브 오일을 쓰는 게 보다 나은 선택이다.

불포화지방산이 풍부한 올리브 오일

올리브 오일은 성인병의 근원인 콜레스테롤 함량이 0%라 몸에 좋다. 올리브 오일에는 단일 불포화지방산이 많지만, 불포화지방산은 막힌 혈관을 뚫는 데 도움을 준다. 올리브 오일의 불포화지방산이 발암 단백질 생성을 억제한다는 대학교 연구결과도 있다. 불포화지방산은 우리 몸에 좋은 콜레스테롤은 높여주고, 나쁜 콜레스테롤은 낮춰준다. 반면, 포화지방산은 혈관을 막아 건강에 나쁘다. 올리브 오일은 불포화지방산이 많아서 산패가 쉽다. 산패가 잘 일어나는 환경은 빛, 열, 산소다. 빛을 차단할 수 있는 짙은녹색, 갈색 등 유리병(캔)에 담긴 게 좋다. 플라스틱, 밝은색 유리병은 피하는 게 좋다. 산화를 최대한 피하기 위해서는 용량이 적은 제품을 다 먹고 다시 사는 게 좋다. 올리브 오일은 공기와 접촉하는 시간이 길수록 영양성분이 파괴된다. 가능한 한 생산한 지 얼마 되지 않은 오일을 먹어야 한다. 올리브는 오일을 짜낸 뒤 9개월 정도가 지나면 신선함을 잃어가고, 2년이 되면 완전 산화된다. 지중해 연안에선 늦가을부터 겨울 동안 올리브 오일을 생산한다. 올리브 열매 과육을 으깬 다음 짜내면 올리브 오일이 나온다. 올리브 열매는 가을에는 연두색을 띠다 시간이 지나 늦겨울에는 검정에 가까운 진한 갈색이 된다. 짜는 시기에 따라 초록빛 또는 황금빛을 내게 된다. 초록빛은 풋풋한 맛, 황금빛은 고소한 맛이 더 난다.

\# 다만, 올리브 오일도 적당히 섭취하는 게 중요하다. 몸에 좋은 오일이라도 과다하게 섭취하는 건 지양해야 한다.

올리브 오일의 최고 등급은 엑스트라버진

올리브 오일 등급은 1등급 엑스트라버진(가장 좋은 등급), 2등급 버진, 3등급 퓨어, 4등급 포마스(가장 낮은 등급)로 나뉜다. 올리브 오일은 추출 단계에 따라 등급이 갈린다. 앞 단계일수록 등급이 높다. 엑스트라버진은 가장 좋은 등급이다. 올리브 열매를 짰을 때 처음 나오는 기름이 엑스트라버진이다. 가장 신선하고 건강에 좋은 기름이다. 화학적 과정 없이 물리적 힘(냉압착)만으로 추출한다. 산도도 0.8% 미만이다. 산도가 낮을수록 더 좋은 기름이다. 오랫동안 기름을 짜내면 압력도 더 세지고, 열도 더 받고, 불순물도 더 많아진다. 올리브 오일은 신선도가 중요한데, 처음 추출하는 기름이 최고로 좋다. 시간이 오래 걸릴수록 산화가 진행되기 때문이다. 엑스트라버진은 생식, 샐러드, 드레싱 등 신선한 요리에 적합하다.

\# 산도는 오일 내 유리지방산 비중을 백분율로 나타낸 지표다. 산도가 낮을수록 오일 내부에 강력한 항산화 성분이 파괴되지 않고 보존되어 있는 거다. 반대로, 산도가 높은 건 열매가 손상되었거나 가공과정에서 열에 노출되어 산패가 진행되었음을 의미한다. 건강을 위해 올리브 오일을 생으로 섭취한다면 산도를 확인해야 한다.

2등급인 버진은 엑스트라버진을 추출한 이후의 기름이다. 시간이 조금 지난 다음에 짜기에 과육의 신선도가 엑스트라버진보다 떨어진다. 물리적 힘(냉압착)으로 추출해 고품질이지만 엑스트라버진보다 약간 낮은 품질로 여겨진다. 산도는 0.8~2.0% 사이다. 생식으로도 쓸 수 있으나, 엑스트라버진에 비해 맛과 향이 덜하다. 3등급인 퓨어는 정제된 올리브 오일에 소량의 버진오일을 섞은 제품이다. 올리브에 더 압력을 가하다 보니 불순물도 늘고, 열도 높아져 산도가 높아진다. 이런 상태를 람판테 등급이라고도 한다. 람판테는 램프 기름을 의미한다. 식용 상태가 아니기에 화학적 과정을 거쳐 정제 올리브 오일로 만든다. 여기에 버진오일을 더해 퓨어 등급을 만든다. 건강보다 경제성에 중점을 둔 제품으로 볶음, 튀김 등 일반요리에 적합하다. 마지막으로 포마스는 가장 낮은 등급이다. 올리브를 짜낸 찌꺼기에 화학용매(핵산)를 넣어 추출한 기름이다. 찌꺼기에 남은 소량 기름을 화학방식으로 녹아 나오게 하는 방법이다. 대량조리나 외식사업 등에 쓰인다.

\# 람판테 등급은 산도가 2.0% 이상이라 인위적으로 산도를 낮춘다. 그래서, 퓨어 등급은 산도를 1.0% 이하, 포마스 등급은 0.6% 이하까지 떨어뜨리기도 한다.

불포화지방산이 많은 아보카도 오일

멕시코가 원산지인 아보카도Avocado는 17세기 후반 서구에 소개되었다. 배Pear와 비슷해서 아보카도 배 또는 거친 껍질이 악어가죽

과 같아 악어 배로도 불렸다. 인도인들은 버터 과일이라고도 불렀
다. 지방이 전체의 15~20%일 정도로 많고, 열량이 높아서다(100g당
160kcal). 지방이 높아 살찌는 과일이라 생각하지만, 지방 대부분
(80%)이 몸에 좋은 불포화지방산이다. 불포화지방산은 우리 몸에
좋은 콜레스테롤은 높여주고, 나쁜 콜레스테롤은 낮춰준다. 불포화
지방산이 많은 아보카도는 몸에 좋은 수퍼푸드인 셈이다. 아보카도
는 단맛을 내는 단당과 탄수화물이 거의 없어 다이어트 음식으로도
좋다. 또한 눈에 좋은 루테인, 태아의 뇌 발달에 좋은 엽산 등도 들
어 있다. 아보카도에서 짜낸 기름도 건강한 기름이다. 올리브 오일
처럼 샐러드에 뿌리면 항산화 기능을 하는 베타카로틴의 흡수를 높
여준다. 아보카도 오일은 올리브 오일(190도), 콩기름(240도)보다 발
연점(연기 나기 시작하는 온도)이 270도로 높아 깔끔한 튀김을 만들
수 있다.

바스크 치즈케이크,
핀초스 그리고 시드르

스페인 고유 언어와 혈통을 유지한 바스크 지역

스페인 북부 바스크 지방은 정치적 분리독립 이슈로 유명하다. 최근에는 미식여행 성지로도 불리며 주목받고 있다. 소수민족인 바스크족의 생활터전인 스페인 바스크 자치주는 1960~2000년대 무장독립투쟁 테러집단인 ETA바스크 조국과 자유가 활동해 왔다. ETA는 바스크 분리독립을 원하며 스페인 정부 인사에 대한 테러 행위를 수없이 벌여왔다. 바스크족은 피레네 산맥 서쪽의 스페인 북동부(250만 여 명)와 프랑스 남서부(50여만 명)에 살고 있다. 다른 유럽 민족들과 언어(바스크어)와 혈통이 거의 섞이지 않고, 그 자리 그대로 5,000년 이상 삶을 영유해 왔다. 스페인 독재자 프란시스코 프랑코1936~75년 통치 집권 시절 그는 각 지방의 고유 문화를 탄압했다. 바스크인을 탄압하는 건 물론 바스크어 사용도 금지했다. ETA는 중앙정부의 탄압에 대항해 바스크 분리독립을 주장하게 된다. 바스크 지역 내에는 최대 도시인 빌바오와 미식의 도시 산 세바스티안 등이 유명하다. 산 세바스티안은 바스크 미식의 중심지다. 전 세계에서 인구 대비 가장 많은 미쉐린 스타 레스토랑이 있는 곳이기도 하다. 스페인 왕족과 귀족들이 여름을 보내던 해안도시이기도 하다. 바스크 지역은 프랑스와 국경을 마주하고 있어 프랑스 미식이 전해진 곳이다. 군인들이 주로 쓰는 베레모는 16세기 바스크 지방에서 유행하면서 널리 퍼졌다. 영화 〈보니 앤 클라이드〉에서 여주인공(페이 더너웨이)가 쓰면서 여성들에게도 패션 아이템이 되었다.

바스크는 스페인 내 제조업의 중심 지역이다. 공업이 발달되어 있어 1인당 국민소득도 스페인 평균보다 훨씬 높다. 스페인 중앙정부보다 신용등급도 높다. 스페인 경제의 엔진이라 불릴 만하다. 바스크는 스페인 중심부와 2,000m급 산맥으로 분리되어 있다. 험한 산악지형에 1년에 200일가량 비가 오는 궂은 기후도 갖고 있다. 거기에 무장테러까지 발생해 대규모 부동산 개발이나 관광산업과는 거리가 멀었다. 스페인이 유로화를 도입한 이후, 스페인 전역에 부동산, 건설, 관광 거품이 불었을 때 소외된 것이 오히려 전화위복이었다. 1980년에서야 자치정부를 가진 바스크는 제조업 육성에 집중했다. 과거 영국과 스페인 사이 교역 창구 역할을 해왔던 바스크다. 합스부르크 스페인 왕가 시절에는 플랑드르산 모직 수출항이기도 했다. 스페인에서 산업혁명과 축구를 처음 받아들인 곳이 바스크다. 영국의 영향을 받아 철강, 조선업이 발전해 왔다.

바스크 미식을 이끄는 음식 사교모임, 초코

초코Txoko는 바스크어로 '모서리'란 뜻으로 요리 사교모임이다. 바스크 지역 산 세바스티안 남성 몇몇이 음식을 만들어 먹는 모임을 만들었다.1870년 이런 초코 문화는 바스크 지역으로 퍼지게 되고, 새로운 음식 개발과 바스크 전통요리 복원 노력을 하게 된다. 바스크가 미식의 고장이 된 데는 초코의 기여도가 있다. 주로 원룸 형태 스튜디오 공간을 대여해 모임을 갖는다. 회원과 회원이 데려온 손님만 입장이 가능하다. 초기엔 남성만 가입했으나 여성 회원도 받는다. 다만, 요리는 오직 남성만 하고 여성은 먹을 수만 있다.

바스크 번트 치즈케이크

치즈케이크는 달콤하고 부드러운데 크리미한 느낌까지 딱이다. 다양한 치즈케이크 중 원톱이라면 단연 바스크 번트 치즈케이크다. 바스크 번트 치즈케이크는 스페인 바스크 지역에서 시작된 디저트다. 바스크에서도 미식으로 유명한 '산 세바스티안San Sebastian' 지역의 한 핀초 Bar에서 30여 년 전 내놓은 메뉴다.1988년 정식 명식은 Bar 이름을 딴 'Tarta de Queso de La Viña'(식당 '라 비냐'의 치즈 케이크)다. 보통 Bar라면 술집을 말하나, 스페인의 Bar는 술집, 카페, 레스토랑을 합친 개념이다.

바스크 치즈케이크는 크림치즈가 주재료로 고온에 구워 겉면이 살짝 탄 듯한 비주얼이다. 불에 그을린 캐러멜 향과 함께 부드러운 치즈까지 더해졌다. 냉장고에 넣어두고 차갑게 식혀 먹으면 더 맛있다. 케이크임에도 밀가루가 거의 들어가지 않는다. 치즈(크림치즈, 마스카르포네 치즈), 달걀, 생크림, 설탕에 약간의 밀가루와 바닐라 향 정도만 있으면 재료 준비 끝이다. 재료를 잘 섞고 오븐에서 20여 분 구워주면 된다. 홍차와 같이 섬세한 맛을 내는 차는 일반 케이크가, 맛이 강한 커피는 치즈케이크가 어울린다. 바스크 치즈케이크는 스페인산 셰리와인 또는 달콤한 스위트 와인과 조합이 좋다.

바스크 지역에서 즐기는 핑거푸드 핀초스(타파스)

스페인은 우리 기준으로 보면 저녁식사를 너무 늦게 시작한다. 저녁 8시쯤에야 레스토랑이 문을 열지만 자리가 비어 있을 정도다. 날씨가 덥다 보니 낮잠 시간인 시에스타Siesta가 있고 그 결과 저녁도 늦어진다. 저녁이 늦다 보니 늦은 오후에 배고픔이 밀려온다. 이럴 때 가볍게 즐기는 음식이 타파스다. 한 입 거리 핑거푸드라 할 수 있다. 수많은 종류의 간단한 음식(보통은 빵 위에 음식을 올린)들이 차려져 있고, 와인 또는 맥주 한 잔이랑 가볍게 먹는다. 햄, 생선류(엔초비, 새우, 문어), 치즈뿐만 아니라 고급요리인 푸아그라, 캐비아까지 다양하게 담아놓는다. 고급 정찬요리를 크기를 줄여 타파스로 내놓기도 한다. 스페인 사람들은 하루 다섯 끼를 먹는다고 한다. 1)아침, 2)점심, 3)저녁은 물론 4)점심 전과 5)일과 후부터 저녁 전에 타파스를 먹는다.

타파스를 처음 만든 곳은 스페인 남부 무어인의 땅, 안달루시아 지방이다. 여러 설들 중 하나는 와인 잔에 초파리가 빠지는 걸 막고자 작은 빵이나 생햄으로 와인 잔을 덮었던 데서 시작되었다는 것이다. 타파스Tapas의 타파Tapa(뚜껑)가 '덮는다'라는 스페인어 타파르Tapar에서 유래했다는 이유와 함께다. 빵만 먹기 뭐하니 요리를 추가로 올려서 먹었다. 또 다른 기원설은 건강이 좋지 않던 스페인 왕(알폰소 10세)이 적은 음식을 와인과 함께하면서 유행이 되었다는 설도 있다. 그가 모든 숙박업소에 낮에 약간의 음식과 와인을 제공하라 명했다. 한편, 아랍의 메제Meze(다양한 음식을 골고루 담아 먹음)라는 음식 형태에서 기원한다는 설도 있다. 한때 스페인 땅은 이슬람 아랍인들이 지배했으니 말이다. 온화한 지중해성 기후에 풍부한 바다 식재료를 가진 스페인이다. 그 결과 스페인은 유럽풍 음식 문화뿐만 아니라 아랍 영향을 받아 다양한 음식 문화를 가지게 되었다. 시에스타 낮잠 휴식을 취하고 일을 시작하기 전 간단한 요깃거리를 제공하면서 타파스로 정착했다는 이야기도 있다.

바스크에서는 타파스를 핀초스Pinchos라고 한다. 핀초스는 음식을 고정하기 위해 작은 꼬치에 꽂아 먹는 타파스다. 올려놓는 음식이 너무 많아 이를 고정할 필요가 있어서 꼬치를 꽂았다고 한다. 핀초는 못을 뜻한다. 바스크 지역에선 다 먹은 후 남아 있는 꼬치 수로 값을 치르기도 한다. 핀초스는 바스크의 화이트와인인 차콜리Txacoli와도 잘 어울린다. 산 세바스티안은 바르셀로나와 함께 핀초스로 유명한 도시다. 1930년대 산 세바스티안의 해변 식당에서 핀초스를 내놓은 게 그 시초라고 한다. '올해의 핀초스'를 뽑는 대회를 여는데 그 경쟁도 치열하다. 핀초스 바를 돌아다니며 맛을 보는 것도 하나의 문화다. 여러 핀초스 집을 도는 걸 스페인어로는 포테오Poteo, 바스크어로는 치키테오Txikiteo라고 한다.

바스크 지역 사과로 만든 술, 시드라(시드르)

유럽에선 포도를 재배할 수 있는 지역에선 포도술인 와인을, 포도를 재배하기 어려운 지역은 사과술을 만들었다. 로마인들은 정복지에 와인을 상납하도록 포도밭을 만들었다. 기후 탓에 프랑스 북부 노르망디와 스페인 북부 바스크는 포도 대신 사과를 심었다. 로마인 이전에 그 땅에 머물던 켈트족이 사과술을 담갔다는 이야기도 있다. 중세 수도원은 과수원과 양조장을 통해 자립했다. 신분사회인 중세이니 만큼 와인이나 사과술은 주로 귀족들이 마셨다. 스페인 북부(바스크)와 프랑스 북부(노르망디, 브르타뉴)는 둘 다 사과로 술을 만든다. 바스크에선 시드라, 프랑스에선 시드르라고 칭한다. 독일에선 사과와인이란 의미로 아펠바인으로 부른다. 영어권에선 '사이더'라고 부른다. 우리가 사이다라고 부르는 그 말의 어원이다. 일본의 음료업체가 청량음료를 만들며 사이다라고 명했다.1884년 그로 인해 사과술과는 다른 의미로 쓰이고 있다. 프랑스 북부에선 사과술 시드르를 증류해 높은 도수의 술을 만든다. 이 사과 증류주를 노르망디에선 칼바도스, 브르타뉴에선 랑비크라 부른다. 와인을 증류하면 브랜디가 되듯 말이다.

칼바도스를 만드는 방법은 먼저, 가을에 수확한 사과로 시드르를 만든다. 최소한 1개월간 발효시킨 다음 증류는 3월에 시작한다. 고급품인 패이도취(PAYS D'AUGE)는 코냑 방식으로 두 번 증류한다. 반면 다른 곳에선 아르마냑 방식으로 한 번 증류한다. 증류 직후에는 소주처럼 무색투명하나 오크통에 장시간 보관하면 호박색의 부드러운 술이 나온다. 보관 과정에서 해마다 2.5~4%가 증발하는데 노르만인들은 이를 '천사가 마신다'고 한다. 소설 『개선문』의 이야기를 끌고 가는 건 칼바도스다. 프랑스에서 불법으로 의사 활동을 하던 주인공 라비크독일인가 자주 마시던 술이 바로 칼바도스다. 사과술에 쓰이는 사과는 한 손에 2~3개가 들어갈 만큼 작다. 과일용 사과보다 당도가 낮은 대신 신맛과 껍질의 떫은맛이 강하다. 사과껍질과 씨에서 타닌(떫은맛)이 생긴다. 사과는 통째로 갈아 즙을 짠 뒤 발효시킨다.

독일에서 탄생한
되네르 케밥과 전통성 논쟁

독일 케밥의 역사

독일의 케밥은 런던의 카레, 시카고의 피자, 뉴욕의 타코처럼 남의 것이 내 것이 된 경우다. 독일에서 케밥 문화가 발전하게 된 건 1960년대 튀르키예 노동자를 받아들이면서다. 2차 대전 후 국토재건을 위해서였다. 현재 독일 내 외국인 약 700만 명 중 300만 명이 튀르키예 계열일 정도다. 베를린은 지금도 제2의 이스탄불로 불린다. 튀르키예 노동자들이 건너오며 그들의 식문화도 전달되었다. 이주자들이 다른 나라에 와서 가장 먼저 하는 사업은 자신들의 나라 음식을 재현하는 일이다. 고향의 식재료를 파는 시장이 생기고, 이주자들을 위한 식당을 연다. 처음에는 튀르키예 이민자들을 위한 음식이었지만, 시간이 흘러 독일 전역에서 사랑받게 된다. 특히, 고기를 빵에 둘둘 말거나, 빵 속에 넣어 먹는 되네르(되너) 케밥이 독일에서 탄생하게 된다. 1972년 서독 지역인 베를린에서 노점상으로 일하던 튀르키예 출신 이민자 카디르 누르만는 바쁜 역 앞에서 먹기 편한 케밥을 만들고자 했다. 이전까지는 접시에 고기나 야채를 담아서 먹었다만, 이를 햄버거나 샌드위치처럼 변형시켰다. 전통적인 방식의 케밥이 패스트푸드화된 것이다. 독일은 이때 만들어진 케밥이 세계 최초의 되네르 케밥이라 주장한다. 되네르 케밥은 고깃덩이를 수직으로 세워서 구워낸다. 독일에서 되네르 케밥은 독일 소시지인 커리부어스트(카레가루 뿌린 소시지)보다 더 인기 있는 패스트푸드가 되었다. 되네르 케밥은 저렴하면서도 푸짐해 가난한 이들에게 사랑받고 있다. 외식 물가가 무서운 독일에서 케밥이 정착할 수밖에 없는 이유였다.

독일과 튀르키예의 관계는 과거 독일 제국주의 시절 빌헬름 황제가 팽창정책을 펼 때부터 밀접했었다. 영국, 프랑스와 달리 제국주의 후발국가였던 독일은 튀르키예를 키워서 가져가겠다는 야욕이 있었다. 튀르키예 집권층의 환심을 얻은 뒤, 철도 부설 등을 추진했다. 폭력 중심의 침략주의와는 노선을 달리한 것이다. 튀르키예 사관생도들을 독일 무관에게 훈련도 받도록 했다. 그래서일까. 무스타파 케말 아타튀르크(튀르키예 전쟁영웅이자 초대 대통령)는 근대화 과정에서 아랍문자를 없앨 때도 알파벳과 함께 독일식 표기를 채택하도록 했다. 지금의 튀르키예 간판을 독일식 발음대로 읽을 수 있게 된 이유다.

케밥의 기원

튀르키예는 중국, 프랑스와 함께 3대 미식국가로 꼽힌다. 유럽의 동쪽이자 동양의 서쪽이다 보니 동서양 요리가 어울려 발달해 왔다. 튀르키예 대표요리 하면 케밥을 떠올린다. 가장 많은 종류의 케밥 메뉴를 보유한 튀르키예를 원조로 인정하는 분위기다. 11세기 튀르키예 지역에서 케밥이 대중적인 요리가 되었고, 오스만 제국 시절 1299~1922년에는 다양한 케밥이 만들어졌다. 튀르키예 언어로 구운 고기를 뜻하는 말이 케밥이다. 구운 고기란 뜻의 아랍어 kabāb(카밥)이 튀르키예 언어 케밥Kebap이 되었고, 영어식으로 Kebab이 된 것이다. 굽다는 의미의 페르시아어 카밥Kabab이 어원이라는 견해도 있다. 케밥은 강수량이 적은 사막과 고원지대에서 유목 생활을 하던 유목민들이 이동 중 편리하게 개발한 요리이기도 하다. 튀르키예 군인들이 그들의 무기인 칼에 고기를 꽂아 불에 구워 먹던 형태가 케밥의 기원이라는 설도 있다. 또한, 케밥은 카이사르(율리우스 시저)와 클레오파트라와도 관련이 있다. 튀르키예 남부지역에서 카이사르와 클레오파트라가 움푹 팬 돌에 고기를 매달아 놓고 돌려가며 숯불에 구웠다는 기원설이 있다.

케밥은 고기를 양념해 불에 구워내고, 야채(양파, 당근, 토마토 등)와 함께 먹는다. 고기는 주로 양고기, 쇠고기나 닭고기, 생선으로도 만든다. 다만, 튀르키예 지역은 종교가 이슬람이기에 돼지고기를 먹진 않는다. 튀르키예와 같은 이슬람 국가는 할랄이라는 의식을 거친

고기만 먹는다. 할랄은 '신의 이름으로'라는 주문을 외우고 소, 양, 닭 등을 잡는 종교의식이다. 케밥은 튀르키예식 볶음밥인 필라프Pilaf를 고기에 곁들이거나, 튀르키예식 빵인 피데Pide에 고기를 싸 먹기도 한다. 피데는 밀가루 반죽을 납작하게 해 화덕에 구워낸 것이다. 피데 이외에도 밀가루 반죽으로 만든 튀르키예식 바게트인 에크멕, 참깨를 뿌린 튀르키예식 베이글인 시미트 등에도 케밥은 어울린다. 튀르키예인들은 케밥을 먹은 뒤, 튀르키예식 요거트인 아이란을 후식으로 즐긴다.

대부분의 케밥은 가격도 저렴하고, 지역에 따라 다양한 종류가 있다. 케밥의 종류는 책에 따라 100~300여 종이 넘는다. 오스만제국 시절, 왕의 밥상에는 동일한 음식을 두 번 올리지 못하도록 한 방침에 따라 많은 케밥이 만들어졌다는 이야기도 있다. 대표적인 케밥으로는 되네르 케밥, 시시케밥(시쉬케밥) 등이 있다.

튀르키예에선 음식을 마련한 이에게 맛있게 먹었다는 감사 표시로 "엘리니제 사을륵(당신 손에 축복이 있기를)"이란 말을 한다.

튀르키예와 독일 간 되네르 케밥의 원조 논란

18세기까지는 케밥을 수평으로 구워냈고, 1867년 요리사인 이스 켄데르 에펜디가 수직으로 구워내는 방식을 처음 고안해 냈다. 되네르 케밥(döner kebab)은 고깃덩이를 다른 케밥들과 달리 수직으로 세워서 굽는다. 먼저, 고깃덩이를 잘라 조각을 낸 다음 가느다란 막대기에 켜켜이 꽂아 올린다. 그리고, 거대한 고깃덩이를 빙글빙글 돌리면서 바비큐 방식으로 불에 구워낸다. 먼저 익은 바깥부터 잘라내어 먹는다. 겉이 바삭하게 구워진 고기를 최대한 얇게 썰어낸다. 고기 안 기름기가 아래로 빠지면서 맛이 담백해진다. 되네르 케밥은 '회전하다'라는 뜻의 튀르키예 언어 된멕dönmek에서 유래했다.

튀르키예가 케밥의 원조라고는 하나, 독일은 되네르 케밥만은 자신들이 원조임을 주장한다. 심지어 되네르 케밥 표준 레시피를 가지고 논쟁을 한다. 튀르키예 측에서 되네르 레시피를 튀르키예 전통 특산품으로 인정해 달라고 EU(유럽연합)에 신청하면서다.2024년 튀르키예는 16개월령 이상 된 소의 고기, 6개월령 이상 된 양의 다리살이나 등살, 닭 가슴살이나 다리살로만 되네르를 만들어야 한다고 주장했다. 고기 두께, 고기 써는 칼의 길이, 양념에 담그는 시간까지 기준에 넣었다. 독일 측은 되네르 케밥만큼은 독일 베를린에서 개발되었으니, 튀르키예가 말할 처지가 아니라며 발끈했다. 독일에선 송아지, 칠면조고기, 야채만 들어 있는 되네르 케밥도 만들어지고 있다. 독일에선 얇은 빵에 둘둘 말거나, 동그란 빵 안에 넣어서 먹는 형태가 인기다. EU에선 일단 독일의 손을 들어줘서 튀르키예 요청을 받아들이지 않았다.2025년

시시케밥, 이스켄데르 케밥, 테스티 케밥, 타쉬 케밥

시시케밥(시쉬케밥)Shish Kebab은 우리나라 닭꼬치 구이처럼 한 입 크기(깍둑썰기한) 양념고기를 꼬챙이에 끼워 굽는 방식이다. 시시는 튀르키예 언어로 꼬챙이를 말한다. 이스켄데르 케밥Iskender kebab은 되네르 케밥을 매운 토마토소스, 양젖버터, 요거트와 함께 피데 빵에 올려 먹는 요리다. 케밥을 수직으로 구워내는 방식을 개발한 이스켄데르 에펜디가 1867년 처음 만들어냈다. 이스켄데르는 튀르키예 언어로 알렉산더를 뜻한다. 이스켄데르 케밥은 되네르 케밥보다 두툼한 고기를 사용한다. 테스티 케밥Testi Kebab은 점토로 만든 솥이나 병 모양 용기에 양고기, 채소를 넣고, 윗면을 빵 반죽으로 덮은 다음에 구워낸다. 굽고 나서는 점토 용기를 깬 뒤 꺼내서 먹는다. 타쉬 케밥Tas Kebab은 국물 있는 스튜 형식으로 만든다. 타쉬는 우묵한 그릇이란 뜻이다. 그 외에 해안지역에는 고등어가 들어간 케밥도 있다.

예니체리와 카잔, 디저트 바클라바

카잔은 수프나 필라프 볶음밥을 조리하는 거대한 솥이다. 예니체리(오스만제국 정예용병이자 황제 친위대)는 카잔을 항상 짊어지고 돌아다녔다. 카잔 주변에 모여 중요한 의사결정도 내렸다. 예니체리는 매주 금요일에 카잔을 들고 술탄이 거주하는 궁으로 행진했다. 거기에서 양고기가 들어간 필라프 볶음밥을 받는 의식을 행했다. 예니체리들이 식사의 첫 순서인 수프(초르바)를 먹지 않을 경우 불만의 표시였다. 만약 카잔을 뒤집는다면 반란을 의미했다. 라마단 기간에 술탄이 예니체니들에게 특식으로 하사한 디저트 바클라바가 있다. 얇은 페이스트리 반죽인 유프카를 겹겹이 쌓아서 구워낸다. 정제 버터를 바른 오븐 용기에 유프카를 한 장씩 얹고 버터를 뿌리는 작업을 반복한다. 그런 다음 피스타치오, 호두 등을 올리고 유프카를 더 얹고 오븐에 구워낸다. 잘 구운 다음에는 설탕물을 부어 흡수시킨다. 그렇게 바삭하고 달콤한 디저트 바클라바가 완성된다.

예니체리

오스만제국은 술탄의 근위대이자 상비군인 예니체리를 뒀다. 점령지의 가톨릭 어린이를 이슬람으로 개종시키고 체계적 교육을 시켰다. 예니체리는 열심히만 하면 높은 자리까지 올라갈 수 있었다. 초창기에는 높은 충성심과 전투력으로 제국의 영토를 넓히는 데 앞장섰다. 전역 전까지는 예니체리에게 결혼도 허용하지 않았지만, 시간이 흘러 결혼이 허용되었다. 자녀에게 예니체리 자리가 세습되면서 기강이 해이해졌다. 점차 이익 집단으로 세력화하고 술탄 자리를 좌지우지할 만큼 권력이 커졌다. 예니체리의 부패와 반란으로 인해 오스만제국은 내부에서부터 무너지기 시작했다.

예수 탄생일
크리스마스에 즐기는
국가별 디저트

산타클로스의 이미지 탄생

흰 수염에 붉은 옷을 입은 산타클로스는 코카콜라 마케팅의 결과다. 겨울철 판매량 감소를 극복하려고 코카콜라는 회사를 상징하는 붉은색 옷을 입은 산타를 홍보하기 시작했다.1931년 산타클로스란 이름은 성인 니콜라스에서 유래했다. 그는 고대 로마시대 튀르키예 지역의 주교였다. 그는 틈날 때마다 가난한 어린이집에 몰래 선물을 갖다주곤 했다. 이러한 행적을 기리는 풍습이 크리스마스 전통이 되었다. 니콜라스 주교의 빨간색 주교복에 북유럽 전설이 더해져 사슴과 썰매 탄 산타 이미지가 만들어졌다.

크리스마스에는 팔레스타인 베들레헴이 주목받는다. 예수 탄생지로 알려진 곳이다. 베들레헴은 아랍어로는 고깃집, 이스라엘어 (히브리어)로는 빵집이란 뜻이다.

크리스마스 문화가 정착되기까지

크리스마스는 예수 탄생을 기념하는 예배를 뜻한다. 그리스도Christ와 미사Mass가 합쳐진 말이다. 다만, 성경에 12월 25일이 예수 탄생일이란 증거는 없다. 예수 탄생에 대한 구체적인 연도와 날짜가 기록되지 않아서다. 크리스마스는 동지 즈음에 로마인이 한 해 농사를 축복하며 농경의 신(사투르누스Saturn)을 기리는 축제에서 유래했다. 동지는 1년 중 하루 해가 가장 짧은 날이다. 고대 로마에선 동지를 지나 다시 낮이 길어지기 시작하는 12월 25일을 태양이 새로 태어나는 날이라 믿었다. 고대 로마인은 이날을 축제로 삼았다. 고대 로마가 가톨릭을 국교로 삼은 후에도 이교도적인 이 축제는 계속되었고, 가톨릭적 의미를 담아 크리스마스가 된다. 교황 율리우스 1세가 예수의 탄생이 태양의 탄생이라는 뜻에서 이 축제일을 예수 탄생일로 정했다는 설이 있다.4세기 중세시대에는 크리스마스가 성탄절로 자리를 잡아간다. 먹고 마시고 즐기는 축제의 풍습은 그대로 계속 유지되었다. 그러다 영국의 청교도 혁명을 주도한 크롬웰에 의해 크리스마스는 불법이 되었다.1652년 불법인 이유는 지나치게 문란하다는 것이었다. 하지만, 크롬웰이 죽고 왕정복고가 이루어진 다음, 크리스마스는 부활한다. 미국으로 건너간 초기 청교도들도 크리스마스를 인정하지 않았다. 크리스마스 문화는 미국 독립전쟁 이후 영국 문화를 거부하면서 되살아난다.

독일의 크리스마스 디저트 렙쿠헨(레브쿠헨), 슈톨렌

기독교 문화가 발달했던 유럽에선 크리스마스에 달콤한 디저트를 즐겼다. 설탕이 귀했던 중세시대에 크리스마스는 특별한 날이었기에 귀한 음식을 먹었던 거다. 크리스마스 시즌 독일에서는 렙쿠헨Lebkuhen, 크리스트 슈톨렌Christ Stollen을 먹는다.

렙쿠헨은 생강쿠키다. 생강, 계피 등 향신료와 견과류를 넣고 반죽해 굽는다. 설탕이 귀하던 시대 향신료가 단맛, 알싸한 맛을 내줘 설탕을 덜 넣을 수 있었다. 덕분에 크라스마스 축하용 쿠키로 먼저 등장한 것 중 하나가 렙쿠헨이다.

슈톨렌은 종교적 의미가 담겨 있다. 쿠키 모양이 강보에 싸인 아기예수를 형상화했다. 슈톨렌은 과일 케이크다. 케이크 반죽에 버터, 브랜디(또는 럼)에 절여낸 건조과일을 넣은 다음에 수분을 말려낸다. 마지막에 슈가파우더를 듬뿍 뿌린다. 설탕은 보존성이 강해 슈톨렌은 오랜 기간 저장해 두고 먹을 수 있다. 다만, 설탕도 대기 중 수분을 빨아들이므로 래핑을 해줘야 한다. 슈톨렌은 숙성될수록 맛이 깊어진다. 시간이 흐를수록 건조과일 향이 빵에 배어들어 맛을 더 좋게 한다. 독일에선 11월 말이나 12월 초부터 슈톨렌을 마련해 둔다. 그리곤 가족끼리 일요일마다 한 쪽씩 잘라 먹으며 크리스마스를 기다린다.

가톨릭 규율이 엄격했던 14세기, 슈톨렌은 성탄을 기다리는 대림절(강림절) 금식 기간에 먹던 소박한 빵이었다. 귀리, 식물성 기름(카놀라유)만 넣어 만들었다. 참고로, 크리스마스 시작 전 4주 동안을 대림절이라고 한다. 아기예수 탄생일을 기다리며 준비하는 기간이다. 당시 가톨릭에선 육류와 유제품을 폭식, 호색과 연관시켰다. 대림절 금식 기간에는 고기뿐만 아니라 달걀, 버터도 먹으면 안 되었다. 유럽 남부의 지중해성 기후 지역이야 올리브로 지방 보충을 할 수 있으나, 유럽 북부의 추운 지역에선 버터를 대신할 지방 식재료가 없었다. 교황청에 면벌부를 내고서야 겨우 버터를 먹을 수 있었다. 이에 반발한 사건이 루터의 종교개혁이다. 우린 왜 버터를 면벌부를 내고서 먹어야 하는가! 루터의 종교개혁 이후 슈톨렌에는 버터가 잔뜩 들어가게 된다. 말린 과일과 견과류를 더하면서 달고 기름진 고열량 음식이 되었다. 금식기간 소박하게 먹던 음식의 대반전이다.

슈톨렌을 만드는 방법은 일단, 오븐에 반죽을 구워낸 뒤에 꼬챙이로 많은 구멍을 낸다. 그다음에는 녹인 정제버터에 담그고 설탕에 굴린다. 슈톨렌을 먹는 방법은 가운데를 얇게 잘라 먹은 뒤, 분리된 두 덩이를 밀착시켜서 보관한다. 단면이 외부에 노출되면 설탕의 방패 역할이 깨져 산패가 빨라지기 때문이다.

슈트리첼 크리스마스 마켓

크리스마스 마켓은 대림절 금식기간이 끝나고, 독일 바우첸 지역에서 제후 허가를 받고 하루 동안 열렸던 시장에서 유래했다.1384년 당시에는 먹거리와 겨울철을 나기 위해 필요한 물건들을 판매했다. 이후 크리스마스 마켓은 크리스마스를 기다리며 먹거리 등을 사고팔게 된다. 그 유럽 전통 풍습이 지금까지 남아 있다. 유럽의 주요 지역마다 크리스마스 시즌에 크리스마스 마켓이 열린다. 그중 하나가 독일 드레스덴 지역의 '슈트리첼 크리스마스 마켓'이다. 통치자였던 프리드리히 2세의 허가로 하루 동안 열렸던 정육시장이 기원이다.1434년 참고로 드레스덴에선 슈톨렌을 슈트리첼이라고 불렀다.

프랑스의 크리스마스 디저트 브쉬드 노엘, 구겔호프

프랑스에서는 크리스마스 시즌에 브쉬드 노엘Buche de Noel을 먹는다. 크리스마스의 장작(나뭇가지)이란 뜻을 가진 롤케이크다. 통나무처럼 생겼는데, 프랑스 샤랑트 지방에서 유래했다. 고대 켈트족은 과일나무 장작을 태워 액운을 날리는 풍습이 있었다. 크리스마스부터 새해 초까지 과일나무 장작을 지폈다. 불이 꺼지지 않고 잘 타면, 가족을 액운으로부터 지켜준다고 믿었다. 그래서일까. 프랑스인들은 크리스마스 시즌에 이 케이크를 먹으면서 액운이 사라지길 빈다. 만드는 방법은 일단, 모카, 초콜릿, 버터크림을 바른 시트를 말아 통나무 모양을 만들고 갈색 크림으로 덮는다. 다음으로, 큰 롤케이크에 작은 롤케이크를 이어 붙인다. 이후 케이크 표면을 긁어서 통나무 껍질처럼 꾸민다. 마지막으로 견과류, 버섯 모양 머랭으로 장식하면 끝이다.

알자스 지방에선 구겔호프Gugelhopf라는 케이크를 먹는다. 알자스는 프랑스와 독일 접경지역이다. 구겔호프는 원래 오스트리아에서 먼저 탄생했다. 합스부르크 가문 마리 앙투아네트가 프랑스에 시집오면서 이를 가져왔다. 만드는 방법은 밀가루 반죽을 왕관 모양의 틀에 넣어 구운 뒤 가루설탕을 뿌리거나 초콜릿을 묻힌다.

프랑스의 크리스마스 와인음료 뱅쇼

따뜻한 와인을 뜻하는 뱅쇼Vin Chaud도 크리스마스에 마신다. 프랑스어로 뱅Vin은 '와인', 쇼Chaud는 '따뜻한'이란 뜻이다. 뱅쇼는 와인에 시나몬, 과일 등을 첨가해 따뜻하게 끓은 음료다. 와인을 끓이는 과정에서 알코올이 증발해 도수가 낮아진다. 유럽에선 겨울철 원기 회복, 감기 예방 목적으로 즐겨 마신다. 독일 지역 등에서는 뱅쇼가 글뤼바인Glühwein이란 독일어로 불린다. 영어로는 멀드와인Mulledwine이라 하며, 영국에서도 전통적인 크리스마스 음료다. 뱅쇼를 만드는 방법은 냄비에 레드와인, 향신료(시나몬, 아니스, 정향), 오렌지 껍질과 설탕을 넣고 약불에 10분간 끓인다. 불을 끄고 30분

뱅쇼에 들어가는 핵심 재료, 계피

계피는 후추, 정향과 함께 세계 3대 향신료로 불렸다. 당연히 비싼 향신료 중 하나였다. 계피는 계피나무 속껍질을 말려 만든다. 매콤하면서 달콤하지만 톡 쏘는 향이 난다. 고대 이집트에선 계피를 귀하게 여겼고, 가격도 비쌌다. 이집트인들은 죽음 이후를 중하게 생각했다. 미라를 만들었고 계피를 시신에 뿌려 두곤 했다. 시신에 바르면 악취를 막을 수 있었기 때문이다. 고대 로마시대에는 계피를 체력 유지 약으로 취급했다. 일반 병사 한 달 치 월급이 계피 한 줌이었다. 아라비아 상인들은 중국이나 동남아 일대에서 계피를 사서 배나 낙타를 이용해 이집트, 유럽에 판매했다. 비싸게 팔렸던 만큼 대항해시대 이후 계피를 얻기 위한 유럽인들의 쟁탈전도 치열했다.

계피, 옛날에는 귀했지만 이젠 쉽게 접할 수 있는 향신료다. 현재 서양과 동양에서 주로 쓰는 계피는 그 종류가 다르다. 서양 계피인 시나몬Cinnamon은 스리랑카에서 많이 나온다. 스페인 사람들이 시나몬에 카카오와 바닐라를 섞어 마신 것이 오늘날 초콜릿의 시초다. 반면, 동양 계피인 카시아Cassia는 중국 남부, 베트남 등에서 나온다. 계피는 몸을 따뜻하게 해주고 소화를 돕는다. 감기 초기에 계피가 들어가는 쌍화탕이나 뱅쇼를 마시고 자면 몸이 좋아진다. 계핏가루는 코카콜라, 수정과, 사과파이, 사과잼에도 들어간다. 추로스나 카푸치노 위에 뿌려 먹어도 맛있다.

정도 향과 맛이 우러 나오도록 기다리면 끝이다. 뱅쇼는 끓이고 나서 마셔도 되고, 냉장고에 하루 정도 숙성해서 마셔도 된다. 보통은 따뜻하게 데운 다음에 마신다. 아몬드 같은 견과류나 매운맛 나는 비스킷과도 함께 먹는다.

이탈리아의 크리스마스 디저트 파네토네

이탈리아에서는 크리스마스 시즌에 파네토네Panettone를 먹는다. 독일의 슈톨렌 못지않게 버터와 설탕이 잔뜩 들어간다. 때문에 슈톨렌처럼 오랫동안 굳거나 상하지 않는다. 만드는 방법은 천연효모로 발효한 밀가루 반죽에 건포도, 당절임 과일을 넣는다. 식감은 카스텔라처럼 부드럽다. 파네토네는 높이가 12~15cm로 일반적인 빵보다 크고 높은 편이다. 둥근 돔 모양을 만들기 위해 구워진 빵을 거꾸로 걸어 식힌다. 파네토네는 이탈리아 밀라노에서 600여 년 전 탄생했다는 설이 있다. 밀라노 루도비코 공작이 연회를 열었는데, 조리장이 그만 디저트 만드는 걸 잊어버렸다. 이때 주방 막내였던 토니Toni가 고안한 빵을 내놓게 되고, 손님들이 대만족한다. 이에 조리장이 판 데 토니Pan de Toni(토니의 빵)으로 소개했다. 또 다른 탄생설로는 작은 막대 모양 케이크인 파네토Panetto에 '크다'는 뜻의 one이 붙어 파네토네가 되었다는 거다.

영국의 크리스마스 디저트 민스파이

영국에서는 크리스마스 시즌에 민스파이Mince Pie를 먹는다. 민스파이를 먹으면 새해 행운이 온다고 믿어서다. 그것도 크리스마스부터 12일 동안 매일 한 개씩 말이다. 영국에선 크리스마스 이브에 산타클로스를 위해 민스파이와 셰리주 한 잔을 놓아둔다. 영국 가정에서는 크리스마스 기간 중에 방문하는 손님을 위해 민스파이를 깡통에 넣어 보관해 두기도 한다. 민스파이는 치웨트Chewette라는 중세 영국식 페이스트리에 십자군이 중동에서 가져온 요리법이 가미되었다. 치웨트는 고기, 향신료로 만들었으나 나중에는 말린 과일을 넣게 된다. 민스파이는 페이스티리(밀가루 반죽과 버터, 달걀 등으로 바삭하게 구운 무발효 과자)에 민스미트Mincemeat(소나 양의 신장, 허리둘레에서 얻은 기름, 말린 과일, 으깬 사과, 견과류, 향신료를 넣음)로 속을 채워 굽는다.

그 밖에도 스페인에서는 크리스마스 시즌에 캐러멜 과자인 투론(뚜론)Turron을 먹는다. 견과류, 꿀, 달걀흰자를 넣고 만든다. 투론은 네모난 과자이거나 둥근 케이크 모양이다. 스페인 발렌시아 지역이 유명하다. 스페인 식민 지배를 받은 필리핀, 라틴 아메리카에도 투론이 있다. 미국에서는 크리스마스 시즌에 에그노그Eggnog란 음료를 즐긴다. 달걀, 우유, 설탕, 생크림 등을 넣고 만든다. 술을 넣어 칵테일로도 마실 수 있다.

영국
지도

영국 대표 음식
· 로스트비프
· 요크셔 푸딩
· 셰퍼드파이
· 코티지파이
· 민트젤리
· 비프 웰링턴
· 스카치 에그
· 피시앤칩스
· 커리
· 치킨 티카 마살라

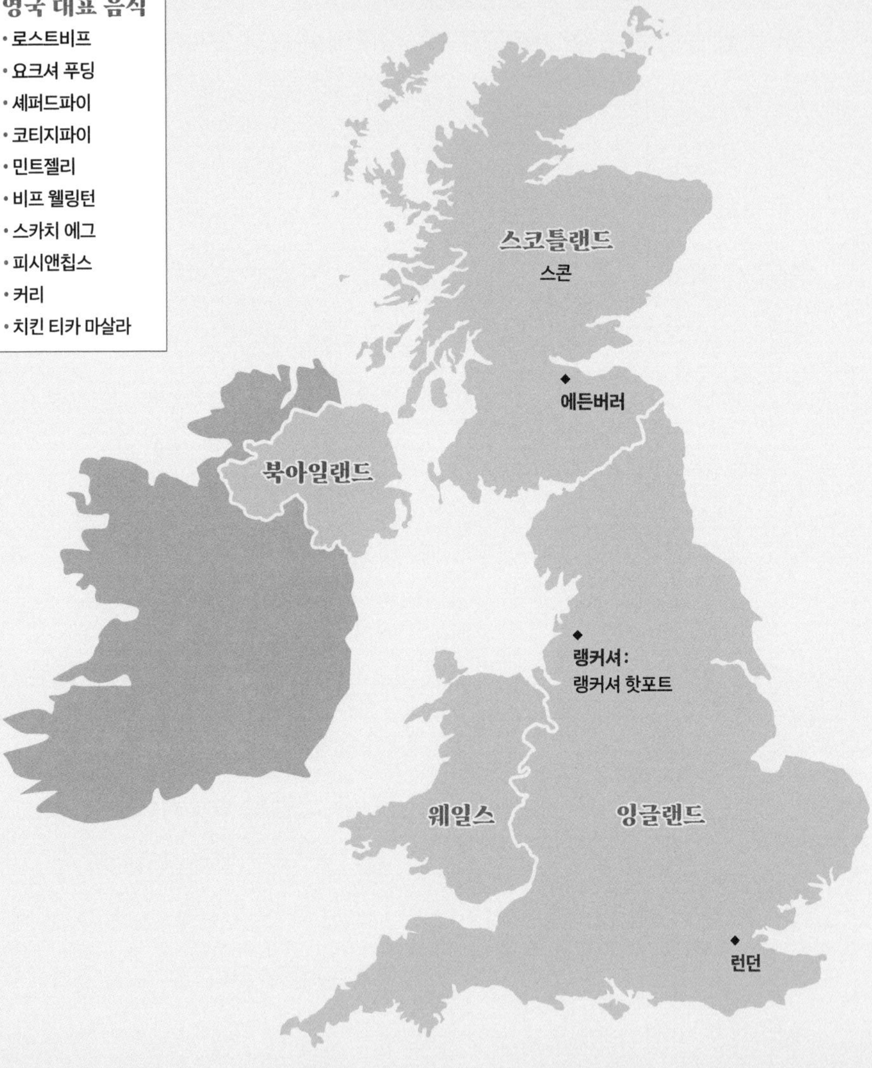

스코틀랜드
스콘
에든버러
북아일랜드
랭커셔:
랭커셔 핫포트
웨일스
잉글랜드
런던

영국·네덜란드 요리, 이건 꼭 알아야 해

육식 금지와 청어 장려,
청어가 불러온 네덜란드 부흥

육식 금지로 반사이익을 누린 청어

중세 가톨릭은 뜨거운 음식인 붉은 색깔의 육류를 금기시했다. 고기의 열이 인간 하체를 달궈 육체 욕망(육욕)을 키운다고 봤다. 다만, 영양소가 풍부한 고기를 완전히 끊기는 어려워 성일(성스러운 날)에만 고기를 금했다. 한데, 가톨릭이 인정한 성일이 늘어나며 성일이 1년에 절반이 넘게 되었다. 고기를 먹을 수 있는 날이 그만큼 줄어들게 된다. 살기 위해선 단백질과 지방을 섭취해야 했다. 육즙이 흐르는 고기 대신에 비린내 나는 생선을 먹게 된다. 오병이어(五餅二魚, 빵 5개, 생선 2마리로 5,000명을 먹임)의 기적을 예수가 보여주었듯 생선은 가톨릭에서도 금기시하지 않았다. 가톨릭에선 생선을 장려하기도 했다. 생선은 성질이 차가워 육욕을 억누르기 좋다면서 말이다. 가톨릭의 숱한 금식일에 생선이 중요하게 쓰이게 되었고, 생선이 경제의 핵심요소가 되었다. 생선에 대한 거대 수요가 만들어지고, 생선시장은 거대 Market이 되었다. 독일의 뤼베크, 노르웨이의 베르겐 등에서 엄청나게 잡히는 청어를 먼 곳으로 운반하기 위해 청어 염장법을 발견한다. 청어는 기름기가 많아 쉽게 변질된다. 냉장고가 없던 시절, 청어를 소금에 절이면 청어가 쉽게 상하지 않음을 알게 된 거다. 발트해와 북해 도시 상인들은 서로 해로, 육로상의 안전을 지키고, 외부세력을 배척하는 독과점 체제를 유지한다. 독일어로 단체를 의미하는 한자동맹을 만든다. 최전성기에는 가맹도시가 200개에 달할 정도로 상업 기반의 강력한 세력체를 만들었다. 지중해 유럽무역 중심이 한자동맹으로 강화됨을 의미한다. 유럽 주요 도시에는 한자동맹 무역기지(상관)가 세워지고, 한자동맹 무역선들은 청어를 싣고 유럽 전역을 누볐다. 청어를 잡고, 소금으로 염장하고, 원거리 판매를 하는 모든 과정이 경제적인 이윤 추구를 불러왔다. 청어를 잡기 위한 배를 만드는 조선, 염장용 소금 생산, 운반상자를 만드는 목재 생산 등 산업 발전을 불렀다. 청어로 흥한 독일 뤼베크는 한자동맹 무역의 핵심지역으로 커나갔다. 뤼베크 인근 도시 뤼네부르크도 소금도시로 흥한다. 염장을 위해선 소금이 필수요소였기 때문이다. 뤼베크가 소금을 독점 사용하면서 뤼베크가 청어 어업의 중심지가 된다. 발트해 인근 어부들이 청어를 잡아 오면, 뤼베크에서 염장을 하고, 영국, 플랑드르, 북프랑스 상인들이 염장청어를 사기 위해 뤼베크에 몰려들었다.

청어잡이로 흥했던 한자동맹

한자Hansa(Hanse, 한제)는 중세 독일도시의 상인조합이다. 한자동맹Hanseatic League은 독일 북부 상업도시뤼벡, 함부르크, 브레멘, 쾰른 등 중심으로 주변 여러스웨덴, 덴마크, 러시아 등 도시 간 무역공동체였다.13~17세기 뤼베크 지역 인근에 상인 집단 거주지를 만들고 각종 특권을 부여한 게 시작이다.12세기 그 특권 중 하나는 자치권자유를 보장이다. 자유를 통해 내부의 일을 독립적으로 처리할 수 있었다. 자치권 보장은 지역 통치자들이 큰 교역망을 갖춘 한자동맹을 그 지역에 유치하기 위함이었다.

한자동맹은 플랑드르프랑스 북부, 벨기에, 네덜란드 남부 등에 대한 대항으로 성립되었다. 플랑드르는 영국산 양털양모를 가져와 가공하는 모직물 공업이 발달했었다. 신성로마제국은 황제의 중앙 지배력이 약했다. 제국 내 제후국과 도시국가 간 정치적 결속력도 강하지 않았다. 대신에 도시 간 상업적인 네트워크만은 강했다. 한자동맹에는 자유도시가 많았다. 자유도시는 황제로부터 자치권(황제 직할령)을 얻은 상공업 도시다.

13세기 상업이 발달하면서 봉건제도에 변화가 생긴다. 봉건제도는 영주 토지에서 소작농들이 농사를 짓고 소작료를 내는 구조다. 한데, 상인들은 토지에 얽매일 이유가 없었다. 1)자유도시를 만들고, 2)영주로부터 독립해 3)황제 직할령으로 자치권을 누렸다. 한자동맹은 자체 해군 등 군대를 보유해 북유럽 교역로를 독점했다. 서쪽으로는 영국과 북해영국 동쪽 바다, 동쪽으로는 발트해독일 위 바다까지 영향을 미쳤다. 유럽 주요국영국, 벨기에, 스웨덴, 러시아 등에 상관을 설치하기도 했다. 영국산 양모, 플랑드르 모직, 스웨덴과 러시아 목재, 함부르크 맥주 등 사업영역도 커졌다. 대항해시대 이전 한자동맹이 무역 중심지 역할을 했다. 한자동맹의 주 수입원 중 하나는 청어잡이였다. 유럽 전체가 가톨릭을 믿던 시절, 청어는 사순절육류 금지이나 겨울철육류 공급 어려움 단백질원이었다. 군의 비상식량으로서도 좋았다. 청어를 잡고 무역하기 위해 조선산업, 염장용 소금업, 청어 운반용 목재산업까지 함께 성장했다. 특히, 북유럽은 흐린 날씨가 많아 염장을 해야 했다. 덕분에 염장을 위한 소금교역발틱해 연안 암염광산도 번성했다. 한자동맹은 청어를 팔아 양모영국, 모직물플랑드르, 목재스웨덴, 러시아 등을 사서 다른 지역에 팔기도 했다. 참고로 루프트한자 항공의 '한자Hansa'가 한자동맹에서 유래했다.

청어의 이동이 불러온 한자동맹의 쇠퇴

한자동맹은 회원제 조직일 뿐, 연방제 등 정치조직으로 발전하지는 못했다. 그 결과 1)독일 내 군주국가프로이센, 브란덴부르크, 해상강국 영국, 네덜란드 등에 밀려났다. 금융산업이 발전한 네덜란드 등은 낮은 금리로 선박 제조 자금 조달이 가능했다. 대형 상선대를 조직할 수 있었고, 대형 상선대를 통한 대서양 해양무역이 활발해지자 한자동맹이 쇠퇴하게 된다. 2)종교개혁으로 한자동맹 도시 간 분열이 일어났다. 독일 전역이 30년 종교전쟁1618~48년이 벌어지고, 종교

갈등으로 서로 갈라서게 되었다. 3)무엇보다 청어 산란장소가 발트
해독일 앞바다에서 북해네덜란드 앞바다로 이동했다. 청어가 옮겨 간 네덜
란드는 막대한 부를 얻게 된다. 결국 한자동맹은 17세기 이후 급격
한 쇠퇴를 맞는다. 길드(도제식 전문 기술자)도 근대산업 발달과 함께
힘을 잃었다.

청어잡이가 불러온 네덜란드의 발전

경제학의 아버지, 잉글랜드인 애덤스미스가 그의 책 『국부론』1776년
에서 네덜란드를 부러워했다. "땅도 작고 인구도 적은데 잉글랜드
보다 훨씬 부자다. 네덜란드 정부는 연 2%에 화폐를 빌릴 수 있다."
며 흠모했다. 한때 잉글랜드인도 부러워한 네덜란드는 대체 어떻게
부자가 되었던 걸까? 그 시작은 청어에서부터다. 등푸른 생선, 청어
몸 길이 35cm로 정어리보다 큰는 전어, 과메기청어 눈을 꿰어 겨울에 말림로 친숙한
물고기다. 악취음식인 수르스트뢰밍스웨덴 전통 염장청어도 청어로 만들
었다. 유럽은 염장한 청어가 꼭 필요했다. 사순절부활절 전 40일간에 육
류고기를 금지한 대신에 생선은 허용했다. 청어잡이가 돈이 된 이
유다. 원래 청어는 독일 북부 발트해 연안에서 잡혔다. 덕분에 발트
해 연안 90여 개 도시가 한자(Hansa)동맹으로 성장했다. 한자동맹은
청어잡이로 먹고살 만한 자유도시들끼리 만든 경제공동체다. 자유
도시 안에서는 길드라는 도제식 전문 기술자들을 양산해 냈다. 한
데, 15세기 초 바닷물 온도가 바뀌자, 청어가 북해에 가서 알을 낳기

시작했다. 청어는 해류를 따라 움직이는 회유성 어종이다. 산란철에는 청어 떼가 해안을 덮을 정도로 많아, 청어를 쉽게 잡을 수 있다. 해류가 바뀌면 청어의 이동경로도 변한다. 청어 이동경로가 바뀔 때마다 도시와 국가 운명이 바뀌었다. 청어의 이동경로 변화가 바이킹의 브리튼섬(영국) 침략 요인으로도 이야기된다. 바이킹의 주 식량은 청어와 대구였다. 먹을 생선이 바이킹 거주지 근해에서 잡히면 브리튼섬 침략이 잦아들었다. 반면, 청어가 서쪽으로 이동하면 정복 활동에 나섰다. 바이킹은 청어잡이가 활발한 지역 위주로 정복에 나섰다.

네덜란드 앞바다에 청어가 몰려오니 한자동맹은 기울고, 네덜란드가 흥하기 시작했다. 당시 네덜란드 인구의 20~30%가 청어잡이에 나섰다. 배 위에서 내장을 제거하고 소금 치고 통에 넣는 염장법도 발전했다. 배 위에서 염장을 하고 포장하면 연락선이 이를 가져갔다. 청어를 잡는 동시에 염장하고 이를 육지에 보내는 시스템이기에 어획량도 크게 늘었다. 한자동맹은 항구로 가져온 뒤에야 염장을 했지만, 청어를 배 위에서 바로 염장(빙겔루이빙)을 하다 보니 1년 이상 보관이 가능했다. 염장을 위해 비싼 독일산 암염돌소금 대신에 스페인산 값싼 소금을 들여왔다. 새로운 청어처리법과 염장법은 청어 보관 기간을 크게 늘리며 한자동맹보다 우위에 서게 된다. 네덜란드는 염장청어를 수출해 부자가 되어갔다. 네덜란드가 스페인과의 80년 전쟁 끝에 독립베스트팔렌 조약한 것도 청어잡이 무역에 힘을 보탰다.

네덜란드인의 청어 사랑, 더치헤링(절임청어)

청어는 청어목 청어과의 등푸른 바닷물고기다. 영어권에선 헤링(Herring)이라 부른다. 독일어 Heer(군대)에서 유래한 것으로, 청어 떼가 움직이는 모습이 군대 이동처럼 보인다는 데서 유래했다. 청어에는 아스파라긴산, 메티오닌 등의 아미노산, 오메가3 지방산이 풍부하다. 비타민E가 많아 노화 예방 효과도 있다. 네덜란드에선 더치헤링을 즐겨 먹는다. 더치헤링(절임청어)은 우리 젓갈과 비슷하다. 발효 정도에 따라 맛에 차이가 난다. 청어를 소스(와인, 식초, 양파, 소금)에 넣고 일주일 정도 냉장고에서 숙성시키면 된다. 더치헤링은 빵에 끼워서 먹기도 하고, 잘게 썬 양파와 함께 먹기도 한다. 스웨덴 등 유럽 북부지역에선 수르스트뢰밍을 먹는다. 수르스트뢰밍은 발트해 청어에 소금 간을 하고 열처리나 멸균처리 없이 만든 통조림이다. 완성된 통조림 안에서도 발효가 계속 되기에 세계 최고 악취음식으로도 유명하다.

비스마르크 청어(헤링)는 철혈재상 비스마르크와 관련 있다. 19세기 독일의 생선가게 주인(요한 비히만)은 비스마르크에게 염장청어를 선물했다. 선물을 하면서 비스마르크에게 그의 이름을 상표로 쓰게 해달라고 요청한다. 비스마르크는 이를 허락했고, 이후 독일에서는 염장청어를 비스마르크 청어라 부르게 된다. 만드는 방법은 소금에 절인 청어에 식초, 설탕 등을 더해 삭힌다. 독일, 폴란드 등에서 주로 즐긴다.

과메기는 경북 포항의 대표적 먹거리다. 청어(꽁치)를 겨울 찬바람에 얼렸다 녹였다를 반복하며 그늘에 말린 결과물이다. 과메기는 관목어(貫目魚, 끈으로 눈을 꿰어 말린 생선)에서 유래했다. 주로 청어로 과메기를 만들어 왔는데, 1960년대 이후 우리나라에 청어가 잡히지 않아 꽁치를 대신 쓰기 시작했다. 관목의 포항식 사투리가 과메기다.

헤링에서 유래한 레드헤링과 헤링본

레드헤링 Red Herring은 붉은 훈제청어를 가리킨다. 한데, 사람의 주의를 다른 데로 돌린다는 의미도 내포한다. 즉, 논쟁 등에서 논점을 흐리고, 엉뚱한 곳으로 상대의 관심을 돌리는 수단을 말한다. 훈제청어는 독한 냄새로 인해 유럽에서 여우 사냥개의 후각 단련에 썼다. 또한 사냥감을 쫓던 개가 훈제청어 냄새를 맡으면 혼란스러워 사냥감을 놓치기도 했다. 그로 인해, 레드헤링은 거짓신호를 의미한다. 미국 투자은행들은 신규기업들의 초기 사업계획서를 레드헤링으로 불렀다. 그럴듯하게 포장된 내용에 속지 말라는 경고 의미가 담겼다. V자 사선무늬로 된 직물을 헤링본 Herringbone이라 한다. 청어에는 가시가 많다. 헤링본은 '청어의 뼈'란 의미로 청어의 가시 모양에서 유래했다.

영국 국왕 대관식에 쓰이는 운명의 돌과 스콘

잉글랜드와 스코틀랜드 간 역사적 갈등

영국의 나라 이름은 그레이트 브리튼 북아일랜드 연합왕국The United Kingdom of Great Britain and Northern Ireland이다. 영국은 브리튼섬의 1)잉글랜드, 2)스코틀랜드, 3)웨일스와 아일랜드섬의 4)북아일랜드로 구성된다. 축구 월드컵에 4개의 국가로 출전할 정도로 지역별 독립심도 강하다. 잉글랜드와 스코틀랜드·웨일스 간 통합1707년, 아일랜드 왕국과의 연합1800년, 아일랜드 공화국 독립+북아일랜드 잔류1922년 등의 역사를 거쳤다. 특히, 잉글랜드의 침략을 받았던 스코틀랜드(켈트족)는 잉글랜드(앵글로·색슨족)에 대한 감정이 좋지 못하다. 잉글랜드가 영국 권력의 중심이다 보니 스코틀랜드는 소외되곤 했다. 북해유전의 거의 대부분이 스코틀랜드 지역인데도, 영국 중앙정부가 이익을 가져가는 데 대한 불만도 있다. 그 결과 2014년에는 영국에서 분리독립 주민투표까지 한 적도 있다. 반대표55%가 더 많아 독립이 되진 않았지만 말이다. 스코틀랜드는 영국의 EU 탈퇴(브렉시트Brexit, 영국을 뜻하는 'Britain'과 탈퇴를 의미하는 'exit'의 합성어)에서도 잉글랜드 지역과 달리 EU 잔존을 원했다.

스코틀랜드 축구팀 셀틱의 셀틱은 '켈트족의'라는 뜻이다.

하두리아누스 성벽은 잉글랜드와 스코틀랜드 사이에 놓인 고대 로마시대의 성벽이다. 켈트족은 2,400여 년 전 브리튼섬에 이주한 뒤 고대 로마의 침략에 저항했다. 고대 로마는 1세기에 웨일스, 잉글랜드를 침략해 지배했다. 북부 스코틀랜드는 독립을 지켜냈고, 로마는 120여km 방어 성벽을 지었다.122년 당시 로마 황제 이름하두리아누스 황제을 넣어 하두리아누스 성벽이라 불린다. 로마제국이 몰락하며 5~6세기 게르만족 계열인 앵글로·색슨족이 브리튼섬에 침략하기 시작했다. 브리튼 평야지대를 차지하고 9세기 초 로마 세력을 축출한다. 켈트족도 브리튼섬의 북쪽(스코틀랜드), 서쪽(웨일스), 아일랜드섬으로 쫓겨난다. 결국 브리튼섬에는 남부 잉글랜드, 북부 스코틀랜드가 세워졌다. 이후 앵글로·색슨족은 브리튼섬을 통합하려 한다. 그중 대표적인 인물이 잉글랜드의 에드워드 1세다. 에드워드 1세1239~1307년는 스코틀랜드를 침략해 왕위를 빼앗는다.1296년 하지만, 이듬해부터 스코틀랜드는 잉글랜드 지배에 대항해 나가고, 1328년 스코틀랜드는 잉글랜드로부터 완전히 독립한다. 스코틀랜드 독립

영웅으로 추앙받는 윌리엄 월리스는 스털링 다리 전투에서 5,000여 농민군으로 2만 5,000여 잉글랜드 군을 무찌르기도 한다. 스털링 다리는 말 탄 병사 2명이 겨우 지나갈 정도로 좁은 다리였다. 좁은 다리를 건너던 잉글랜드 군은 스코틀랜드 군의 기습으로 목숨을 잃는다. 월리스는 영화 〈브레이브하트〉의 주인공이기도 하다. 영화 〈브레이브하트〉 마지막 장면에서 월리스가 잉글랜드 군에 잡혀 죽음을 앞두고 프리덤Freedom(스코틀랜드의 독립)이라 외친다. 에드워드 1세는 스코틀랜드 저항군을 이끌던 월리스를 잔혹하게 처형하고 만다.1300년 당시 스코틀랜드군의 사기를 드높이려 분 악기가 백파이프다.

엘리자베스 1세와 스코틀랜드 여왕 메리 1세

이후 두 나라는 왕족들끼리 전쟁을 막기 위해 결혼으로 동맹을 맺었다. 잉글랜드의 엘리자베스 1세 여왕이 후손 없이 사망하자 스코틀랜드 국왕인 제임스 1세가 잉글랜드와 스코틀랜드 국왕을 겸하게 된다. 잉글랜드와 스코틀랜드는 연합왕국으로 들어서게 된 것이다.1707년 제임스 1세는 스코틀랜드 여왕인 메리 1세의 아들이다. 메리 1세의 본명은 메리 스튜어트다.

\# 스코틀랜드 여왕 메리 1세는 잉글랜드 여왕을 한 피의 메리 (블러디메리)라 불린 메리 1세와는 다른 메리다. 블러디메리는 엘리자베스 1세의 언니이기도 하다. 스코틀랜드 여왕 메리 1세는 영국 여왕 엘리자베스 1세와는 친척관계다.

메리 1세(메리 스튜어트)는 태어난 지 6일 만에 스코틀랜드 여왕이
된다. 이후 프랑스 왕비남편 프랑수아 2세가 되었지만, 결혼 1년 만에 남
편이 죽는 바람에 스코틀랜드로 돌아온다. 이후 스코틀랜드 종교분
쟁과 반란으로 메리는 여왕 자리에서 쫓겨난다. 메리는 친척벌인 엘
리자베스 1세가 있는 잉글랜드로 도망친다. 호시탐탐 잉글랜드 왕
위를 노리던 메리는 역모가 탄로나 사형에 처해진다. 아이러니한 건
엘리자베스 1세 다음 왕위를 계승한 건 메리 1세의 아들이자 스코
틀랜드 국왕 제임스 1세(스튜어트 왕조)였다. 1603년 제임스 1세는 화
폐 통일, 유니언잭 국기를 만드는 등 잉글랜드와 스코틀랜드 통일
정책을 적극적으로 추진했다. 그런 노력으로 1707년 두 나라는 양
국 의회에서 연방법을 통과시켜 합쳐진다.

유니언 잭은 잉글랜드 (성 조지의 십자가)+스코틀랜드 (성 앤드루의 십자가)+아일랜
드 (성 패트릭의 십자가)가 합쳐져서 만들어졌다.

영국 국왕 대관식에 쓰이는 운명의 돌

영국 국왕 대관식에는 국왕이 앉을 의자 안에 운명의 돌Stone of
Destiny이 설치된다. 납작한 사각형 모양인 운명의 돌은 스코틀랜드
왕권의 상징이다. 9세기 초부터 스코틀랜드 왕들이 이 돌 위에 앉아
대관식을 치렀다. 스코틀랜드 왕의 대관식이 열린 지역인 스콘 이름
을 따 스콘Scone의 돌이라 불렀다. 전설에 따르면 야곱이 천사와 씨
름하는 꿈을 꿀 때 베고 있던 돌이라고 한다. 야곱이 기근을 피해 이

집트(애굽)로 갈 때 옮겨졌다가, 이집트 파라오 딸의 손에 돌이 들어갔다. 그 후 스페인, 아일랜드 등을 거쳐 스코틀랜드로 흘러 들어갔다. 하지만, 대영제국을 꿈꾼 잉글랜드 에드워드 1세가 스코틀랜드를 침공하고 전리품으로 돌을 가져갔다. 1296년 이후 헨리 4세부터 특별히 만든 의자에 넣어져 잉글랜드 왕 대관식에 쓰였다. 오랜 기간 런던에 있던 돌을 1950년 스코틀랜드 대학생들이 훔쳐낸다. 스코틀랜드 사원에서 발견된 돌은 다시 런던으로 옮겨진다. 1996년 운명의 돌은 원래 주인인 스코틀랜드에 영구 반환되었다. 다만, 영국 국왕의 대관식 때만 대관식이 열리는 웨스트민스터 사원으로 가져갈 수 있다. 지금 운명의 돌은 스코틀랜드 왕궁이었던 에든버러성에 보관 중이다.

\# 운명의 돌 : 길이 66cm, 폭 43cm, 높이 27cm, 무게 152kg

운명의 돌 이름을 딴 영국 대표 빵, 스콘

스콘Scone은 홍차와 함께 즐기는 영국 대표 빵이다. 빡빡하지만 부슬부슬한 식감이 홍차와 잘 어울린다. 밀가루 반죽에 베이킹소다나 베이킹파우더를 넣어 부풀려 만드는 영국식 퀵 브레드Quick Bread다. 겉은 바삭, 속은 촉촉한 겉바속촉 빵으로 초코칩, 견과류 등을 함께 넣기도 한다. 스코틀랜드에서 귀리와 버터밀크를 넣고 만들어졌던 게 그 기원이다. 스콘은 금방 반죽해 구울수록 더 맛있기에 반죽을 하자마자 구워내야 한다. 스콘을 빨리 구워내고 식혀서 냉동실에 넣어두었다가 오븐에 데워 먹으면 된다. 영국인들은 스콘은 칼을 쓰지 않고 손으로 반을 잘라 잼, 클로티드 크림, 버터 등을 곁들여 오후 티타임에 먹는다. 이를 영국에선 '크림티'라고 부른다. 즉, 크림티는 홍차에 (잼, 클로티드 크림을 바른) 스콘을 함께하는 티타임이다. 클로티드 크림은 뻑뻑한 노란 크림으로 버터와 생크림의 중간쯤으로 보면 된다. 고지방 우유로 만들기에 일반 크림보다 지방 함량이 훨씬 높다. 탕수육의 부먹, 찍먹 갈등처럼 영국인들은 스콘에 잼을 먼저 바를 것이냐, 크림을 바를 것이냐를 놓고 논쟁을 한다. 스콘은 스코틀랜드 국왕 대관식에 쓰던 성스러운 돌 이름스콘에서 유래했다는 기원설이 있다. 잉글랜드가 이 돌을 약탈하고 돌려줬는데, 그 순간을 기념하려 이 돌의 이름을 빵에도 붙였다는 것이다. 다른 유래로는 네덜란드어로 '아름다운 빵'이란 의미의 스쿤브롯Schoonbort에서 비롯되었다는 기원설도 있다. 스콘은 원형, 삼각형, 부채꼴, 사격형 등 모양이 다양하다. 우리에게 익숙한 스콘은 비스킷처럼 파삭한 미국식 스콘이다. 영국식 스콘은 겉바속촉(겉은 바삭, 속은 촉촉)한 느낌이다.

영국 콘월 지역(잼 먼저)에선 잼을 먼저 바르고 크림을 얹는다. 크림 본연의 맛을 더 느끼기 위해서다. 반면, 데번 지역(크림 먼저)에선 크림을 먼저 바르고 잼을 얹는다. 갓 구워낸 스콘 속으로 크림이 스며드는 게 중요해서다.

영국의 고기 문화, 로스트비프와 선데이로스트, 셰퍼드파이

영국의 로스트비프와 선데이로스트

영국인들은 음식 자체의 맛을 중시한다. 영국의 전통요리들은 삶거나 오븐에 익히는 조리법을 주로 사용하고 향신료를 많이 사용하지 않는다. 육류를 가볍게 양념해 굽거나 익힌 후 우스터소스(안초비, 식초, 간장, 마늘, 각종 향신료 섞음) 정도를 뿌려 먹는다. 영국의 전통음식으로는 로스트비프가 유명하다. 프랑스인들이 영국인을 빗대어 로스트비프라 부를 정도로 영국을 대표한다. 로스트비프Roast beef는 소고기를 오븐에 덩어리째 구워낸 요리다. 구운 고기를 얇게 썰어 식탁에 내놓는다. 덩어리 고기를 구워내기에 여럿이 모여서 먹도록 고안된 음식이다. 원래는 화로 앞에서 커다란 꼬챙이에 고기를 끼워 천천히 돌려가며 익혔다. 로스트비프는 익힌 야채(감자, 브로콜리, 당근 등), 그레이비 소스, 요크셔 푸딩을 곁들여 먹는다. 감자는 기름을 머금어 안은 포슬포슬, 바깥은 누룽지처럼 바삭하다. 그레이비 소스Gravy는 고기를 구울 때 나오는 육즙에 적포도주를 넣어 만든다.

로스트비프는 영국 가정에서 일요일 점심에 먹는 경우가 많다. 옛날에는 종교적 이유로 금요일에 생선을 먹었고, 일요일 교회를 다녀온 뒤 온 가족이 모여 고기를 먹던 관습이 남아서다. 이런 일요일의 음식 문화를 선데이로스트Sunday Roast라고 한다. 선데이로스트는 음식을 나누어 먹는 단란한 영국 가정의 단면을 보여준다. 집에서 먹을 때는 가장이 고기를 잘라서 나눠주는 게 전통이다. 일요일 교회에 가기 전 고기를 오븐에 넣어두고 예배 후 집에 와서 고기를 맛본다. 선데이로스트는 점심에 먹지만 정찬이란 의미로 로스트 디너로도 부른다. 로스트 요리는 낮은 온도에서 장시간 조리하는 방식이다. 스테이크는 로스트에 비해 얇게 썬 고기를 조리한다.

로스트비프와 곁들이는 요크셔 푸딩

로스트비프와 곁들이는 음식으로 요크셔 푸딩Yorkshire Pudding이 있다. 밀가루, 우유, 달걀을 반죽한 뒤 고기를 굽는 과정에서 나오는 기름으로 구워낸다. 옛날 가난한 주부들이 고기 구울 때 나오는 육즙을 받아 밀가루를 섞어 구워냈다. 많은 이들이 고기 맛을 볼 수 있게 하려 만들었던 거다. 이름은 푸딩이나 단맛의 젤리 푸딩보다는 밀가루 풀빵에 가깝다. 고기 단백질에 곁들이는 탄수화물인 셈이다. 우리로 치면 고기와 함께 먹는 공깃밥 정도다. 고기가 귀하던 시절 많은 이가 배를 불리기 위해 함께 먹었다고 한다. 사발처럼 움푹한 모양 안에 소시지, 고기, 잼 등 다양한 재료를 담아 먹기도 한다. 다만, 요크셔 푸딩은 따뜻할 때 먹어야 한다. 시간이 지나면 부푼 반죽이 가라앉으며 바삭한 식감이 사라진다.

영국인의 집밥메뉴, 셰퍼드파이와 코티지파이

음식Food은 있어도 요리Cuisine는 없다는 비아냥을 듣는 영국이지만, 양고기는 나름 영국이란 나라를 대표하는 요리다. 농사짓기 힘든 영국의 기후적 특성으로 영국 귀족들은 양을 키워왔다. 덕분에 양고기는 영국 식문화의 중요한 부분이 되었다. 영국인의 일요일 전통식사인 선데이로스트에도 양고기를 넣어 먹기도 했다. 영국에선 여럿이 먹기 위해 만든 로스트 고기를 일요일엔 뜨겁게, 월요일엔 차갑게, 화요일엔 볶아서, 수요일엔 다져서, 목요일엔 커리로, 금요일엔 국물요리로, 토요일엔 코티지파이로 먹는다는 표현이 있다. 셰퍼드파이나 코티지파이는 일반적으로 가정집에서 선데이로스트를 하고 남은 고기를 활용한다. 셰퍼드파이나 코티지파이는 영국인들이 식구들과 함께하는 평범한 집밥 메뉴다. 워낙 집밥 이미지가 강해, 손님용으로 만든다거나, 식당 메뉴로 올리는 경우가 적어, 외부인이나 관광객들이 경험하기 쉽지 않은 요리이기도 하다. 사실, 셰퍼드파이(코티지파이)는 파이라는 말이 어색한 요리다. 파이라면 달달한 디저트로 생각한다만, 이 요리는 짭짤한 고기 식사다. 파이에 쓰이는 밀가루 반죽 없이 고기 위에 이불처럼 매쉬포테이토를 덮어 바삭하게 구워낸다. 매쉬포테이토는 삶은 감자에 버터와 우유를 넣고 으깬 상태다. 안에 들어가는 고기가 양고기이면 셰퍼드파이, 소고기이면 코티지파이다. 셰퍼드파이Shepherd's Pie는 양치기(셰퍼드)가 먹는 파이라는 뜻에서 유래했다. 셰퍼드Shepherd는 '양치기', 코티지Cottage는 '시골집'을 의미한다. 날씨가 추워지면 우리가 국밥을 찾듯 영국인은 고기파이를 떠올린다고 한다.

\# 영국이 식민지 개척에 나서면서 양은 영국인의 배에 실려 식민지로 떠났다. 한데, 미국에선 양 목축이 정착하지 못한다. 미국 들판에는 늑대 등 양을 잡아먹는 동물들이 많았다. 양이 어린 풀까지 다 먹다 보니 미국 서부 풀밭이 황폐화되었다. 미국에선 양 대신에 소를 목축 대상으로 삼게 된다. 반면, 호주와 뉴질랜드에선 양 목축이 뿌리를 내린다. 딩고 외에는 맹수가 없고, 풀이 빠르게 자라나는 호주와 뉴질랜드에선 양 목축업이 크게 성공하게 된다.

랭커셔 지역의 양고기 스튜인 랭커셔 핫포트

랭커셔 핫포트Lancashire Hotpot는 영국 북서부 랭커셔 지역의 양고기 스튜다. 섬유 산업이 발전해 왔던 랭커셔 면화공장 노동자들의 핫포트(소고기나 양고기를 감자와 함께 넣어 찐 요리)에서 출발했다. 노동자들이 일하는 동안 오븐 안에서 천천히 요리되어 퇴근 후 집에 돌아와서 먹을 수 있게 만들어졌다. 전통적으로 나이 든 양고기 머튼을 사용해 오래도록 오븐에 구워 질긴 고기 질감을 부드럽게 했다. 무거운 냄비에 양고기, 양파, 얇게 썬 감자를 넣어 만든다. 냄비 맨 아래에 감자를 깔고, 그 위에 양파, 구운 양고기를 올린 다음에, 맨 위에 감자를 덮는다. 감자에는 녹인 버터를 바르고 낮은 온도로 오븐에서 장시간 구워낸다. 맨 위 감자 겉부분은 바삭한 식감을 준다. 아이리시 스튜는 아일랜드 전통음식으로 고기, 감자, 양파를 푹 끓여낸 스튜다. 아일랜드에서도 늙은 양이나 생산 활동이 불가능한 양을 조리해 아이리시 스튜를 만들어 먹었다.

양고기용 소스, 민트젤리

양고기는 특유의 고기 냄새가 강해 강한 향신료가 들어가는 경우가 많다. 그런 향신료 중 하나가 민트젤리다. 영국에선 양고기에 민트 소스를 더해서 먹는데, 양고기의 고기 냄새와 기름진 맛을 잡아준다. 민트젤리는 민트와 설탕 등으로 만든 소스다. 소스이지만 식감은 젤리처럼 말캉말캉하다. 민트 향이 더해진 청량한 단맛이다. 민트 향이 입안을 개운하게 해주고 음식 맛을 더한다.

푸딩

오븐에 굽거나 냉장고에서 서서히 굳히는 푸딩

푸딩Pudding은 대항해시대에 만들어졌다. 항해 막바지 배에 남은 밀가루, 우유, 쿠키 등을 모아 쪄 먹었던 것에서 유래한다. 이 조리법은 일반 가정에도 전해져 오늘날 푸딩으로 발전했다. 푸딩은 달걀, 설탕, 우유 등을 섞어 만든다. 각각의 함량에 따라 맛이 달라진다. 만드는 방식은 1)오븐에 굽거나 2)냉장고에 두고 서서히 굳힌다. 1)오븐에 구우면 탱탱한 식감을, 2)냉장고에 넣어두면 부드러운 맛을 추구한다. 빵과 젤리 중간 정도 형태의 부드러운 식감을 준다. 오븐 없이 만들려면 젤라틴, 한천을 넣어 흐믈거림을 막는다.

대표적인 푸딩으로는 커스터드 푸딩Custard Pudding이 있다. 커스터드는 식용크림의 일종으로, 달걀노른자, 우유 등을 넣어 약한 불로 가열한 혼합물이다. 커스터드를 굽거나 찌면 커스터드 푸딩, 전분(밀가루나 콘스타치(옥수수 전분가루) 등)을 첨가해 끓이면 커스터드 크림이다. '브레드 앤드 버터푸딩'은 오븐에 구워낸 푸딩이다. 버터 바른 빵을 겹겹이 쌓은 다음, 커스터드를 부은 후 구워 만든다. 먼저, 슬라이스된 식빵에 버터를 바르고, 오븐용기에 차곡차곡 담는다. 그 위에 커스터드를 붓고 건포도를 토핑해 굽는다. 우유, 달걀이 들어가서 부드러움과 오븐에 구워서 바삭한 빵의 식감까지 즐길 수 있다. 수플레Souffle는 '부풀어 있는'이란 의미의 프랑스어다. 부풀려져서 부드러운 식감을 주는 케이크 정도로 보면 되겠다. 머랭(달걀 흰자 거품반죽)에 다양한 재료를 섞은 다음에 오븐에 구워낸다.

우리에게 푸딩은 달콤하고 부드러운 디저트지만, 영국에선 소시지로 만든 푸딩도 있다. 블랙푸딩Black Pudding은 영국식 순대(소시지)다. 이름이 블랙푸딩인 이유는 굽고 나면 검은색이어서 그렇다. 고대 그리스나 로마에서 동물 피를 굳혀 소시지를 만들던 전통을 이어받았다. 블랙푸딩은 가난한 이들이 즐기던 요리였다. 중세 유럽 가난한 가정에서도 돼지를 길렀고, 값싼 오트밀(보리)을 돼지 창자에 넣었다. 쉽게 상하기 쉬운 피를 창자에 채우고, 뜨거운 물에 익혀 오래 보관해 먹기 위해서였다. 블랙푸딩은 영국식 조식(잉글리시 브랙퍼스트)에 포함된 메뉴이기도 하다. 얇게 썰어서 겉을 바삭하게 구워서 먹는다.

워털루 전투 영웅
웰링턴 장군과 비프 웰링턴

나폴레옹의 몰락을 가져온 워털루 전투

나폴레옹 보나파르트1769~1821년. 이름이 나폴레옹, 성이 보나파르트다. 이탈리아식 이름 '나폴레오네 디부오나파르테'를 프랑스식으로 바꿨다. 나폴레옹은 이탈리아 앞에 있는 코르시카섬 출신이다. 코르시카는 이탈리아 제노바가 소유했었다만, 독립을 부르짖는 탓에 프랑스에 팔렸다.1767년 나폴레옹이 태어나기 직전이다. 지금도 코르시카는 프랑스 땅이다. 나폴레옹의 아버지가 코르시카 독립운동에 몸담았다가 이후 프랑스 편에 섰다. 덕분에 촌동네 하위 귀족 작위를 받게 된다. 당시 프랑스 군사학교는 귀족 자제만 입학할 수 있었는데 아버지 덕에 나폴레옹은 입학 자격요건을 취득했다. 아버지는 10살 나폴레옹을 군사학교에 보낸다. 나폴레옹은 사관학교 졸업 후 전투에서 승리하며 인기가 높아진다. 당시 유럽의 국왕들은 프랑스 혁명1789~94년 이후 혁명 바람이 유럽에 확산될까 두려워했다. 유럽 여러 나라가 대(對) 프랑스동맹을 맺고 프랑스와 싸우던 시절이었다. 나폴레옹은 전쟁의 공 덕에 인기를 얻고 프랑스 권력을 장악해 황제로 즉위한다. 스페인, 프로이센, 오스트리아 등 유럽 대부분을 점령하고 프랑스 영토를 넓혔다. 하지만, 러시아 원정1812년에서 추위와 굶주림으로 몰락하기 시작했다. 대프랑스 동맹군에게 파리를 빼앗기고 엘바섬으로 쫓겨났다.

나폴레옹이 엘바섬으로 유배된 뒤에 프랑스에선 왕정이 다시 수립되었다. 프랑스 혁명으로 단두대에서 처형된 루이 16세의 동생인 루이 18세가 국왕으로 즉위했다. 하지만, 그는 무능했고 나폴레옹은 엘바섬을 탈출해 프랑스로 돌아왔다. 루이 18세는 국외로 도망가고 나폴레옹이 다시 프랑스 권력을 잡았다.1815년 나폴레옹이 프랑스에 돌아오자 동맹국들도 가만 있을 순 없었다. 결국 프랑스는 영국과 프로이센 연합군과 워털루 지역에서 전투를 하게 된다. 워털루는 벨기에 남동부 지역이다. 군인 숫자상으로는 연합군 측이 많았으나, 초반 승리는 나폴레옹 측이었다. 프랑스군은 먼저 프로이센군을 공격해 물리치곤 영국군을 향해 총공세를 펼쳤다. 프랑스로 승리가 기운 듯했으나, 물러났던 프로이센군이 프랑스를 기습하며 결국 전쟁은 연합군의 승리로 끝난다. 나폴레옹은 워털루 전투에서 패배하기까지 100일의 짧은 기간 동안 프랑스 권력을 지배했을 뿐이다.

나폴레옹이 워털루에서 진 게 와인 때문?

나폴레옹은 전쟁 중에도 샹베르탱 와인만은 꼭 챙겼다. 자신의 샹베르탱엔 이니셜 N을 새기기도 했다. 러시아 원정 중엔 이 와인들을 뺏기기도 했다. 샹베르탱은 부르고뉴 샹베르탱 지역에서 피노누아 품종으로 만들어진다. 남성적이고 강력한 향기를 가졌다. 일설에 따르면 나폴레옹은 워털루 전투에 앞서 샹베르탱을 원하는 만큼 마시지 못했다. 그로 인해 워털루 전투에서 졌다는 거다.

\# 모에 상동은 클로드 모에가 설립한 세계 최대 샴페인 회사다. 나폴레옹은 모에 상동 와인에 레지옹 도뇌르(명예훈장)을 수여했다. 이에 모에 상동은 나폴레옹 탄생 100주년을 기념해 임페리얼이란 와인을 내놓기도 했다.

워털루 전투의 승장, 웰링턴 장군

영국의 웰링턴 장군은 프랑스와 영국 간 워털루 전투1815년의 영국군 총사령관이었다. 워털루 전투에서 승리해 나폴레옹 시대를 저물게 한, 영국으로선 전쟁영웅이다. 워털루 전투에서 진 나폴레옹은 대서양에 위치한 세인트 헬레나섬에 갇혀 죽음을 맞이했다.1821년 웰링턴 장군의 본명은 '아서 웨슬리'로 아일랜드 귀족 출신이다. 영국 왕에게 공작 작위를 받아 제1대 웰링턴 공작이 되었다. 영국 명문 사립학교인 이튼칼리지에 들어갔지만 성적이 좋지 못했다. 아버지 사망 후에는 가세가 기울고 프랑스로 유학 가 그곳 육군사관학교에 들어간다. 1785년 이후 인도 식민지 총독이었던 형을 따라 인도에서 10년간 폭동을 진압했다. 나폴레옹이 엘바섬에 유배된 후 빈 회의(전후 유럽 질서 논의)에는 영국 대표로 참석하기도 했다. 워털루 전투의 승리 이후 영국 총리까지 지냈다. 그래서일까, 웰링턴을 기념하는 이름들이 있다. 먼저, 웰링턴 장군의 이름을 딴 웰링턴 부츠가 있다. 그는 당시 장식이 달린 군화 대신에 실용적인 부츠를 만들도록 했다. 영국 대표 고기요리인 비프 웰링턴의 유래 중 하나도 웰링턴 장군에서 나왔다. 뉴질랜드의 수도 이름도 웰링턴이다.

웰링턴 장군을 기념해 만들었다는 비프 웰링턴

비프 웰링턴Beef Wellington은 영국식 소고기 요리다. 감히, 프랑스 요리와 대적할 만한 몇 안 되는 영국 요리다. 소고기 안심(또는 등심)에 푸아그라(거위 간), 버섯 페이스트를 바른 뒤 페이스트리(파이) 반죽으로 겉을 얇게 감싸 구워낸 음식이다. 고기는 미디엄(또는 미디엄 레어)로 굽기에 육즙이 페이스트리 안에 배어 있다. 소고기를 통째로 페이스트리 안에 넣고 구운 다음 고깃덩어리를 먹기 전에 썰어낸다. 푸아그라가 들어가기에 원래는 고급요리였다. 오늘날에는 비싼 푸아그라 대신 닭의 간을 넣거나, 아예 빼는 경우가 많아 쉽게 먹을 수 있는 요리가 되었다. 웰링턴은 잉글랜드 남서부 서머싯에 위치한 지역명이기도 하다. 여러 유래 중 하나는 워털루 전투 영웅 웰링턴 공작의 업적을 기념해 이름을 딴 것으로 전해진다. 완성된 모습이 웰링턴 부츠와 닮아서 이름을 만들었다는 설도 있다. 비프 웰링턴은 페이스트리로 겉을 감싸기에 별로도 빵을 추가하진 않는다. 대신에, 기름진 음식이기에 채소를 곁들인다. 또한 구운 감자와 함께 먹기도 한다.

삶은 달걀을 다진 소시지로 감싸 튀긴 스카치 에그

비프 웰링턴처럼 내용물을 감싼 영국 간식이 있는데 스카치(스코치)에그Scotch Egg다. 삶은 달걀을 다진 소시지로 감싼 다음 빵가루를 겉에 묻혀 굽거나 튀긴다. 일반적으로 차갑게 먹는 음식이다. 먹기 간편해 도시락 메뉴로도 인기가 높다. 영국식 펍Pub에서도 쉽게 접할 수 있는 안줏거리다. 달걀은 미리 삶아두는데 반숙으로 하는 게 정석이다. 완성된 요리를 반으로 자를 때 달걀노른자가 흘러내려야 한다. 소시지 대신에 다진 돼지고기나 소고기를 써도 된다. 스카치 에그는 무글라이 요리(중앙아시아와 남부 인도 요리법을 결합한 무굴제국 요리)인 나지시 코프타(삶은 달걀에 다진 양고기를 감싸 튀긴 요리)를 기원으로 보기도 한다. 또 다른 기원설로는 영국 포트넘 앤 메이슨 백화점이 발명했다는 설이다.1738년 당시 런던 피카딜리 지역은 숙소가 많았고, 그로 인해 여행자들이 간편히 먹을 수 있게 발명되었다는 것이다. 마지막으로 웰링턴 병영 주변에서 만들어져 부대 밖에도 퍼지게 되었다는 기원설도 있다.

구황작물 감자의 변신,
피시앤칩스와 프렌치프라이

구황작물의 대명사, 감자의 역사

콜럼버스의 신대륙 발견 이후 유럽에 전해진 감자는 구황작물기근해소 작물로 최고였다. 감자는 원래 남아메리카가 원산지인 식물이다. 구체적으로 페루와 볼리비아의 국경지대인 티티카카 호수 부근이 원산지다. 남아메리카에선 빨강, 보라, 노랑 등 다양한 색상의 감자를 쉽게 볼 수 있다. 16세기 중반 페루 일대에 도착한 스페인 사람들이 감자를 처음 접했다. 오늘날 개량된 감자와 달리 당시의 감자는 크기도 작고, 어두운 색이라 버섯과 혼동할 정도였다. 스페인 정복자들은 감자를 비상식량으로 유럽에 가져가면서 유럽에 감자가 퍼지게 된다. 유럽에 처음 소개할 당시에는 '악마의 작물'로 불리고 기피의 대상이었다. 울퉁불퉁한 모양에다 자르면 쉽게 변색이 되고,

성경에도 없는 작물이기 때문이었다. 여기에 한센병에 걸리는 식물이라는 괴소문까지 돌았다.

감자대왕 프리드리히 2세

프로이센 왕국(독일)의 국왕이었던 프리드리히 2세1712~86년는 감자대왕으로 불린다. 프리드리히 2세가 프로이센 국왕으로 즉위하던 해1740년 오스트리아 합스부르크 왕가에선 마리아 테레지아가 여왕 자리에 오른다. 프랑크족의 법률인 살라카법에선 여성의 왕위 계승이 금지되었다. 오스트리아의 주변 국가들이 여왕의 왕위계승에 대해 반대하면서, 오스트리아 왕위계승 전쟁1740~48년이 벌어졌다. 프로이센도 슐레지엔 땅을 넘겨주면 여왕을 인정하겠다며 이 전쟁에 참여했다. 8년간 전쟁 끝에 마리아 테레지아는 여왕 지배권을 인정받았다. 하지만, 슐레지엔 땅을 프로이센에게 넘기게 되었다. 슐레지엔은 현재 폴란드와 체코 사이에 걸쳐 있는 땅으로 광석이 풍부한 지역이다. 슐레지엔을 빼앗긴 후 오스트리아는 프랑스, 러시아를 끌어들여 프로이센을 압박해 갔다. 이에 프로이센은 영국과 손잡고 7년 전쟁(영국, 프랑스, 스페인 등이 유럽 및 식민지 패권을 놓고 싸움)1756~63년을 벌였다. 7년 전쟁의 결과 오스트리아는 완전히 슐레지엔을 포기하게 된다. 프로이센은 두 번의 전쟁에서 승리했지만 장기간 전쟁과 흉년으로 어려움을 겪었다. 곤궁한 삶을 해소하기 위해 프리드리히 2세는 아메리카 대륙에서 건너온 신작물인 감자의 보급에 나선다. 척박한 땅에서도 잘 자라고, 짧은 기간에 대량 수확이 가능하며, 영양분도 다양했기 때문이었다. 당시, 유럽인들은 앞서 언급했듯 감자를 부정적으로 보았고, 주로 가축의 사료로만 썼다. 감자 보급을 위해 프리드리히 2세는 역발상 심리를 이용한다. 감자는 귀족만 먹으라 하고, 국왕의 정원에 감자를 재배하게 한 뒤, 경비원들에게 정원을 지키게 했다. 감자를 부정적으로만 보던 이들이 감자는 귀족이 먹는 고급 작물로 생각하게 된 것이다. 이후 감자는 국민들의 주된 식재료가 되어갔다. 그 덕분에 프리드리히 2세는 지금도 감자대왕으로 불리게 된다.

감자 대기근과 아일랜드인의 미국 이주 러시

18~19세기 인구가 증가하며 감자는 가난한 이들의 주된 식량이 된다. 감자가 주식이 된 후 아일랜드에선 인구가 폭발적으로 늘기도 했다. 영국의 지배 아래 밀, 옥수수 등을 빼앗기고 빈곤했던 아일랜드인에게 감자는 구세주였다. 먹을 게 없던 아일랜드인들은 매 끼니 감자만 먹었다. 덕분에 인구도 150년 사이(17세기 초~18세기 중반) 200여만 명에서 800여만 명으로 4배나 늘었다. 감자가 굶주림을 면하게 하면서 폭발적 인구 증가를 가져온 결과다. 감자는 습도가 높은 아일랜드 기후에서 재배하기 적합했다. 농업국가 아일랜드는 감자에 의존해서 살았다. 하지만 감자 잎마름병이 돌며(1845년) 아일랜드 인구의 1/4인 200여만 명이 굶어 죽어갔다. 굶주림을 피해 200여만 명

이상이 미국으로 떠나기도 했다. 영화 〈타이타닉〉의 배 맨 밑바닥3등 칸은 대부분 아일랜드인이었다. 영화 〈갱스 오브 뉴욕레오나르도 디카프리오 주연〉도 뉴욕에 몰려든 천대받던 아일랜드인과 기존 기득권 정착민 간의 암투를 다뤘다.

감자는 수분이 80%이고 나머지는 대부분 점분이다. 나트륨 배출을 도와 혈압 조절에 도움이 되는 칼륨과 인산이 많이 함유되어 있다. 필수 아미노산을 함유하고 있고, 비타민B1, B2, B3도 쌀보다 더 많이 들어 있다. 흙 속의 사과인 만큼 비타민 C도 사과의 6배로 풍부하다. 다만, 껍질과 싹눈에 솔라닌이란 독성물질은 먹지 않도록 해야 한다. 식중독, 두통, 호흡곤란 등을 일으킬 수 있어서다.

저임금 노동자가 쉽게 만들고 먹는 요리의 발달

인클로저Enclosure 운동도 사적 재산권 강화다. 인클로저는 '울타리'란 뜻이다. 인클로저는 토지 소유권을 나타내기 위해 담장을 쌓는 것이다. 지주들이 자신의 땅에 울타리를 치고 돈 되는 걸 했다. 대신에, 기존에 있던 영세 농민들은 지주의 땅에서 쫓겨났다. 인클로저 운동은 영국에서 두 번에 걸쳐 발생했다. 1차 인클로저 운동15세기 말~17세기 중반은 양털 가격 급등에 따라 양을 기르기 위해서였다. 농민은 도시로 쫓겨나 임금노동자가 되었다. 『유토피아』를 쓴 토머스 모어는 당시 상황을 "양이 사람을 잡아먹는다"라고 표현할 정도였다. 2차 인클로저 운동18세기 후반~19세기 전반은 산업혁명에 따른 도시 인구 증가로 곡물 가격이 오르자, 곡물 대농장을 경영하기 위해서였다. 자본가가 소농민 땅을 흡수해 자본주의적 경영을 한 경우다. 땅을 잃은 농민들은 대도시 임금 노동자로 흡수되었다. 공업에 필요한 노동력이 값싸고 풍부해지게 되었다. 그 결과, 자신이 일한 대가보다 적은 임금을 받아도 감지덕지하게 느낄 수밖에 없었다. 농토를 잃은 농민들로 인해 농부의 요리가 사라졌다. 공장에서 일하느라 시간이 없던 전직 농부들은 손이 많이 가는 요리보다 쉽게 만들 수 있는 요리를 하게 된다. 쉽게 만들고 쉽게 먹는 요리가 발달할 수밖에 없었다.

유대인 음식인 피시앤칩스의 대유행

피시앤칩스는 영국의 대표 음식 중 하나다. 말 그대로 1)튀김옷(밀가루 반죽)을 입힌 흰살 생선과 2)길쭉하게 썬 감자를 튀겨 먹는 기름진 음식이다. 원래는 영국에 살던 유대인들의 음식이었다. 스페인 가톨릭 세력의 레콩키스타 완성 이후 유대인들은 스페인에서 쫓겨난다. 스페인 왕국 이사벨 여왕과 페르난도 왕이 유대인 추방령(알함브라 칙령)을 내리면서, 유대인들은 포르투갈, 네덜란드, 영국 등으로 순차적인 이동을 해갔다. 그러면서 그들이 먹던 생선튀김도 그들 나라를 거쳐갔다. 포르투갈에선 바칼라우(염장대구) 튀김, 네덜란드에선 키벨링, 영국에선 피시앤칩스가 되었다.

　1492년 스페인에서 쫓겨나 포르투갈로 이주했던 유대인들은 5년 뒤 포르투갈에서도 추방된다. 이어 대부분 이동한 곳이 신교도들이 살던, 종교적 자유가 있는 네덜란드 지역(현재의 벨기에, 네덜란드)이었다. 네덜란드에 살던 유대인들이 영국으로 이주하게 된 계기는 영란전쟁과 명예혁명 때문이었다. 청교도 혁명을 일으킨 크롬웰이 항해조례1651년를 만들면서 영국은 네덜란드를 해상교역에서 배제토록 추진한다. 항해조례는 영국(영국 식민지)과 무역을 하려면 오직 영국 배만 사용토록 한 규정이다. 이로 인해 영국과 네덜란드 사이에는 전쟁이 벌어진다. 1차 전쟁에선 영국이 승리하고, 영국은 네덜란드 해안과 항구를 봉쇄했다. 이에 네덜란드에 있던 유대인 무역상들이 영국으로 이주한다. 그 뒤 크롬웰이 죽고 영국에선 왕정복고가 이뤄졌다. 제임스 2세가 영국 국교인 성공회 대신 가톨릭을 옹호하면서 명예혁명이 일어났다. 제임스 2세의 딸인 메리 1세와 그의 남편인 네덜란드인 윌리엄 3세가 도버 해협을 건너갔다. 이때 많은 유대인들도 윌리엄 3세를 따라 영국으로 넘어갔다. 덕분에 유대인들의 생선튀김은 영국의 길거리에서 즐기는 음식이 되었다. 유대인들의 안식일은 토요일로, 안식일에는 일을 할 수 없었다. 그래서 안식일 전날인 금요일에는 안식일에 먹을 음식을 미리 준비해야 했다. 금요일에 바칼라우(염장대구)를 미리 튀긴 뒤 레몬즙(식초)을 뿌려두고 안식일인 토요일에 먹었다. 미리 튀겨둔 바칼라우는 안식일에 불에 데우지 않아도 괜찮았기 때문이다.

영국에 생선튀김이 전해진 건 16세기, 감자가 들어온 건 17세기, 두 음식이 피시앤칩스가 된 건 19세기 중반 이후다. 오늘날과 같은 피시앤칩스 유형은 1860년경 유대인 '조셉 말린'에 의해서다. 그는 산업혁명 당시 방직공장이 몰려 있던 영국의 이스트 런던 지역에서 말린스Malin's라는 피시앤칩스 가게를 열었다. 공장에서 일하는 근로자가 값싸게 높은 열량의 음식을 간편하게 먹을 수 있게 한 거다. 산업혁명은 철도를 통한 신속한 수송을 가능하게 했다. 해안지대에서만 먹던 생선을 영국 도심 곳곳에 배달하게 해줬다. 증기선을 이용한 저인망 어업은 생선의 대량 공급을 가능하게 했다. 또한, 면직산업이 발달하며, 목화를 짜고 남은 목화씨에서 뽑은 면실유가 풍부하게 공급되게 되었다. 당시 피시앤칩스는 신문지에 말아 파는 저렴한 가격의 테이크아웃 패스트푸드였다. 포장지를 따로 살 돈이 없어, 신문지로 대신했다.

영국의 전통적인 레시피는 튀김 옷에 기름이 스며들어 생선튀김이 눅눅하고 두툼하다. 바삭한 튀김과는 거리감이 있다. 식초(레몬즙)를 뿌리기에 튀김이 바삭할 필요가 없기도 하다. 피시앤칩스에 쓰이는 생선은 대구다. 대구 생선살에서 가시를 발라내고 튀긴다. 그 외에는 가자미를 쓰기도 하며, 스코틀랜드에서는 홍어를 쓰기도 한다. 2차 대전 당시 생선이 귀해 영국에선 스팸을 튀긴 '스팸 프리터'가 유행하기도 했다. 윈스턴 처칠 전 영국 총리는 2차 대전 굶주림을 극복하게 해주었다며, 피시앤칩스를 훌륭한 동반자Good Companions

라고도 칭했다. 2차 대전 당시 식량 배급제를 했는데, 그 영향을 받지 않은 품목이 생선과 감자였다. 감자는 공급량이 풍족했고, 생선은 저장이 어려웠기 때문이다. 그로 인해 피시앤칩스가 전쟁기간 굶주림을 막아줬다. 노르망디 상륙작전에선 비공식 암호로도 쓰였다. 가령 '피시앤'이라고 말하면 상대방은 '칩스'라고 말하는 식이었다.

프렌치프라이의 원조 논란

프렌치프라이French Fries는 원조 논란이 있지만 기원은 벨기에다. 17세기 후반 벨기에 나뮈르 지역(브뤼셀 남쪽)에선 겨울에 강뫼즈강이 얼어붙어 낚시가 어려워지자, 생선 대신에 감자를 작은 물고기 모양으로 잘라 튀겨 먹었다. 싹이 트거나 상해서 먹지 못하던 감자를 활용하기에도 감자튀김 요리는 좋은 방법이었다. 프렌치프라이 정식 명칭은 프랑스어로 '튀긴 사과'란 의미로 폼 프리트Pomme Frites다. 유럽에선 감자를 '흙에서 나온 사과'라 표현했기에 그리 불렀다. 1차 대전 참여 미군들은 프랑스어를 쓰는 벨기에 병사들이 감자튀김을 먹는 걸 보고, 프랑스 음식으로 생각했다. 폼 프리트가 프렌치프라이로 불리게 된다. 전통 폼 프리트는 생감자를 써서 두 번 튀겨낸다. 겉바속촉(겉 바삭, 속 촉촉)으로 식초나 마요네즈를 찍어 먹는다. 미국식 프렌치프라이에 케첩을 찍어 먹는 것과 다르다. 프랑스인들은 프랑스 혁명1789년 직후 노점상들이 팔았다는 기록이 있다며, 자신들이 프렌치프라이의 원조임을 주장한다. 18세기 후반 프리트Frites

라는 음식을 프랑스의 퐁뇌프 다리에서 노점상들이 팔았다는 것이다. 19세기 초 미국의 3대 대통령인 토머스 제퍼슨이 프랑스에서 감자튀김을 접하고 이름을 붙였다는 기원설도 있다. 영국인들은 '프렌치프라이'라는 말 대신에 '칩스'라고 감자튀김을 이야기한다.

미국에서 프렌치프라이로 쓰이는 재료는 아이다호 감자다. 미국 북서부 아이다호주에서 재배된 아이다호 감자는 바게트 빵처럼 기다란 형태다. 아이다호주는 로키산맥 서쪽 험준한 산악지대로 평지가 적은 편이다. 대신에 감자를 생산하기 적합해 미국 감자 생산량의 1/3을 담당한다. 사실, 아이다호주 크기가 한반도 전체 크기와 맞먹을 정도로 크다. 아이다호 감자 품종은 '러셋 버뱅크'로 미국 육종학자 루서 버뱅크1849~1926년가 1871년 보급했다. 아이다호 감자는 물에 삶으면 퍼석퍼석해서 맛이 없다. 대신에 튀기면 겉바속촉 맛을 내 프렌치프라이에 최적화된다. 우리나라 기후에선 생산하기 어려운 품종이다. 20℃ 안팎의 서늘한 날씨가 연중 140일 이상이어야 재배가 가능해서다.

치킨 티카 마살라,
카레라이스, 커리부어스트
그리고 푸팟퐁커리

다양한 장르가 한 영화에, 마살라 영화

인도 영화를 발리우드Bollywood라고 한다. 봄베이(뭄바이의 옛 영어 지명)와 할리우드가 합쳐진 말이다. 발리우드 영화의 대표적 장르가 마살라다. 마살라Masala는 인도 음식에 쓰이는 가루나 페이스트 형태의 혼합 향신료Mixture of Spices를 말한다. 육두구, 강황 등 마살라에 들어가는 재료가 수십 종류다. 혼합된 향신료 마살라처럼 뮤지컬, 코미디, 무협, 스릴러까지 모든 장르가 믹스된 형태의 영화다. 인도인들에겐 친숙하다만, 다른 나라에선 보기 부담스러운 장르다. 상영시간도 3~4시간으로 너무 길고, 장면 전환도 빠르다. 군무가 요란하고 음악 톤도 높아 정신이 없다. 마살라 영화 속성을 ABCD라고 부른다. '누구나 춤출 수 있다(Any Body Can Dance)'의 앞 글자만

따온 거다. 인물 간 갈등을 하다 슬퍼지다가 순간 뮤지컬로 변해 춤까지 준다. 춤을 추다가 순간 무협으로 변해 싸움박질까지 한다. 인도에서 TV의 보급은 2000년대나 되어 지방까지 이어졌다. 1990년대까지만 해도 TV는 부자들만이 쓰는 사치품이었다. 이런 상황에서 가난한 이들이 즐길 수 있는 유일한 유흥장소가 영화관이었다. 이왕이면 돈 내고 오랫동안 즐기고 싶어 했고, 이 욕망이 마살라 장르가 된 거다. 인도의 서민들에게 영화 관람은 놀이공원 방문과 비슷했다. 춤추는 장면이 나오면 같이 춤추고, 중간중간 집에서 가져온 음식도 꺼내 먹었다. 적은 돈을 내고 반나절을 즐길 수 있는 오락거리였다. 거기에 다양한 장르를 한 영화에서 볼 수 있는 혜택까지 누렸다.

미국에서도 마살라와 비슷한 예술 장르가 있었다. 1800년대 말에서 1920년대 대공황까지 미국에선 보드빌Vaudville이란 버라이어티 쇼가 인기를 끌었다. 노래, 춤, 마술, 곡예, 촌극이 모두 쇼에 들어 있었다. 보드빌이 인기를 얻은 이유도 마살라와 비슷하다. 가난한 사람들이 많았기에 입장료를 내고 가능한 한 많은 장르를 조금씩이라도 맛보고 싶었던 거다. 대공황이 끝나고 이런 버라이어티 쇼는 미국에서 쇠퇴하게 된다. 지갑이 두툼해지며 소비 여력이 생기자, 단일한 장르의 공연을 선호하게 되면서다. 인도의 마살라도 비슷한 과정을 거치고 있다. 인도인의 소득이 증대되며 마살라 장르는 도시의 젊은 세대, 중산층에게 이제는 선호되지 않고 있다.

혼합 향신료, 마살라

인도의 향신료는 무려 3,000여 종에 이른다. 열대지방인 인도는 음식의 부패를 막고 맛을 내고자 식물 뿌리, 껍질, 잎, 열매 등으로 향신료를 만들었다. 향신료는 단독으로 사용되기보다 다양한 조합으로 만들어져 무한의 맛을 내왔다. 수천 년간 향신료를 다뤄온 인도인들은 각자의 경험을 살려 집집마다 다양한 조합을 만들어 낸다. 인도에선 지역마다 들어가는 향신료가 다르다 보니 커리 맛이 다양하다. 인도나 남아시아 커리가 우리의 노란색 강황커리와 달리 여러 색깔을 띠는 이유다.

마살라Masala는 인도 음식에 쓰이는 가루나 페이스트 형태의 혼합 향신료Mixture of Spices를 말한다. 마살라는 원하는 향신료를 섞어 절구나 그라인더로 갈아서 만든다. 오늘날 커리파우더(카레가루)가 바로 가루 형태의 마살라다. 1780년대 영국에서 가루 형태의 마살라가 판매되기 시작했다. 영국인들 입장에서 인도처럼 집집마다 다양한 향신료를 조합해 내는 건 불가능했기 때문이다. 이 점을 간파한 영국의 식품회사 C&B(크로스 앤드 블랙웰)가 커리파우더를 만들어 낸다.

마살라 주요 향신료: 육두구, 강황, 회향, 고추, 팔각, 계피, 정향, 생강, 마늘, 레몬그라스, 고수씨, 라임, 월계수 잎, 흑후추, 백후추 등

마살라가 영국인 입맛에 맞게 변한 카레

인도의 마살라가 영국으로 건너가 커리Curry가 되었다. 인도 커리가 영국에 전해진 건 인도가 영국 식민지였던 1772년경이다. 초대 인도 뱅골 총독(워렌 헤이스팅스)이 마살라와 인도 쌀을 영국으로 가지고 가면서다. 인도에서 즐기던 커리를 영국에서도 즐기면서 인도의 커리가 영국 식탁에 진출했다. 냉장고가 없던 시절이기에 시간이 지난 고기와 해산물에 강한 향이 깃든 커리는 좋은 궁합이었다. 처음엔 상류층의 음식이었지만, 커리파우더(카레가루)가 판매되면서 대중화의 길로 갔다. 현재 영국의 커리는 오랜 기간 영국인 입맛에 맞춰진 결과다. 인도와 달리 좀 더 기름지고 걸쭉하다. 식물성 코코넛밀크를 쓰는 인도와 달리 동물성 버터와 크림을 넣기 때문이다.

현재, 커리는 외국인들이 마살라가 들어간 인도 요리를 편의상 일컫는 말이기도 하다. 커리의 어원인 타밀어 카리는 국물, 소스를 뜻한다. 영국식 커리가 일본으로 건너가 카레가 되었다. 인도에선 커리 대신 마살라라고 불러야 한다. 커리(마살라) 종주국 인도의 기본적 커리는 마살라 커리다. 감자 커리인 알루 마살라, 토마토 크림 커리인 마크니, 마늘과 칠리가 들어가 매콤한 빈달루, 요구르트와 버터를 넣어 부드러운 코르마 등 셀 수 없을 만큼 다양한 커리(마살라)가 있다. 커리란 이름의 유래 중 하나는 16세기 인도 고아 지역의 포르투갈 상인들이 마살라로 만든 스튜를 '카릴'이라 부른 데서 유래했다. 카릴이 시간이 지나며 커리로 이름이 바뀌었다. 또 다른 기원

설로는 인도 남부의 고기, 채소를 기름에 볶은 매콤요리인 카리Kari
에서 비롯되었다는 이야기도 있다. 인도에선 예전부터 손으로 식사
를 해왔다. 오른손으로 먹는데, 검지, 중지, 약지를 붙여 밥을 뜨고,
엄지로 입안에 밀어 넣는다.

영국식 카레, 치킨 티카 마살라

치킨 티카 마살라는 영국에서 인기 있는 카레다. 매운 것을 못 먹
는 영국인 입맛에 맞춘 영국식 카레다. 영미권 인도 식당에서 흔하
게 만나는 메뉴다. 인도 요리의 영국식 전환이다. 치킨 티카Chicken
Tikka는 뼈를 발라낸 닭고기를 잘게 자르고 꼬치에 끼워 구워낸 인도
요리를 말한다. 점토로 만든 원통형 가마(전통오븐)인 탄두르Tandoor
에서 구워낸다. 참고로 탄두리 치킨은 탄두르에서 구워낸 치킨을 말
한다. 치킨 티카 마살라는 1960년대 영국에 있는 한 인도식당에서
만들어졌다. 마리네이드하고 구워낸 닭고기를 토마토, 크림 등이 들
어간 카레 소스에 넣어서 만든다. 마리네이드Marinade는 고기, 생선
등을 조리 전에 맛을 배게 하거나 부드럽게 만들기 위해 재워두는
양념한 액체다. 요리에 들어간 토마토 퓌레는 달달한 맛을 내준다.
향이 강한 커리를 못 먹는 영국인을 위해 설탕과 요구르트를 넣어
매운맛도 순화시켰다. 인도식 날아다니는 쌀(바스타미 라이스), 인도
식 빵인 난(발효반죽을 탄두르 화덕에 구워내는 빵), 푸리(발효하지 않은
반죽을 기름에 튀겨 만든 빵) 등과 함께 먹는다.

영국의 기후와 음식 문화

영국은 요리 문화가 프랑스, 이탈리아 등 유럽 대륙의 다른 나라에 비해 약하다. 그 원인은 풍족한 농산물이 나올 수 없는 기후 때문이다. 영국은 여름은 서늘하고 겨울은 따뜻한 편이다. 습도가 높아 안개와 강수일 수도 많다. 사람 살기에는 좋은 기후 같지만 변덕스럽고 서늘한 영국의 여름은 농사에는 별로다. 먹을 게 부족한 환경에서 미식을 논할 수 없는 거다. 영국인들은 서늘한 여름에도 견디는 밀과 보리를 재배했지만, 안정적인 식량 공급이 어려웠다. 세상에서 가장 얇은 2권의 책은 독일 유머집과 영국 요리책이라는 비아냥을 감수할 수밖에 없다. 해가 지지 않는 나라 영국이 발전한 이유도 남이 먹을 걸 탐내서가 아닐까. 식민지가 많았던 영국인들은 식민지 음식에 친숙해졌다. 특히, 중국과 인도에서 건너온 음식들을 선호했다. 치킨 티카 마살라Chicken Tikka Masala는 인도산 카레 같지만 영국에서 탄생했다. 정작 인도 본토에는 없고 영국의 수많은 커리 식당에서 맛볼 수 있는 영국 음식이다. 제국주의 열강 영국이 식민지 문화를 흡수해 영국식으로 적응한 음식이다.

카레라이스, 커리부어스트, 푸팟퐁커리

일본 해군이 영국 해군의 커리를 받아들여 만든 카레라이스

커리는 보관과 조리가 간편해 영국 해군에서 급식으로 자주 나왔다. 영국 해군의 카레는 인도식과 달리 걸쭉한 식감을 냈다. 배의 흔들림에 대비해 카레를 덜 흘리도록 조리했기 때문이다. 또한 당시 영국군은 오래 보관한 군내 나는 재료들로 비프스튜를 만들었는데, 그 잡내를 제거하기 위해 카레가루를 더했다. 메이지유신 전후 일본 해군은 영국 해군의 커리 스튜를 본받아 일본식 카레를 만들었다. 일본은 1902년 영국과 영일동맹을 맺고 군사 교류를 적극 추진해 왔다. 카레는 일본식 쌀(자포니카)과 결합해 '카레라이스'라는 음식으로 발전했다. 토요일마다 일본 해군은 카레라이스를 제공했다. 일본 카레도 영국 해군의 카레와 비슷하게 걸쭉한 식감이었다. 일본식 카레를 유행시킨 장본인은 일본 해군의 군의총감(다카키 가네히로)이다. 당시 일본군의 식단은 흰 쌀밥, 된장국, 장아찌 정도여서 각기

병에 취약했다. 각기병은 비타민 B1이 부족해 나타난다. 정제된 쌀을 주식으로 하는 사람에게 주로 발생한다. 이는 쌀을 도정하는 과정에서 비타민 B1이 제거되기 때문이다. 각기병이 심해지면 호흡곤란, 심부전에 이어 심하면 사망에 이를 수도 있다. 영국 유학파 출신인 다카키는 영국 해군의 급식을 참조해 식단 개선에 나섰다. 빵과 육류 위주 양식, 보리밥(잡곡밥) 혼분식을 도입했다.

하지만, 군인들이 반발하기 시작했다. 당시 가난한 일본인들에게는 군대에 입대해 귀한 흰 쌀밥을 세 끼 먹는 즐거움이 있었다. 그 즐거움이 사라지자 군인들의 거부감이 컸다. 특히, 빵을 먹을 수 없다며 바다에 버리곤 했다. 이에 쌀밥에 함께 먹을 음식들을 고민했다. 쌀밥과 함께 비타민 B1을 제공할 수 있는 해법은 카레라이스였다. 빵을 찍어 먹는 스튜 방식의 영국식 커리를 쌀밥에 부어 먹도록 했다. 고기와 채소 등 건더기를 넣고 걸쭉한 소스 형태로 만들었다. 카레는 일본에서 해군의 음식이다. 일본 내 카레의 고향으로 요코스카 군항이 알려져 있다. 현재도 일본 해상자위대는 금요일마다 카레라이스를 먹는다. 원래 토요일마다 카레를 먹는 전통이 있었는데, 주5일제가 되며 금요일로 바뀌었다.

일본 해군의 음식이던 카레는 민간에도 퍼져나갔다. 1877년 도쿄의 서양음식점인 '후케쓰도'에서 일본 최초로 카레라이스를 팔았다. 당시 영국에서 건너온 카레는 서양음식으로 여겨졌다. 일본은 보관과 휴대가 간편한 고체 블록 카레도 내놓고, 매운맛을 줄이고 단맛을 늘린 바몬토 카레도 출시했다. 바몬토 카레는 미국 버몬트 주 이름에서 따왔다. 1958년 버몬트주 의사(디포레스트 자비스)가 주장한 버몬트 건강요법이 주목을 받았다. 버몬트 건강요법은 사과식초, 벌꿀을 만병통치약으로 여겼다. 이에 일본은 사과와 벌꿀을 넣어 단맛을 내는 카레를 개발하고, 바몬토를 카레 이름에 붙였다. 카레가 달콤해지자 어린이도 좋아하고 카레에 익숙해졌다. 카레를 넣은 우동, 빵, 고로케 등 다양한 음식으로 확대 생산되었다.

우리나라의 카레는 강황 성분이 강화되어 노란색 빛을 띠는 카레다. 일본 카레는 볶은 양파, 브라운 루를 기본으로 하기에 갈색을 띤다. 인도의 매운맛이 영국, 일본에서는 순한 맛이 되었지만, 우리 카레는 매운맛이 살아 있다. 매콤한 맛, 강황의 노란색, 돼지고기, 감자 등이 들어간 한국식 카레 문화다. 카레를 담는 그릇을 소스 보트Sauce Boat라 하며, 그레이비 보트Gravy Boat라고도 한다. 작은 배처럼 생기다 보니 이름에 보트가 들어갔다. 소스 보트는 17세기 후반 프랑스에서 탄생한 이래 영국으로 건너갔다. 소스 보트는 카레 전문점에서 주로 볼 수 있다.

커리를 뿌려서 먹는 독일 커리부어스트

커리부어스트는 독일 대표 길거리 음식이다. 소시지에 커리와 케첩을 뿌리고, 감자칩과 함께 내놓는다. 여러 탄생설 중 베를린 설이 가장 유력하다. 2차 대전 후 베를린 노점상(헤르타 호이베르)은 베를린 주둔 영국군 장교에게 카레가루를 얻는다. 그는 토마토 페이스트, 카레가루를 섞어 소스를 개발하고, 삶은 소시지 위에 부어 팔게 된다. 이후 독일 재건 과정에서 노동자들의 인기 메뉴가 된다. 독일에선 정치인들이 서민 친화적 행보로 커리부어스트를 먹는다. 자동차 회사 폭스바겐도 커리부어스트용 소시지를 만든다. 1970년대 공장 근로자 급식용으로 만들었다만 외부에 팔기도 한다. 포장지에 오리지널 부품이라 적혀 있고, 고유 시리얼 번호도 있다.

태국식 카레요리인 푸팟퐁커리

태국 음식은 국물요리인 톰(수프), 카레요리인 캥(카레), 무치는 얌(샐러드), 볶음밥인 카오팟(밥), 쌀국수인 퀘테우 등으로 구분한다. 이 중 태국 음식점에서 팟타이(볶음 쌀국수), 똠양꿍(새우수프)과 함께 주문하는 대표적인 요리가 푸팟퐁커리다. 이름에 커리가 들어갔듯 카레 음식으로 밥과 함께 먹는다. 튀긴 게(소프트쉘크랩)에 코코넛 밀크, 카레가루 등을 넣어 만든다. '푸'는 게, '팟'은 야채나 고기를 볶다, '퐁'은 가루, '커리'는 카레다. 소프트쉘크랩은 이름 그대로 게 껍데기가 얇아 껍데기를 씹어 먹을 수 있다. 태국의 피시소스인 남플라에 다진 고추를 넣어 만든 소스와 함께 먹기도 한다.

태국의 대표 음식, 팟타이와 똠얌꿍

팟타이Pad Thai는 태국식 볶음 쌀국수다. 팟(볶음)에 타이(태국)가 합쳐진 말이다. '태국식 볶음' 정도로 해석되겠다. 태국이란 이름이 들어가 있듯이 민족주의 운동 덕분에 대중화된 요리다. 태국 노점에서 가볍게 사 먹을 수 있는 대중적 요리다. 피시소스(짠맛), 타마린드 즙(신맛), 종려당(단맛)이 어우러져 있다. 태국 내 쌀국수는 베트남 상인을 통해 들어오게 된다. 라마 5세재위1868~1910년 통치기간 동안 태국 내 화교가 급증해 중국에서 유래한 볶음 쌀국수가 대중화된다. 쿠데타를 통해 총리로 취임한 피분 송크람재위1938~44년은 태국인은 태국 음식을 먹어야 한다는 민족주의 주장에 힘을 실었다. 화교 문화를 태국 문화에 녹아내려 볶음 쌀국수 팟타이를 전략적으로 활용했다. 팟타이 레시피를 전국적으로 보급하고, 노점 판매를 독려했다. 팟타이를 사 먹는 건 태국 농부를 돕는 애국행위라는 분위기도 띄웠다.

똠얌꿍은 태국을 대표하는 국물요리다. 새우, 야채, 향신료 등을 넣고 매콤새콤하게 끓여낸다. 유네스코 인류무형문화유산에도 등재되어 있다. 프랑스의 부야베스, 중국의 삭스핀과 함께 세계 3대 수프이기도 하다. 똠은 '끓이다', 얌은 '매콤새콤하다', 꿍은 '새우'라는 의미다. 새우 대신에 닭이 들어가면 '똠양카'라고 한다. 똠얌꿍은 시고 달고 짜고 매운맛을 동시에 낸다. 라임의 신맛, 고추의 매운맛, 소금과 생선소스의 짠맛, 새우의 단맛, 허브의 쓴맛이 어우러져 있다.

미국
지도

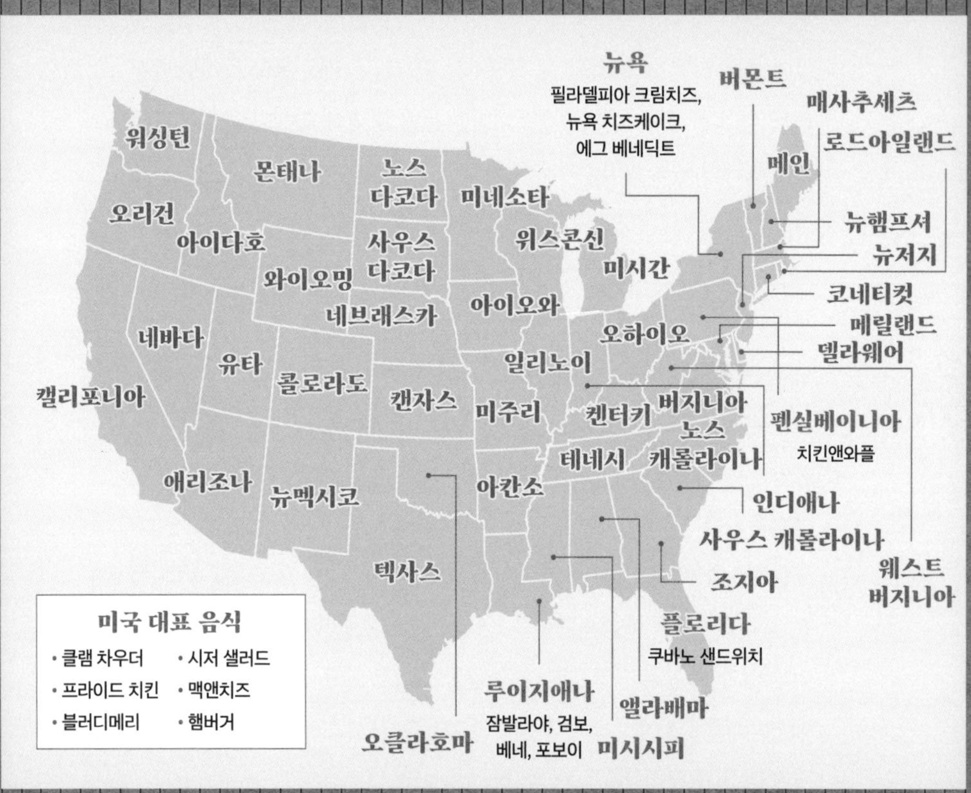
뉴욕
필라델피아 크림치즈,
뉴욕 치즈케이크,
에그 베네딕트
버몬트
매사추세츠
로드아일랜드
메인
뉴햄프셔
뉴저지
코네티컷
메릴랜드
델라웨어
워싱턴
몬태나
노스
다코다
미네소타
오리건
아이다호
사우스
다코다
위스콘신
미시간
와이오밍
아이오와
네브래스카
오하이오
펜실베이니아
치킨앤와플
네바다
유타
콜로라도
일리노이
캔자스
미주리
켄터키
버지니아
노스
캐롤라이나
캘리포니아
애리조나
뉴멕시코
테네시
아칸소
웨스트
버지니아
인디애나
사우스 캐롤라이나
텍사스
조지아
플로리다
쿠바노 샌드위치
루이지애나
잠발라야, 검보,
베네, 포보이
앨라배마
미시시피
오클라호마
미국 대표 음식
· 클램 차우더   · 시저 샐러드
· 프라이드 치킨   · 맥앤치즈
· 블러디메리   · 햄버거

미국·멕시코 요리, 이건 꼭 알아야 해

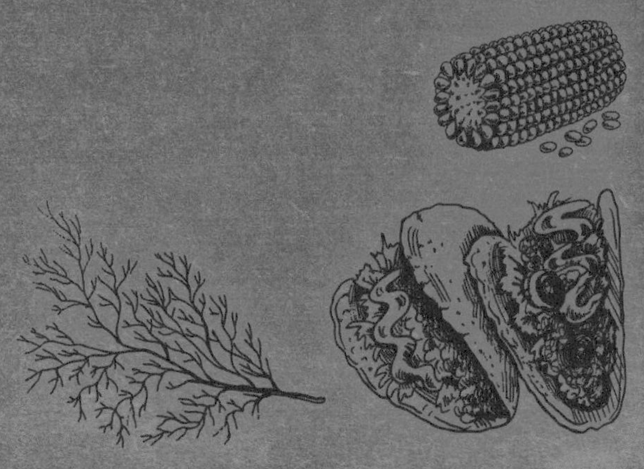

아즈텍 요리재료
옥수수로 만든
토르티야, 타코

아즈텍 문명의 기원

아즈텍(아스테카)은 13~15세기 존재했던 멕시코 도시국가이자 문명이다. 북아메리카에 이주한 아즈텍족이 13세기쯤 여러 종족에 승리하고 세운 도시국가다. 멕시코 땅에 있던 인디오 문명아즈텍, 잉카, 마야 중 마지막 대제국이다. 멕시코시티를 중심으로 뿌리를 내렸었다. 아즈텍은 아스테카의 영어식 발음이다. 아스테카는 그들의 고향인 아스틀란에서 온 사람이란 의미다. 아스틀란이 어디인지는 현재 밝혀지지 않았다. 아즈텍인들은 그들의 수호신이자 태양신(위칠로포치틀리)의 계시를 받아 스스로를 메시카(Mexica)라고 불렀다. 메시카는 현재 멕시코와 수도 멕시코시티 이름의 기원이다. 아즈텍인들은 그들의 수호신이자 태양신(위칠로포치틀리) 예언에 따라 도시국가를 세웠다. 예언은 독수리가 선인장 위에 앉아 뱀을 물고 있는 곳에 국가를 세워야 한다는 것이다. 1325년 텍스코코 호수 작은 섬에서 선인장 위에 뱀을 입에 문 새를 발견하고 그곳에 도시국가를 세웠다. 지금의 멕시코 수도인 멕시코시티로 당시 도시의 이름은 테노치티틀란이다. 멕시코 국기에 호수 위 선인장에 뱀을 문 독수리가 있는 것도 테노치티틀란에서 유래했다.

호수 가운데 있는 섬인 테노치티틀란은 농사를 짓기 어려웠다. 아즈텍은 호수 위 인공 농지를 만드는 치남파 농법을 했다. 1)물이나 진흙에 통나무를 박아 사각형 틀을 만든 뒤, 2)그 안에 갈대를 깔고, 3)그 위에 나뭇가지, 진흙, 퇴적물, 풀 등을 쌓았다. 아즈텍은 건축, 천문학, 농업 등에서 뛰어난 능력을 보유했었다. 아즈텍은 거대한 신전 피라미드를 지었다. 이집트 피라미드가 왕의 무덤인 반면, 아즈텍 피라미드는 신전이었다. 제사를 지내는 곳이기에 윗부분이 편평하다. 당시 아즈텍인들은 살아 있는 사람을 제물로 바치는 인신공양을 했다. 인신공양은 전쟁에서 잡아온 포로들을 바쳤다.

천연두가 불러온 아즈텍 문명의 몰락

아즈텍은 스페인 정복자 에르난 코르테스의 600명 군대에 함락되고 멕시코 지역은 300년간 스페인의 지배를 받는다. 코르테스는 테노치티틀란에 황금이 있다는 이야기를 듣고 1519년 텍스코코 호수에 도착한다. 당시 아즈텍은 코르테스 군대를 환대한다. 아즈텍인이 숭배하는 가장 위대한 신은 케찰코아틀이었다. 이 신이 52년에 한 번씩 흰 피부에 큰 키, 불을 뿜는 무기를 들고 나타난다는 전설이 있었다. 1519년이 52년이 되는 해였고 코르테스 군대는 흰 피부에 총을 들고 있었기에 케찰코아틀로 받아들여졌다.

아즈텍의 몰락을 부른 건 아이러니하게도 천연두다. 코르테스 군대가 천연두 등 전염병을 몰고 와 대부분의 아스텍인이 사망하게 된다. 스페인에선 오래전부터 천연두 등이 있어 어느 정도 면역이 되어 있었으나, 아즈텍인들은 그러지 못했다. 스페인 사람들은 테노치티틀란 호수 주변 땅을 넓혔다. 호수 물을 빼거나 흙을 매립해서 말이다. 그러다 보니 과거 호수였던 멕시코시티 지반이 약할 수밖에 없다. 지진이 잦고 지반이 해마다 조금씩 가라앉는다. 멕시코에 정착한 스페인 사람들은 아즈텍 현지인들과 결혼을 하고, 그들의 자손들은 메스티조로 불린다. 현재 멕시코 인구의 60%가 메스티조다.

아메리카 대륙의 고대문명인 잉카, 마야

아메리카 대륙 고대문명으로는 아즈텍, 잉카, 마야를 이야기한다. 잉카는 15세기부터 16세기 초, 아즈텍보다 좀 더 남쪽 안데스 산맥 부근을 다스렸다. 지금의 에콰도르, 페루, 볼리비아, 칠레 일부다. 1530년대 스페인 사람 피사로가 100여 명 군대로 잉카 제국을 몰락시킨다. 물론, 여기에도 천연두 등 전염병이 큰 영향을 미쳤다. 아즈텍과 잉카가 짧은 기간 통치한 나라(문명)라면 마야는 단일국가보단 마야족의 문화권을 말한다. 기원전부터 17세기까지 여러 나라가 생기고 사라지기를 반복했다. 아즈텍 동쪽 멕시코 동남부부터 엘살바도르 일부 지역(과테말라, 벨리즈, 온두라스 등)에서다.

멕시코인의 주식인 옥수수의 신성시화

메소아메리카(멕시코, 중앙아메리카 북서부)에선 옥수수, 고추, 콩이 주식이었다. 특히, 옥수수가 풍부해 옥수수로 토르티야를 만들어 먹었다. 멕시코는 옥수수 원산지다. 아스텍, 마야 등 멕시코 문명이 꽃피울 수 있었던 건 풍부한 옥수수 덕분이었다. 멕시코에선 옥수수가 7모작까지도 가능하다고 한다. 옥수수가 삶의 일부로 함께해 올 수밖에 없었다. 야생 옥수수는 지금과는 달리 엄지손가락 정도 크기에 옥수수 알도 많지 않았다. 고대 멕시코인들이 이를 종자 개량을 하며 옥수수 재배를 늘려왔다. 이젠 옥수수가 세계 3대 곡물(밀, 쌀, 옥수수) 중 하나가 되었다. 현재도 멕시코 국민 물가에서 가장 민감한 부분이 옥수수 가루 가격이다.

고대 멕시코 지역에선 주식인 옥수수를 신성시해 왔다. 마야 신화에 따르면 옥수수는 지하세계 신과 싸워 죽은 신이 옥수수로 다시 태어난 것이다. 신이 환생한 존재인 옥수수를 신성시할 수밖에. 또한, 옥수수 반죽으로 인간을 만들었다고 믿었다. 신화에 따르면 처음에는 신이 인간을 나무와 흙으로 빚었다. 하지만, 인간은 다른 동물과 똑같이 말을 하지 못했다. 그러다 옥수수 반죽으로 인간을 빚으니 인간이 말을 하고 지혜를 갖추게 된다. 아즈텍에선 옥수수 신(치코메코아틀)을 모시는 제사 의식이 있었고, 주기적으로 옥수수 제물을 바치고 축제를 통해 풍작도 기원했다.

옥수수의 효용을 알아본 베네치아 상인들

15세기 콜럼버스가 아메리카 대륙을 발견한 이후, 유럽에 옥수수가 전해졌다. 스페인 사람들은 옥수수를 유럽에 처음 소개했지만 거의 먹지는 않았다. 아즈텍과 잉카의 인신공양사람을 신에게 바침 공포 때문이었다. 사람의 피부를 벗기는 모습과 옥수수 껍질을 벗기는 게 비슷하다 생각했고, 옥수수를 불길하다 보았다. 반면, 이탈리아 베네치아 상인들은 옥수수의 생산성에 주목했다. 옥수수는 씨를 심고 수확까지 80~100일로 짧고 땅을 가리지 않고 잘 자랐다. 옥수수 한 알을 심으면 100~300알을 거두니, 밀이나 쌀의 30알보다 훨씬 더 생산성이 좋았다. 베네치아는 시칠리아 섬에서 옥수수를 키워 식량으로 삼았다. 옥수수는 자신들이 먹고 시장에서 비싸게 팔리는 밀을 수출하기도 했다. 그 이후 옥수수는 유럽 각국으로 퍼져나가고, 라틴아메리카에서 전해온 감자와 함께 주요 식량자원으로 쓰였다. 그 결과 17세기부터 유럽의 인구가 증가하기 시작했다.

옥수수 가루로 만드는 플랫브레드, 토르티야

토르티야Tortilla는 옥수수로 만든 플랫브레드(전병)다. 우리의 전처럼 얇게 부쳐낸 무발효 빵이다. 옥수수로 만들다 보니 씹을수록 고소하다. 동양의 쌀밥처럼 멕시코에선 토르티야가 그 역할을 한다. 토르티야 원래 이름은 틀락스칼리Tlaxcalli였다. 15세기 스페인이 멕시코 땅에 도착하기 이전부터 아즈텍인들은 옥수수로 틀락스칼리를 만들어 먹었다.

옥수수만을 주식으로 하면 펠라그라 병에 걸리기 쉽다. 이 병은 피부 염증, 복통 등을 일으킨다. 심하면 치매를 유발하기도 한다. 옥수수에 들어 있는 수용성 비타민의 하나인 나이아신이 사람 몸에 흡수가 안 되기 때문이다. 그래서, 고대 멕시코에선 알칼리성 물(재나 석회를 물에 푼 것)에 옥수수를 삶았다. 옥수수를 알칼리 처리하는 걸 닉스타말화라고 한다. 옥수수를 알칼리 처리하면 나이아신이 흡수가 잘되고 칼슘도 강화된다. 멕시코에선 부드러워진 옥수수 껍질을 제거한 뒤, 맷돌로 갈아 마사(반죽)를 만들었다. 마사(반죽)는 말려서 곱게 가루로 만들어 식사 때마다 사용했다. 이 마사(반죽)를 얇게 펴서 구워내면 토르티야다. 멕시코를 점령한 스페인은 스페인의 둥근 모양의 달걀 오믈렛과 비슷하다고 해 토르티야라고 불렀다. 참고로 스페인에선 달걀 오믈렛을 토르티야라고 부른다.

16세기부터 300년간 스페인이 지배하면서 멕시코 음식도 스페인 영향을 받는다. 상류층을 이루던 유럽계 후손들은 유럽 스타일의 음식 문화를 추구했다. 멕시코에선 하루 5끼니를 먹는데 유럽계 조상을 둔 상류층은 야채나 과일 위주, 중하층은 전통적 멕시코 식생활을 한다. 그래서인지 상류층은 서구적 외모에 키 크고 날씬한 반면, 중하층은 작고 통통한 몸매가 많다. 멕시코 상류층은 스페인에서 가져온 밀로 밀 농사를 지어 토르티야도 밀가루로 만들어 먹었다. 해서 한때는 밀 토르티야가 상류층의 고급품으로 평가받기도 했다. 현재도 멕시코 북부에선 밀가루 토르티야를 좀 더 선호한다. 밀가루 토르티야는 옥수수보다 쫄깃한 식감이 있다. 하지만, 멕시코 남부에선 옥수수로 만든 큰 토르티야를 즐긴다.

\# 멕시코 전통음식은 19세기 멕시코 독립 이전에는 중하층 서민 음식으로 천시받기도 했다. 하지만, 멕시코 독립과 민족의식이 고취되면서 멕시코를 상징하는 음식 문화가 되었다.

토르티야를 반으로 접거나, 접어서 튀겨낸 타코

타코Taco는 멕시코인들의 국민음식으로 불린다. 타코는 토르티야를 반으로 접거나, 접어서 튀겨낸 요리다. 접은 토르티야인 타코 위에 고기, 해산물, 야채, 소스(살사) 등을 얹고 싸서 먹는다. 특히, 과카몰리, 양파, 라임, 고수, 핫소스는 타코 맛을 살리는 감초 역할을 한다. 라임은 생양파의 매운맛을 죽여준다. 과카몰리Guacamole는 으깬 아보카도에 다진 양파, 토마토, 고추, 고수, 라임즙 등을 섞어 만든다. 과카몰리는 몸에 좋은 불포화지방산을 다량 포함한다. 불포화지방산은 콜레스테롤 수치를 떨어트려 혈관질환을 예방한다. 타코는 멕시코 은 광산 노동자들이 싸 온 타코 도시락이 화약을 종이에 싼 모습과 비슷하다고 해서 붙여진 이름이란 이야기도 있다. 미국에선 하드셸(튀긴 토르티야)에 고기, 야채를 넣어서 먹는 걸 즐긴다. 하드셸은 소스나 사워크림을 넣어도 바삭하다.

브리토, 치미창가, 토스타다, 케사디야, 엔칠라다

브리토Burritos는 토르티야와 재료(과카몰리, 쌀, 고기, 채소 등)를 돌돌 말아낸 랩(Wrap)이다. 브리토는 타코와 달리 내용물이 보이지 않게 돌돌 말아낸다. 브리토는 스페인어로 '작은 당나귀'라는 뜻이다. 당나귀에 싣고 다닌 침낭처럼 생겼다고 해서 브리토라 이름 붙여졌다. 작은 체구에 많은 짐을 싣는 당나귀처럼 작지만 속이 가득한 음식이란 의미도 있다. 브리토를 튀겨내면 치미창가Chimichanga라고 한다.

피자처럼 토르티야 위에 토핑을 자유롭게 얹으면 토스타다다. 케사디야Quesadilla는 토르티야에 치즈를 넣고 반으로 접어 구워낸 것이다. (또는 토스타다 위에 토르티야 한 장을 더 얹어 구우면 케사디야다.) 소고기를 넣기도 하는데 치즈가 주재료다. 케사디야 요리명은 치즈(Queso)+빵(Ada)이 더해졌다. 엔칠라다는 토르티야 사이에 재료(고기, 해산물, 야채, 치즈 등)를 넣고 동그란 막대 모양으로 말아낸다. 그리곤 소스를 뿌리고 구워낸다. 마치 꼬마김밥 비슷한 모습이다. 엔칠라다는 스페인어로 고추를 뜻하며 고추로 양념한 음식을 의미한다.

\# 1)토르티야를 반으로 접거나 접어 튀기면 타코, 2)속의 내용물이 보이지 않게 접거나 말면 브리토, 3)토핑을 얹으면 토스타다, 4)토스타다 위에 토르티야 한 장을 더 얹어 구우면 케사디야, 5)케사디야 속을 채워 토마토 소스를 얹어 그라탱처럼 구워내면 엔칠라다라고 부른다.

멕시코 식당 지배인 이름을 딴 나초

나초Nachos는 토르티야를 굽거나 튀긴 것에 치즈, 과카몰리, 살사 소스 등을 얹어 먹는 요리다. 칩 자체는 토스타다Tostada라고 한다. 나초는 멕시코 식당 지배인 이름에서 생겨났다. 1940년 텍사스 인근 국경도시 식당에 미군 부인들이 브레이크 타임에 우르르 몰려 들어왔다. 요리사는 없었고 식당 지배인인 '이그나시오 아나야'가 응대할 수밖에 없었다. 그는 토르티야 칩에 할라페뇨, 치즈를 뿌린 뒤 오븐에 살짝 데워냈다. 요리사가 아닌 그가 할 수 있는 최선이었다. 하지만 그런 임기응변 요리가 특별한 맛을 줬다. 부인들은 나초의 스페셜 메뉴라 불렀고 그렇게 나초가 되었다. 나초는 스페인어권에서 이그나시오를 줄여 부르는 애칭이다. 파히타 플레이트는 토르티야와 각종 재료와 소스를 각각 내놓아 취향에 따라 재료를 싸 먹는 요리다. 엘로테는 익힌 옥수수에 마요네즈, 치즈 등을 듬뿍 발라 먹는 요리다. 따말은 옥수수 반죽에 여러 재료를 넣어 쪄낸 요리다.

멕시코 요리의 재해석, 캘리 맥스와 텍스 맥스

타코가 미국에 전해진 건 텍사스와 멕시코 사이 철도 공사1875년 덕분이었다. 당시 공사를 담당한 멕시코 노동자들에 의해 타코가 미국에 전해졌다. 이후 멕시코계 이민자들이 늘며 미국 서부 캘리포니아까지 자리를 잡는다. 하지만 20세기 초까지만 해도 하층민(이주 노동자나 난민)인 히스패닉의 음식으로 미국 내에서 싸구려 취급을 받기도 했다. 하지만, 히스패닉의 인구가 늘어나며 타코 소비도 늘어난다. 덕분에 옥수수, 통밀로 만든 토르티야가 햄버거, 핫도그보다 더 건강한 음식으로 알려진다. 토르티야와 함께 쓰이는 멕시코 살사소스(토마토, 고추를 주재료로 만든 소스로, 매콤새콤한 맛이 남) 인기도 늘었다. 현재 우리가 접하는 멕시코 음식은 멕시코 정통 방식보다 미국인 입맛에 맞춰 변형된 형태다. 멕시코 요리의 미국식 재해석이다. 이를 캘리 맥스(Cali-Max, 미국 캘리포니아식 멕시코 음식), 텍스 맥스(Tex-Max, 텍사스식 멕시코 음식)라 한다. 텍사스식 타코가 캘리포니아식보다 고명을 더 듬뿍 올린다. 미국에선 타코 화요일Taco Tuesday이란 말이 있다. 20세기 초부터 시작된, 화요일에 타코를 먹는 관습이다.

미국 청교도의
요리에서 시작된
클램 차우더 수프

종교적 자유를 찾아 북미대륙으로의 청교도 이주

영국은 로마 가톨릭과 결별을 선언한다. 영국 왕 헨리 8세의 이혼 결정에 대한 로마교황과의 갈등 때문이다. 로마교황 클레멘스 7세가 헨리 8세를 파문하자, 잉글랜드 의회는 영국 성공회를 국교로 삼는다.1534년 영국 성공회는 비록 로마와 등을 졌지만 기본 교리는 개신교가 아닌 가톨릭과 유사했다. 급진 개혁을 추구하는 청교도는 중도 성향의 성공회와 갈등하게 된다. 특히, 스코틀랜드 국왕 출신 제임스 1세가 영국 왕이 되고 청교도 탄압이 심해졌다. 청교도들은 종교 박해가 없는 신대륙으로 떠나길 원했다. 청교도들은 종교적 자유를 찾아 영국 플리머스 항구에서 메이플라워호를 타고 떠났다.1620년 9월 16일 그렇게 1620년은 영국 청교도 102명이 영국을 떠나 미국 땅을 밟은 해다. 영국인들은 이미 1607년 미국 버지니아에 이민자들의 살 공간인 제임스타운을 만든 바 있었다. 메이플라워호는 원래는 제임스타운에 정착하려 했으나 66일간의 항해 끝에 미국 매사추세츠 지역에 도착했다. 이들이 매사추세츠에 세운 정착촌 이름이 플리머스다. 그들이 떠나온 항구 이름 플리머스를 그대로 붙였다.

청교도 정착 후 시작된 추수감사절

출발 전 희망과 달리 추운 겨울에 도착한 그들은 현지 적응에 어려움을 겪고, 많은 이들이 죽게 된다. 다행히, 아메리카 원주민들에게 옥수수 재배법 등을 배워 삶을 영위하게 된다. 초기 청교도는 원주민과 대체로 평화롭게 지냈다. 청교도들은 농사법, 물고기 잡는 법, 칠면조 기르는 법을 원주민들에게 배웠다. 그들은 1621년 가을 첫 수확 이후 감사하는 마음을 담아 3일간 추수감사절(Thanksgiving Day)을 보냈다. 그들의 정착을 도와준 원주민까지 초대해서 말이다. 현재 미국에선 매년 11월 넷째 주 목요일이 추수감사절이다. 많은 미국인들은 다음 날인 금요일도 쉬기에 4일간 연휴를 즐긴다. 추수감사절에 미국인들은 가족, 친지, 친구들과 함께 지낸다. 가정에선 오븐에 구운 칠면조Turkey, 크랜베리 소스, 감자, 호박파이 등을 먹는다. 칠면조는 북미 대륙이 원산지로, 닭보다 6~15배 몸집이 크다. 칠면조 하나가 온 가족이 함께 배불리 먹을 크기다.

추수감사절을 연방 공휴일로 처음 선포한 이는 조지 워싱턴 대통령이다.1789년 다만, 대통령에 따라 추수감사절 날짜가 매번 달라졌다. 1941년에서야 현재와 같이 11월 넷째 목요일을 추수감사절로 정했다.

조개를 넣어 뭉근하게 끓인 수프, 클램 차우더

미국 역사를 보면 이민자들의 고향 요리가 시간이 지나고 현지화되며 정착한다. 미국 내 철도 건설을 위해 건너온 중국인 노동자들은 미국적 중국 음식을, 뉴욕 맨해튼에 정착한 이탈리아인들은 미국적 이탈리아 음식을 내놓는다. 따지고 보면 미국 이민 초창기 요리들도 영국 등 유럽의 고향 요리들이다. 그중 하나로 수프요리인 차우더(Chowder)가 있다. 차우더는 대표적인 미국 가정식의 하나다. 차우더는 냄비라는 의미의 라틴어 칼데리아Calderia에서 유래했다.

미국에선 생선살이나 조개, 감자, 양파, 베이컨 등을 넣고 끓여낸다. 미국 북동부에 정착한 청교도들이 기존에 살던 북미 원주민 영향을 받아 18세기 중반부터 만들어 먹었다. 이 중 클램 차우더Clam Chowder는 조개를 넣은 차우더 수프다. 클램(Clam)은 조개를 뜻한다. 클램 차우더의 조개는 대합조개를 주로 쓴다. 뭉근하게 익은 감자, 고소한 베이컨, 통통한 조갯살이 씹히는 묵직한 맛이다. 허먼 멜빌의 소설『모비 딕』에서도 선원들이 바닥을 긁어가며 먹었던 요리가 클램 차우더다. 조개 대신에 대구 등 생선살을 넣은 피시Fish 차우더, 옥수수를 넣은 콘Corn 차우더도 있다. 차우더는 짭짤한 크래커를 부숴서 함께 먹곤 한다. 빵의 속을 파내고 그 안에 수프를 넣어서 빵과 함께 먹는 음식도 있다.

\# 특히 미국 서부 샌프란시스코에선 시큼한 사워도우 빵 안에 클램 차우더를 넣어서 판매한다.

미국 내에서는 지역에 따라 차별화된 클램 차우더가 개발되었다. 우리가 흔하게 부르는 클램 차우더는 뉴잉글랜드 클램 차우더다. 크림이 들어간 흰색의 수프다. 보스턴 클램 차우더라고도 한다. 뉴잉글랜드는 미국 북동부 해안지역으로 초기 청교도들의 터전이기도 하다. 맨해튼 클램 차우더는 붉은색의 맑은 수프다. 이탈리아와 포르투갈 이민자의 영향으로 토마토를 넣다 보니 수프가 붉어졌다. 뉴잉글랜드 대표도시인 보스턴은 뉴욕과 야구 라이벌 의식보스턴 레드삭스 vs. 뉴욕 양키즈이 강하다. 서로 상대 도시를 흉볼 때 상대 도시의 클램

차우더를 폄하하기도 한다. 미국 북서부 해안의 시애틀, 포틀랜드는
베이컨 대신에 훈제연어를 수프에 넣는다.

뉴잉글랜드 : 매사추세츠, 코네티컷, 로드아일랜드, 버몬트, 메인, 뉴햄프셔 6개 주

앤디 워홀과 클램 차우더 캠벨수프

팝아트의 선구자인 앤디 워홀1928~1987년은 켐벨수프 캔과 코카콜
라 등 상업제품을 팝아트로 승화했다. 팝아트는 1950년대 후반 미
국에서 만들어진 회화의 한 양식이다. 일상생활 용구 등을 소재로
삼아 그림을 만들었다. 특히, 캠벨수프 연작은 앤디 워홀의 대표 작
품으로 평가받는다. 그가 캠벨수프 시리즈 첫 작품을 내놓은 건 34
살 때인 1962년이다. 로이 리히텐슈타인의 전시회에서 만화를 회화
로 그린 그림을 보고 아이디어가 떠올랐다고 한다. 처음에는 손으로
수프 깡통을 그렸지만, 6년 뒤 실크스크린 기법으로 인쇄를 했
다.1968년 공장에서 만들어 내듯 실크스크린으로 인쇄를 해 대량 생
산품과 예술 간 경계를 허물었다. 앤디 워홀은 예술이 부자나 지식
인들만의 리그가 아니라, 대중적이며 쉽고 친숙해야 한다고 생각했
다. 당시 캠벨수프는 저렴한 가격에 엄청나게 팔리는 대표적인 대량
생산품이었다. 앤디 워홀도 점심 식사 대용으로 평소 캠벨수프를 즐
겼다.

〈캠벨수프〉 연작 시리즈는 고가에 거래되는 미술 작품이다. 그러
기에 미술품 도둑들의 표적이 되기도 한다. 미국 스프링필드 미술관

에서 〈캠벨수프〉 연작 10점 중 7점이 도난당하기도 했다. 당시 연작 가치는 50만 달러7억 3,000만 원(환율 1,470원 기준)였다.

캠벨수프를 만드는 회사는 캠벨스 컴퍼니The Campbell's Company 다. 조셉 A. 캠벨에 의해 1869년 설립되었다. 통조림 캔 보존식품과 즉석식품 생산 외길을 걷고 있다. 1962년 처음 〈캠벨수프〉 시리즈 가 나온 이래, 캠벨수프도 대중의 입맛에 맞춰 변화하고 있다. 가령, 화학 첨가물을 제외한다든지, 물과 양파 양을 늘린다든지 하면서 말이다. 본사는 미국 내 범죄도시로 유명한 뉴저지주 캠든시에 있 다. 캠벨수프는 토마토 수프와 치킨누들 수프가 인기다. 우리나라 에선 캠벨 청키 뉴잉글랜드 클램 차우더가 유명하다. 청키는 진짜 수프처럼 훨씬 큰 건더기가 들어가 있다. 캠벨수프는 기본적으로 농축수프다. 캔 라벨에 Condensed Soup이라 쓰여 있다면 물이나 우 유를 타서 희석해 데워야 한다. 농축이 아닌 경우는 Ready to Eat이 라 쓰여 있다.

루이지애나, 케이준과 크리올, 잠발라야, 프라이드 치킨

루이지애나주 뉴올리언스에서 출발한 재즈 음악

재즈는 1900년경 미국 루이지애나주 뉴올리언스에서 탄생했다. 1)아프리카계 미국 흑인의 노동요에 2)블루스, 3)미국 흑인 춤곡인 래그타임Ragtime, 4)흑인 브라스 밴드 행진곡, 5)흑인 가스펠, 6)유럽 클래식 등이 합쳐졌다. 여기에 거친 음색, 불규칙한 리듬, 즉흥연주 등이 더해지며 재즈가 발전하게 된다. 1차 대전 이후 루이 암스트롱, 조 킹 올리버 등의 재즈 뮤지션들이 인기를 얻으며 미국 전역에 재즈가 퍼진다. 1920년대에는 미국 호황과 더불어 재즈가 유럽에 전해지고 그곳에서 유행하게 된다. 1930년대부터는 '스윙Swing'이라는 경쾌한 리듬의 재즈가 미국의 국민음악으로서 번성하게 된다. 개인적으로는 영화 〈화양연화〉에 나온 〈Quizás, Quizás, Quizás글쎄요,

글쎄요, 글쎄요〉란 재즈를 좋아한다. 왕가위 감독이 좋아했던 것처럼 말이다. 뉴올리언스는 브라질의 리우 카니발만큼 유명한 마디그라Mardi Gras 카니발(2월), 재즈 페스티벌(4월)이 벌어지곤 한다. 마디그라는 프랑스어로 '뚱뚱한 화요일'이란 의미다. 마음껏 술을 마셔서 뚱뚱해진 사람들을 보고 지은 이름이다. 그러기에 마디그라 카니발은 먹고 마시고 뛰어노는 축제다. 가면을 쓴 채 춤을 추고, 재즈 음악과 거리 퍼레이드 등을 즐긴다.

오를레앙공 필립의 땅, 뉴올리언스

루이지애나는 루이 14세의 땅에서 유래했다. 루이지애나주 최대 도시인 뉴올리언스는 미시시피강 하류의 삼각주 지역에 위치해 있다. 미국 남부의 대평원 도시들로 이어지는 경제적 요충지다. 노예무역의 중심지로서 아프리카 흑인들이 미국에 첫발을 디뎠던 아픈 역사의 항구이기도 하다. 미국 남부의 대농장 면화와 곡물을 수출하던 무역도시였다. 도시의 대부분이 해수면보다 낮은 삼각주다. 그러다 보니 홍수나 허리케인으로 피해를 입는 지역이기도 하다. 뉴올리언스는 1690년대 모피 사냥꾼, 무역업자 등 프랑스인들이 몰려들면서 마을을 이뤘다. 1718년 프랑스 출신 루이지애나 총독에 의해 설립되어 프랑스 식민지의 중심지로 번영을 이뤘다. '뉴올리언스'는 누벨 오를레앙새로운 오를레앙이란 뜻이다. 오를레앙은 백년전쟁에서 잔 다르크가 영국군과 전투를 벌여 구한 프랑스 도시다. 프랑스에선 부르봉 왕가 차남 작위를 오를레앙이라고도 했다. 루이 15세는 5살에 왕위에 오르고, 그를 대신해 섭정 오를레앙공 필립이 루이 15세가 성년이 되기 전까지 통치했다. 누벨 오를레앙은 '섭정 오를레앙공 필립의 땅'이었던 것이다. 1763년 7년 전쟁(영국, 프랑스, 스페인 등이 유럽 및 식민지 패권을 놓고 싸움) 승자인 영국은 프랑스로부터 뉴올리언스를 빼앗는다. 그리곤 스페인과 뉴올리언스를 플로리다와 맞교환해 스페인에 넘겨준다. 하지만, 프랑스계 사람들이 뉴올리언스에 대부분 남아 있었다. 그래서인지 현재도 프랑스 식민지 시대 모습이 많이 남아 있다. 이후 프랑스 나폴레옹은 루이지애나를 스페인으로부터 반환받는다. 1803년 4월 나폴레옹은 미국에 루이지애나를 헐값에 넘긴다. 이러한 역사 덕분에 뉴올리언스는 인종과 문화가 뒤섞여 크리올이 많은 지역이기도 하다. 크리올Creole은 아메리카 신대륙 발견 이후 아메리카 대륙에서 태어난 스페인과 프랑스 자손들, 이들과 신대륙 흑인 사이에서 태어난 이들을 말한다. 뉴올리언스 지역에서 크리올을 중심으로 흑인음악과 유럽 찬송가가 합쳐진 재즈가 성행했고, 그 결과 뉴올리언스가 재즈의 발상지로 인식되고 있다.

프랑스인의 선물, 루이지애나 요리

루이지애나 음식은 미국의 지역 음식으로 인기가 있다. 잠발라야Jambalaya는 닭고기, 햄, 채소 등을 넣은 볶음밥이다. 검보Gumbo

는 해산물과 고기를 넣고 만든 매콤한 스튜다. 베네Beignet는 설탕을 뿌린 달콤한 도넛이다. 포보이Po Boy는 새우나 굴 튀김을 넣은 샌드위치로 가볍게 먹는 길거리 음식이다. 프랑스인들이 미국 남부에 정착한 후 뉴올리언스를 중심으로 크리올 요리, 인근 지역의 케이준 요리를 탄생시켰다. 루이지애나 대표 요리인 잠발라야, 검보 등도 케이준식, 크리올식으로 구분된다. 케이준 요리는 크리올 요리에 비해 매운맛이 강하다. 카엔 페퍼가 많이 들어가기 때문이다. 케이준은 루이지애나의 투박한 시골요리, 크리올 요리는 세련된 뉴올리언스 도시요리로 표현된다.

크리올 요리는 뉴올리언스의 토속 음식이다. 유럽, 아프리카, 아메리카 원주민 식문화가 어우러져 있다. 당시 초기의 유럽인들은 아메리카 원주민의 도움으로 사냥, 낚시, 농사법 등을 배워, 현지 재료로 요리를 만들어 냈다. 케이준 요리Cajun Cuisine는 루이지애나의 전통요리다. 미국으로 강제 이주된 캐나다 태생 프랑스인의 요리이기도 하다. 18세기 후반 영국은 캐나다 아카디아(현재 노바스코샤) 지역을 점령한다. 17세기 초부터 그 지역을 차지하고 있었던 프랑스인들은 영국 왕실에 대한 충성을 거부했다. 그 결과 아카디아 지역에서 쫓겨난다. 그중 다수는 미국 남부로 이주해 루이지애나에 정착했다. '케이준'이란 이름도 아카디안Acadian에서 생겼다. 아카디안은 아카디아 지역으로 이주한 프랑스인들의 공동체 이름이다. 이 이름이 아메리카 원주민들에게 잘못 전달되며 케이준이란 이름이 되었다. 루이지애나에 정착한 프랑스계 캐나다인들은 프랑스 요리를 기반으로 아메리카 원주민, 크리올, 유럽 등 다양한 문화권의 영향을 받아들인다. 특히, 미국 남부 지역은 미시시피강 일대의 목화농장에서 일하던 아프리카 노예들의 문화가 섞여 있다. 케이준 요리가 프랑스 기반이긴 하지만 미시시피강의 곡창지대 쌀과 돼지고기, 해산물을 주된 재료로 하고, 강한 양념(마늘, 양파, 고추, 겨자, 샐러리, 돼지기름)을 쓴다. 케이준 요리는 소박하며, 푸짐하고 매콤한 맛을 가진다. 매운맛이 나는 양념을 '케이준 스파이스'라고 부른다. 매콤한 양념을 요리에 듬뿍 넣는다. 대표적인 케이준 요리는 케이준 잠발라야, 케이준 검보, 케이준 치킨 샐러드 등이 있다.

루이지애나식 볶음밥인 잠발라야

잠발라야Jambalaya는 미국 남부식 쌀 요리다. 고기, 해산물, 채소 등을 쌀에 넣고 볶다가 육수를 붓고 끓여서 만든다. 루이지애나 대표 음식으로 케이준과 크리올 요리의 특징이 잘 드러난다. 18세기 초 루이지애나 크리올들이 그 지역 쌀로 파에야(스페인 볶음밥)를 변형해 만들어 냈다. 파에야의 주재료인 홍합, 오징어, 스페인 햄을 구할 수 없어서 루이지애나의 해산물(굴, 조개, 새우, 가재)과 앤듀이 소시지(매콤한 훈제 소시지)를 넣어 만들었다. 뉴올리언스 크리올 스타일은 다진 토마토(또는 토마토 소스)를 넣어 붉다. 그래서 레드 잠발라야로도 불린다. 반면, 토마토 대신에 브라운 루Roux(버터와 밀가루를 약불에 볶은 진한 갈색 혼합물)를 넣은 케이준 스타일은 브라운 잠발라야로 불린다. 잠봉Jambon은 프랑스식 햄이다. 야Ya는 서아프리카어로 쌀을 의미한다. 즉, 잠발라야는 햄과 쌀을 넣은 요리다. 또 다른 기원설은 파에야에 넣는 스페인 햄 하몽Jamon에서 유래했다는 것이다. 마지막으로 프랑스 프로방스 방언인 잠발라리아 Jambalaia(쌀과 가금류 스튜)에서 유래했다는 설도 있다.

흑인 노예들의 소울푸드였던 프라이드 치킨

프라이드 치킨Fried Chicken은 닭 튀김으로, 겉바속촉(바삭바삭한 껍질, 간이 잘 밴 부드러운 속살) 요리다. 중세 지중해 지역에서 시작된 닭 튀김이 여러 국가로 전해지다가 미국에도 전해졌다. 프라이드 치킨은 미국 남북전쟁 이전에 흑인 노예들이 먹던 음식이다. 흑인들의 고된 삶을 담은 소울푸드Soul Food이기도 하다. 정통 미국 백인들의 남부식 닭 요리법은 로스트 치킨 형태다. 즉, 닭을 오븐에서 구워내는 방식이다. 백인 농장주들은 살이 많은 닭의 몸통과 다리 중심으로 오븐에 구워 먹었다. 살이 별로 없는 닭 날개, 발이나 목은 흑인들이 주로 먹었다. 흑인들은 오븐이 없었기에 기름에 재료들을 튀겨냈다. 백인들이 요리하고 남긴 야채와 함께 튀겨서 말이다. 오븐 조리법은 시간이 많이 걸리고, 육즙이 많이 빠져 흑인들이 먹는 부위는 건질 게 많지 않았다. 반면, 튀김 방식은 기름에 튀겨 내면서 잡냄새를 줄이고 연한 뼈들도 같이 먹을 수 있었다. 흑인들의 고된 노동을 위해선 높은 칼로리 유지가 필요했다. 미국 남부는 돼지 사육이 발달하면서 돼지비계 기름인 라드가 풍족해졌다. 이에 풍부한 기름 속에 튀기는 딥 프라잉Deep Frying 기법이 발달하게 된다.

미국의 남북전쟁이 발발한 이후 흑인이 먹던 프라이드 치킨이 대중화되었다. 미국 남부 켄터키주 '할랜 샌더스1890~1980년'는 압력솥에 치킨을 튀기는 방법으로 인기를 얻었다. 샌더스는 프랜차이즈 계약을 할 때 흰색 정장을 입고 다녔다. 그런 모습이 KFC켄터키 프라이드 치킨 할아버지 모델의 대명사가 되었다. 참고로 바닷가재도 원래 흑인 노예들에게 주던 싸구려 음식이었다.

참고로 고급재료인 바닷가재(랍스터)도 과거에는 흑인노예들에게 빵 대신에 주던 싸구려 음식이었다. 지천에 흔하게 널렸던 바닷가재를 백인들은 먹지 않았다. 대신에, 흑인에게 주거나 밭의 비료로 썼다. 당시 바닷가재는 가난의 상징이었다.

KFC는 초기 출시 이후 뼈 있는 치킨을 주력으로 판매해 왔다. 하지만, 현대적 흐름이 닭가슴살 중심의 뼈 없는 치킨Boneless (본리스)으로 옮겨왔다. 그럼에도 KFC는 전통 방식을 고수했고, 이는 실적 부진으로 이어졌다. 결국, KFC는 창립 이래 고수해 온 뼈 있는 치킨 원칙을 바꾸게 된다. 또한 건강한 이미지를 주고자 매장 입구 상징인 샌더스 할아버지를 날씬하고 젊은 이미지로 바꾸기도 했다. 2025년 만우절엔 치킨 소스맛 치약을 선보이기도 했다.

뉴욕에서 탄생한 크림치즈 베이글, 크림치즈 케이크

요크공의 땅 뉴욕의 탄생

명예혁명으로 사위에게 쫓겨난 제임스 2세는 무능 그 자체로 비춰지나, 한 건 제대로 한 게 있다. 바로 뉴욕New York의 탄생이다. 뉴욕은 새로운(New) 요크공의 땅(York)이란 뜻이다. 요크공은 잉글랜드 왕의 두 번째 왕자를 뜻하는데, 당시 왕위에 오르기 전 요크공이 제임스 2세였다. 해군사령관이던 요크공 시절, 뉴욕을 점령하고 본인의 새로운 땅New York이라고 지었다. 버지니아가 평생 처녀Virgin로 산 잉글랜드 여왕 엘리자베스 1세를 기려 처녀의 땅이라 짓고, 루이지애나가 프랑스 왕 루이 14세의 땅이라 지은 것처럼 말이다. 미국 동부에 위치한 뉴욕은 맨해튼·브롱크스·브루클린·퀸스·스태튼섬 등 5개 자치구로 이뤄져 있다. 이 중 핵심지역은 맨해튼이다.

맨해튼은 허드슨강, 할렘강, 이스트강으로 둘러싸인 섬이다. 인디언 언어로 '언덕이 많은 섬'이란 뜻이기도 하다. 맨해튼 남쪽에는 뉴욕 증권거래소와 세계적인 금융기관이 밀집한 월스트리트가 있다. 뉴욕은 원래 뉴암스테르담이었다. 네덜란드 동인도회사는 북극을 통과하는 아시아 항로를 만들고자 했다. 탐험대가 항로를 잘못 들어 맨해튼 일대로 들어간다. 맨해튼 탐사 후 농사지을 만한 땅이 있고, 비버가 산다는 소식을 전한다. 당시 비버 가죽은 모자 등을 만드는 인기 소재였다. 네덜란드 서인도회사는 식민지 개척을 허락받고 포트 암스테르담을 건설하기 시작했다. 당시 서인도회사 총독은 조가비구슬 등 24달러(60길더) 상당의 물품을 주고 맨해튼을 인디언(아메리카 원주민)에게 사버리기도 했다. 당시 조가비구슬은 인디언의 화폐였다. 네덜란드인들은 비버 모피 수집을 위해 가죽거래교역소도 세웠다. 하지만, 잉글랜드가 뉴암스테르담을 점령해 버린다.1664년 그 후 네덜란드와 잉글랜드 간 싸움이 벌어지고, 네덜란드가 깔끔하게 뉴암스테르담을 포기한다. 비버 가죽 대신에 보다 비싼 향신료의 땅, 인도네시아 반다제도룬섬 등에 집중하기 위해서였다. 지금의 네덜란드 후손들이 보면 땅을 치고 후회할 일이다. 덕분에 잉글랜드인 후손들이 세운 뉴욕 땅에 뉴욕증권거래소가 탄생할 수 있게 되었다.1792년 뉴욕 월스트리트 플라타너스 나무Buttonwood 옆에서 주식 거래를 하는 이들이 늘어나게 된다. 이후 주식 거래 중개인 24명이 월가 69번지 플라타너스 나무 아래 모여 버튼우드 협정을 체결한다.1792년 주식 거래 방법, 수수료 비율 등을 정했다. 이것이 오늘날 뉴욕증권거래소의 시작이다.

　뉴욕 지명 중 재미있는 점 몇 가지를 소개하자면, 1)허드슨강은 헨리 허드슨 이름에서 따왔다. 헨리 허드슨은 네덜란드 동인도회사의 북극항로 개척선인 반달호 선장이었다. 2)브로드웨이는 인디언이 쓰던 큰Broad 길이다. 지금은 뮤지컬 등 각종 공연의 메카로서 명성이 자자하다. 3)월스트리트는 목책wall 부근 거리다. 당시, 네덜란드인들은 인디언 습격이나 잉글랜드군 침략을 막기 위해 목책을 세웠다. 지금은 미국 금융과 증권의 중심지다. 증권거래소, 증권회사, 투자은행이 빼곡하게 들어서 있다. 월스트리트에는 청동 황소상이 놓여져 있다. 1989년 이탈리아 조각가아르투로 디 모니카는 몰래 뉴욕증권거래소 정문에 이 황소상을 가져다 놓았다. 조각가가 도로 가져가지 않아 지금 위치로 옮겨졌다. 이젠 월스트리트의 명물이 되었다. 특히, 황소 생식기를 만지면 돈을 번다는 속설이 있다. 4)뉴암스테르담은 대포포대를 세웠는데 지금의 배터리파크가 되었다. 5)엠파이어스테이트 빌딩은 세계에서 가장 높은 빌딩으로 유명했다.1931년 완공 영화 〈킹콩〉1933년에서 킹콩과 헬리콥터 격투 신이 나오는 빌딩이기도 하다.

유대인의 음식 규율 코셔푸드

코셔푸드Kosher는 유대인들의 음식 규율이다. 육류 중엔 돼지, 토끼, 너구리, 낙타를 도살하거나, 고기 섭취, 관련 유제품 생산을 금한다. 물고기는 민물과 바다를 불문하고 지느러미와 비늘이 다 있어야만 먹을 수 있다. 그로 인해 장어, 미꾸라지, 조개, 새우, 게 등은 먹을 수 없다. 우유(소의 젖), 포도주, 포도주스도 유대교인의 감독 아래 생산하고 제조된 것만 허용한다. 조리기구도 코셔 인증을 받아야만 한다. 특히, 육류와 유제품은 동시에 섭취하지 못하게 하고 있다. 가령, 치즈버거는 육류와 유제품(치즈)이 함께 들어가기에 이스라엘에서는 팔지 않는다. 빵에 유제품인 버터를 썼다면 고기와 함께 먹을 수 없다. 베이글을 우유, 버터를 쓰지 않고 만드는 것도 그 이유다.

크리스마스에 중식당에서 식사하는 미국 풍습은 1930년대 뉴욕에 거주하던 유대인들로 인해서다. 유대인들에게 크리스마스는 명절이 아니다. 반면, 유럽과 중남미 기독교권 출신에게는 연중 최대 명절이다. 가족끼리 크리스마스를 보내기 위해 식당 문을 과감히 닫는다. 1930년대 뉴욕은 유럽계 이민자들이 운영하는 식당 외에는 중식당이 유일했다. 그 결과 크리스마스에 유대인이 식사를 해결할 유일한 식당은 중식당뿐이었다. 중식당은 코셔를 지킬 수 있다는 점도 매력적이었다. 서양은 고기와 유제품을 함께 요리하는 경우가 많으나, 중국 음식은 유제품을 거의 쓰지 않기 때문이다.

원래 유대인의 음식이었던 베이글

베이글Bagel은 도넛 모양의 동그란 빵이다. 베이글 하면 뉴요커들이 즐기는 빵으로 알려져 있지만, 원래는 동유럽 유대인(아쉬케나지 유대인)들이 먹던 빵이다. 17세기 폴란드 유대인 제빵사에 의해 처음 만들어졌다고 알려져 있다. 베이글 이름도 이디시어(아쉬케나지 유대인 언어)인 베이글Beygl에서 나왔다. 이는 반지, 고리를 뜻하는 중세 고지(高地) 독일어 '뵈우겔Bougel'에서 유래했다. 동유럽 유대인 속담에 "베이글 3개는 먹어야 배부르다"는 말이 있는데, 초기 베이글은 작은 크기였다. 동유럽 지역 유대인들이 19세기 미국 뉴욕, 캐나다 몬트리올 지역으로 이주하면서 베이글이 북미에 뿌리 내려졌다. 특히, 유대인들이 가장 많이 정착한 곳이 뉴욕이다. 뉴욕은 다민족이 모여 있다 보니 여러 사람들의 입맛을 만족시키려 베이글 수준도 높아졌다. 그래서일까. 베이글 하면 뉴욕과 유대인이 가장 떠오른다.

또 다른 베이글 설은 오스만제국과 오스트리아 간 전쟁과 관련 있다. 오스트리아가 전쟁에서 승리했는데, 승리에 도움을 준 폴란드 왕에게 감사 표시를 위해 만들어졌다는 것이다. 유대인 제과업자에게 말을 탈 때 발을 디디는 등자 모양으로 빵을 만들게 했다는 것이다. 독일어로 등자는 '뷔글'이라 하는데 지금의 베이글이 유래했다는 것이다.

유제품이 들어가지 않는 베이글

베이글은 부풀어 오르지 않고 밀도가 높아 특유의 딱딱하고 질긴 듯하면서 쫄깃한 식감이 난다. 쫄깃한 식감은 물에 데쳐내면서 높아진다. 베이글은 다른 빵들과는 다르게 끓는 물에 한 번 데쳐내고 오븐에 구워낸다. 끓는 물에 넣으면 베이글이 단단해지고 밀도가 높아진다. 베이글에는 밀가루, 효모, 소금 등이 들어갈 뿐이다. 유대인 음식 율법인 코셔에 따라 유제품(우유, 버터)이 들어가지 않는다. 달걀도 들어가지 않는다. 코셔 규정(한 가축의 고기와 젖을 함께 먹을 수 없다)에는 고기와 유제품을 함께 먹는 것이 금지되어 있어서다. 유대인들의 주식인 빵이기에 고기와 함께 먹기 위해선 빵 반죽에 유제품이 들어가선 안 되는 것이다. 덕분에 담백한 빵이 되었다. 반면, 베이글이 지방 함량은 낮지만 칼로리는 높은 편이다. 의외로 다이어트식이라 하기에는 무리가 있다. 연어, 햄, 토마토, 크림치즈 등 다양한 재료를 더해 샌드위치로 만들어 먹기 때문이다.

뉴욕식과 몬트리올식 베이글의 차이점

몬트리올식 베이글은 데쳐내는 물에 꿀을 섞는다. 향과 윤택을 더하기 위해서다. 그래서 뉴욕식보다 단맛이 더 나고 좀 더 쫄깃하면서 촉촉하다. 몬트리올식은 크기는 좀 더 작으며 가운데 구멍은 좀 더 크다. 마무리 단계에 깨나 양귀비씨를 뿌리기도 한다. 다른 재료를 섞어 먹기보다 빵 자체 맛에 집중하는 편이다. 반면, 뉴욕식은 빵의 크기가 크고 가운데 구멍이 작다. 다양한 재료를 넣어 샌드위치로 만들어 먹기 좋다. 종합하자면, 뉴욕식 베이글이 단단하고 통통하다면 몬트리올식은 좀 더 가볍다.

몬트리올 전통 베이글 집에선 장작오븐을 고수한다. 가스나 전기오븐보다 장작오븐에 구워내면 표면이 더 바삭하고 더 구수한 맛이 난다. 두 도시 모두 초기에는 화덕을 썼으나 뉴욕이 팽창하면서 대량생산이 가능한 가스나 전기오븐으로 바뀌게 된다. 미국에선 대형 식품회사들이 베이글을 대량생산하고 냉동 베이글을 파는 것이 일반화되었다. 그럼에도 베이글 도시 뉴욕에선 차별화한 베이글을 파는 맛집이 도시 곳곳에 있다.

\# 몬트리올을 대표하는 베이글 가게로는 페어마운트 베이글, 생 비아토 베이글이다. 뉴욕은 에시 베이글, 머레이 베이글 등이 있다.

뉴요커들은 베이글을 토스트해서 먹지 않는다. 오늘 새벽에 구워졌기에 신선하다고 생각하기 때문이다. 뉴욕 제빵사들은 한밤중에 출근해서 전날 숙성한 반죽으로 베이글을 만든다. 뉴욕 베이글 전문점에선 수십 가지의 크림치즈가 있으며, 훈제연어, 베이컨, 각종 채소 등을 준비해 두고 있다. 뉴욕에선 아침 출근길에 한 손엔 베이글, 다른 손엔 커피를 든 뉴요커를 쉽게 볼 수 있다. 베이글에 대한 뉴요커의 자부심을 볼 수 있는 사례가 있다. 2018년 민주당 뉴욕지사 예비후보(신시아 닉슨)는 시나몬·건포도 베이글에 훈제연어, 크림치즈를 얹은 베이글을 주문했다. 뉴요커들은 단맛이 강한 베이글은 크림 치즈만 바르거나, 그냥 먹어야 한다며 베이글에 대한 범죄라고 닉슨 을 맹비난했다.

필라델피아 크림치즈의 고향은 뉴욕

베이글의 굿 파트너는 크림처럼 부드러운 크림치즈다. 크림치즈 가 더해지며 베이글은 더욱 대중화되었다. 코셔 규율에 따라 크림치 즈가 들어가 있기에 고기를 쓸 수가 없다. 대신에 염장연어 등 생선 류를 베이글에 넣어 팔았는데, 이게 뉴욕의 명물이 되었다. 크림치 즈는 크림과 우유를 섞어 만든다. 숙성하지 않아 수분 함량이 높고 맛이 부드럽다. 일반 치즈와 달리 짠맛 대신에 약간의 신맛과 고소 한 맛이 난다. 지방 함량이 45% 이상으로, 지방 함량이 65%를 넘으 면 더블 크림치즈라 한다. 크림치즈 브랜드 중 유명한 건 '필라델피 아 크림치즈'다. 필라델피아가 원산지 같지만, 뉴욕 농장이 원산지 다.1872년 원래 뉴욕주 낙농업자 윌리엄 로렌스가 개발했다. 뇌샤텔 이란 프랑스 치즈를 만들다 실수로 만들어졌다고 한다. 한데, 이름 은 필라델피아 크림치즈다. 상품명에 아미시 교도들이 많이 살던 필 라델피아 이름을 붙였다. 아미시 교도들은 자급자족하며 사는데 고 품질 유제품을 생산해 왔기 때문이다. 제품의 신선함을 강조하기 위 한 일종의 마케팅 전략이었다. 뉴욕 스타일 베이글은 다양한 맛의 부드러운 크림치즈를 듬뿍 발라 먹는다.

크림치즈가 들어간 뉴욕 치즈케이크

뉴욕 치즈케이크도 크림치즈가 듬뿍 들어가 있어 크림치즈의 진한 맛과 향을 느낄 수 있다. 19세기 후반 크림치즈가 대량생산되면서 크림치즈가 들어간 뉴욕식 치즈케이크가 탄생한다. 뉴욕 치즈케이크는 무겁고 진하며 꾸덕한 전통 치즈케이크 맛이다. 쿠키를 바닥에 크러스트로 깔고 만든다. 크림치즈 함량이 높아 진한 맛을 느낄 수 있다. 사워크림Sour Cream이 들어가 부드러운 산미도 있다.

원래 치즈케이크는 기원전 고대 로마인들도 즐겨 먹던 디저트다. 기원전에는 밀가루, 치즈, 꿀로 만들었다. 지금보다 거칠고 투박한 맛이었을 듯하다. 치즈케이크는 치즈를 사용해 나라마다 각각의 방식으로 만들었다. 일본식 수플레 치즈케이크, 스페인식 바스크 치즈케이크, 굽지 않는 레어 케이크 등 다양한 형태로 발전해 왔다. 수플레 치즈케이크는 일본에서 인기가 있는 치즈케이크다. 스펀지 케이크 스타일의 일본식 케이크다. 크림치즈에 흰자 머랭(달걀흰자 거품 반죽)을 섞어서 구워낸다. 머랭으로 부풀려지다 보니 시폰 케이크나 카스텔라처럼 말랑말랑하고 폭신하다. 단맛은 적고 치즈 향은 은은하다. 레어 치즈케이크는 다른 치즈케이크와 달리 오븐에 굽지 않고 만든다. 크림치즈에 생크림, 젤라틴을 넣고 차갑게 굳히는 방식이다. 젤라틴은 온도가 60~70℃를 넘기면 분해되어 굳지 않는다. 반죽을 60℃ 이하 상태에서 사용해야만 한다. 그러다 보니 부드럽지만 차가운 생치즈 느낌이다. 상큼한 과일소스와도 잘 어울린다. 바스크 치즈케이크는 고온의 오븐에서 짧게 구워낸다. 검게 태운 듯한 겉면은 쫀득, 속은 푸딩처럼 부드럽다. 설탕, 크림을 많이 넣어 진하고 부드러운 치즈 맛이다. 냉장보다 실온에서 먹을 때 풍미가 더 좋다.

식료품점 겸 식당, 델리카트슨

뉴욕에선 유대인들이 모여 사는 지역을 중심으로 식료품점과 간단한 식사를 할 수 있는 식당이 결합된 델리카트슨(식료품점 겸 식당)Delicatessen이 발달하게 된다. 처음엔 이민 온 유대인을 위한 코셔푸드 중심으로 운영을 했었다. 베이글도 델리카트슨에서 팔던 음식 중 하나다. 델리카트슨은 델리Deli로 축약되어 쓰인다. 그래서일까. 뉴욕 맨해튼 골목마다 델리 간판이 매우 흔하다. 세월이 흐르며 델리카트슨은 뉴욕에서 미국 전역으로 퍼져나간다. 비(非)유대인 입맛까지 잡으며 미국 식탁에서 중요한 자리를 차지한다. 지금은 델리라고 하면 미리 만들어 놓은 샌드위치류나 샐러드 등을 파는 조그만 가게부터 간단한 식료품점을 겸하는 곳, 여기에 각종 음식을 만들어 주는 카페테리아까지 다양하다. 여러 인종의 집합소인 만큼 이젠 이탈리안 델리, 그리스 델리, 멕시칸 델리, 아시안 델리 등 다양한 델리가 공존한다.

2023년 4월 뮤지컬의 중심지 뉴욕 브로드웨이의 작은 샌드위치 가게인 '스타라이트 델리' 앞에선 작은 작별 노래가 울려 퍼졌다. 39년간 하루도 빠짐없이 장사를 하며 불을 밝혀왔던 가게가 마지막 문을 닫는 날이었기 때문이었다. '스타라이트 델리'

는 언젠가의 성공을 위해 모여든 돈 없는 배우들의 주린 배를 달래준 가게였다. 이 가게의 주인은 한국계 미국인 김정민 씨였다. 한국인 이민 세대가 그러하듯 김씨는 하루 14시간, 주 7일간 쉬지 않고 39년간 가게 불을 밝혀왔다.

〈해리가 샐리를 만났을 때〉의 촬영지 카츠 델리카트슨

영화 <해리가 샐리를 만났을 때>1989년 개봉는 뉴욕의 유명한 카츠 델리카트슨에서 촬영했다. 남녀 사이 우정은 불가능하다고 생각하는 남자 해리(빌리 크리스털)가 샐리(맥 라이언)와 사랑에 빠지는 이야기다. 어느 날 카츠 델리카트슨에서 둘은 식사를 한다. 식사 중 샐리가 여자들은 가짜 오르가즘을 연기한다 하자, 해리는 불가능하다며 반박한다. 이에 샐리가 가짜 오르가즘 흉내를 내고는 음식을 먹는다. 이를 지켜보던 한 여자 손님이 저 여자가 먹는 걸로 달라는 주문을 하는 장면이 나온다. 사실 그 여자 손님은 감독의 어머니였다고 한다.

샐리와 해리가 먹었던 샌드위치는 파스트라미Pastrami 샌드위치다. 파스트라미는 소 양지머리(가슴살) 덩어리를 향신료, 양념을 넣은 소금물에 담가 염지한 후 건조, 훈연한 고기다. 원래 오랫동안 고기를 상하지 않고 보관하기 위해 만든 방식이다. 장시간 저온에서 천천히 익힌다. Pastra는 보존하다는 의미다. 19세기 루마니아 이민자들이 미국으로 건너오며 알려지게 된다. 얇게 슬라이스해서 호밀빵 샌드위치에 넣어 먹는다. 현재는 뉴욕의 대표적인 샌드위치 메뉴 중 하나가 되었다.

시저 샐러드가
율리우스 시저와
관련 없다고?

루비콘강을 건너간 율리우스 카이사르

가이우스 율리우스 카이사르기원전 100~44년는 로마제국 전성기 정치가다. 보통은 율리우스 카이사르로 부른다. 가이우스가 개인 이름, 율리우스는 씨족명, 카이사르가 가문명이다. 로마 귀족들은 이름에 신분을 나타냈기에 이름만 3~4개다. 7월July는 율리우스Julius에서 나왔다. 율리우스 카이사르가 7월에 태어났다고 해서다. 황제를 뜻하는 영어 시저Caesar, 독일어 카이저Kaiser, 러시아어 차르Czar 모두 카이사르다. 카이사르는 폼페이우스, 크라수스와 로마제국의 제1차 삼두정치를 열었다. 삼두정치란 세 사람이 로마를 분할통치하는 것이다. 서로 간 동맹을 위해 카이사르는 자신의 딸16세, 율리아을 30세나 많은 폼페이우스에게 시집을 보냈다. 이후 카이사르는

8년간기원전 58~51년 갈리아 정복을 통해 로마 영토를 넓혀가고 인기를 얻는다. 갈리아는 북부 이탈리아, 프랑스, 벨기에, 스위스 서부, 라인강 서쪽 독일 등이다. 카이사르의 딸이 출산 도중 사망기원전 54년했다. 그러자 카이사르와 사위인 폼페이우스의 사이가 소원해졌다. 1년 후에는 삼두정치 인물 중 한 명인 크라수스가 전쟁 중 사망했다. 원로원 귀족들은 인기가 높아진 카이사르 대신에 폼페이우스 편을 들었다. 원로원은 폼페이우스에게 무제한 권한을 주는 법안을 발의했다. 반면, 갈리아에 있던 카이사르에겐 무장해제하고 단신으로 로마에 귀국하라는 명령을 내린다. 카이사르는 "주사위는 던져졌다"라는 말을 하고 군대와 함께 루비콘강을 건넌다. 군대를 이끌고 루비콘강을 건넌다는 건 쿠데타였다. 갈리아에서 8년간 잘 훈련된 카이사르의 군대는 로마를 점령했다. 폼페이우스는 이집트로 도망갔으나, 이집트 파라오프톨레마이오스 13세에게 살해당했다.

카이사르를 몰아낸 브루투스

경쟁자를 모두 물리친 카이사르는 집정관에 그의 오른팔인 안토니우스를 앉히고 자신은 평생 임기가 보장된 종신 독재관이 되었다. 왕이나 다름없어진 1인 독재자에 대해 원로원은 제거 계획을 세운다. 카이사르를 제거해야 공화정으로 돌아가고 귀족이 힘을 얻을 수 있기 때문이다. 카이사르는 원로원 회의장 앞에서 반대파 귀족세력의 칼에 찔려 죽고 만다. 아이러니하게도 정적이었던 폼페이우스 동상 앞에서 말이다. 암살자들 사이에서 카이사르는 그가 총애하던 2명의 브루투스를 본다. 카이사르 애인세르빌리아 아들인 브루투스마르쿠스 유니우스 브루투스와 갈리아 전쟁에서 활약하고 카이사르가 총애하던 또 다른 브루투스데시무스 브루투스다. 죽기 직전 카이사르는 "브루투스 너마저"라는 말을 남긴다. 카이사르 유언장에는 옥타비아누스카이사르의 양자(카이사르 누나의 외손자) 다음 두 번째 후계자로 데시무스 브루투스를 지정했다. 아마 카이사르가 외친 브루투스는 데시무스였을 것이다.

시저 샐러드가 카이사르(시저)와 관련 없다니!

미국에서 인기 있는 샐러드 중 하나가 시저 샐러드Caesar Salad다. 이름에 시저가 들어 있다만, 고대 로마의 시저(율리우스 카이사르)와는 아무런 상관이 없다. 그가 아닌 또 다른 시저에 의해 개발되었기 때문이다. 그것도 근세인 20세기에 말이다. 이탈리아계 미국인인 시저 카르디니는 미국의 금주법을 피해 멕시코 티후아나로 이주했다.1924년 거기서 식당을 운영하며 새로운 샐러드를 만든다. 개발자의 이름을 따서 시저 샐러드로 불리게 된다. 일화는 이렇게 시작된다. 1924년 미국 독립기념일에 시저 카르디니의 식당에 손님이 몰렸다. 한데, 샐러드 재료가 부족해졌다. 주방에 남은 재료로 뚝딱 만들어 낸 게 시저 샐러드의 시초다. 처음에는 손으로 집어 먹을 수 있도록 만들었다. 이후 한 입 크기로 잘라 포크로 찍어 먹을 수 있게 바뀌었다. 시저 샐러드에 들어가는 재료로는 로메인 상추, 튀긴 빵 조각(크루통Crouton), 파르메산 치즈 등이다. 로메인 상추는 양상추보다 잎이 두꺼워 식감이 아삭아삭하다. 크루통은 식빵을 정육면체로 썰고, 올리브 오일을 뿌린 뒤 오븐에 구워낸 것이다. 파르메산 치즈는 장기숙성 하드치즈의 한 종류다. 이탈리아(에밀리아로마냐, 롬바르디아 지방)가 원산지인 치즈다. 이탈리아에선 치즈의 왕으로 이야기되며, '파르미지아노 레지아노'로 불린다. 파르메산 치즈를 강판에 갈아서 시저 샐러드 위에 뿌린다. 시저 드레싱은 날달걀을 넣어 만드는데 멸균한 달걀을 사용하는 게 좋다. 시저 샐러드는 바로 먹는 게 좋다. 바로 먹지 않으면 상추에서 물이 나와 크루통의 바삭한 식감이 없어지고, 상추도 힘없이 늘어진다. 시저 카르디니는 1926년 그의 형제인 알렉스 카르디니를 끌어들여 식당을 함께 운영한다. 알렉스는 안초비(지중해산 멸치 염장)를 샐러드에 첨가했다. 안초비를 넣은 샐러드도 시저 샐러드로 불린다.

시저 샐러드 내용물: 로메인 상추, 크루통, 파르메산 치즈, 레몬즙, 달걀, 마늘, 올리브 오일, 우스터 소스

소금에서 유래한 샐러드의 세계

샐러드Salad는 소금을 뜻하는 라틴어 Sal에서 유래한다. 고대 로마에선 쓴맛을 제거하려 생채소에 소금을 뿌려서 먹었다. 이런 습관은 알프스 이북을 넘어 서유럽 그리고 바다 건너 미국에까지 전해졌다.

샐러드에 함께하는 소스의 어원도 소금을 뜻하는 라틴어 Sal이다. 샐러드는 비타민이 풍부한 야채, 과일과 소스를 함께 먹는다. 육류를 많이 먹던 유럽인들이 산성인 육류에 알칼리인 생채소를 곁들임으로써 영양상 균형을 이뤘다. 고기의 냄새를 중화시키는 역할도 한다.

이탈리아 샐러드로는 카프레제Insalata alla Caprese(인살라타 알라 카프레제)가 있다. 이탈리아 남부 나폴리 만의 카프리섬 여름철 요리다. 이탈리아 국기에 들어가는 빨강(토마토), 하양(모차렐라 치즈), 초록색(바질)이 들어 있다. 독일 샐러드로는 부르스트잘라트Wurstsalat가 있다. 독일 소시지, 양파, 치즈 등을 넣어 만든다. 프랑스에는 니수아즈 샐러드Nicoise Salad가 있다. 니스풍의 샐러드다. 토마토, 블랙 올리브, 삶은 달걀, 안초비(또는 참치) 등을 넣어 먹는다. 그리스에는 그릭 샐러드가 있다. 지중해 야채와 양젖으로 만든 페타치즈로 만든다. 월도프 샐러드Waldorf는 고전적 미국 과일 샐러드다. 사과, 샐러리, 호두를 마요네즈로 버무린다. 미국 뉴욕 월도프 호텔 자선행사에서 처음 선보였다.1893년 월도프의 오스카라는 별명을 얻은 유명 지배인 오스카 스처키가 이 레시피를 만들었다. 오스카 스처키는 사우전드 아일랜드 드레싱, 에그 베네딕트 탄생에도 기여한 인물이다.

스웨덴에는 스웨덴 스타일의 안초비 샐러드가 있다. 소금기를 제거한 안초비(지중해산 멸치 염장) 필레, 새콤한 사과, 비트 등을 넣는다. 스칸디나비아식 비트 샐러드도 청어와 야채를 같이 먹는 샐러드다. 비트를 오븐에 익힌 뒤 껍질을 벗기고 청어, 삶은 달걀, 양파 등을 넣어 먹는다.

멕시코에는 아보카도로 만드는 과카몰리가 있다. 으깬 아보카도,

양파, 토마토 등을 넣어 만든다. 샐러드로도 먹지만 타코, 케사디야로도 만들어 먹는다. 태국에는 파파야로 만드는 쏨땀이 있다. 파파야와 함께 매콤한 맛(고추, 마늘), 짠맛(피시소스), 새콤한 맛(라임), 단맛(종려당)이 모두 어우러져 있다. 아랍에는 파슬리를 많이 넣는 타볼리 샐러드가 있다. 물에 불린 쿠스쿠스, 토마토, 양파, 파슬리 등을 넣는다. 쿠스쿠스가 오독오독 씹히는 샐러드다. 쿠스쿠스는 북아프리카, 중동 지역에서 즐겨 먹는 식재료다. 듀럼밀을 빻아 만든 작은 알갱이 형태로 만든 곡물이다.

샐러드에 뿌려지는 드레싱의 세계

드레싱Dressing은 샐러드에 뿌리는 소스를 말한다. 샐러드 위에 뿌려진 소스 모습이 마치 여성들이 드레스 입은 모습과 비슷해서 드레싱으로 불렸다. 드레싱은 프렌치 스타일과 마요네즈 계통 등으로 나뉜다. 프렌치 드레싱은 샐러드 위에 직접 뿌린다. 반면, 마요네즈 소스는 접시 한쪽에 놓고 조금씩 찍어가며 먹는다. 프렌치 드레싱French은 식초를 넣어 산뜻한 느낌이다. 식초, 올리브 오일, 레몬즙 등을 넣어 깔끔한 드레싱이다. 사우전드 아일랜드Thousand Island 드레싱은 프렌치 드레싱에 토마토 소스를 가미해 진한 맛이 난다. 드레싱이 뿌려진 모습이 1,000개의 섬이 떠다니는 듯하다 해서 사우전드 아일랜드다. 이탈리안Italian 드레싱은 올리브 오일, 식초 그리고 안초비(지중해산 멸치 염장)을 넣어 연한 갈색이다.

발사믹 비네거Balsamic Vinegar는 이탈리아 전통 포도식초다. 청포도즙을 졸인 다음에 나무통 속에서 발효시켜 만든다. 발사믹은 '향기가 좋다'는 의미다. 비네거는 식초다. 와인 비네거Wine Vinegar는 포도와인 식초다. 포도 과즙에 초산균을 넣어 발효시킨다. 화이트와인 비네거와 레드와인 비네거가 있다. 화이트는 산뜻한 맛이 강하고 깔끔하다. 마리네이드Marinated(밑간) 재료로 주로 쓰인다. 생굴이나 생선 요리에도 어울린다. 레드는 떫지만 깊은 맛을 낸다. 조림용 소스로도 사용된다.

샐러드는 다이어터들에게 필수 요리다. 열량 낮은 채소 덕분에 살찌는 걸 막아주고, 풍부한 미네랄, 비타민 섭취도 가능해서다. 하지만, 샐러드 드레싱을 과하게 더하면 오히려 살을 찌울 수 있다. 특히 마요네즈가 들어간 드레싱은 다이어트에 치명적이다. 다이어트 측면에선 식초가 많이 함유된 드레싱을 추천한다. 일례로 식초 성분이 강한 발사믹 비네거는 열량이 100g당 88.2kcal(밥 한 공기 300kcal)다. 여기에 시큼한 맛을 내는 구연산 성분이 지방까지 분해해 준다.

브런치 에그 베네틱트,
치킨와플, 프렌치 토스트

열량 높은 아침 한 끼 식사인 잉글리시 브랙퍼스트

잉글리시 조식(English Breakfast) 또는 풀 조식(Full Breakfast)은 영국 전통의 아침식사다. 양이 푸짐하고 열량 높은 든든한 메뉴가 담겨 있다. 작가 윌리엄 서머싯 몸은 "영국에서 잘 먹으려면 하루 동안 아침을 세 끼 먹으면 된다"고 표현했을 정도다. 잉글리시 브랙퍼스트는 달걀, 베이컨(소시지), 구운 토마토, 익힌 콩, 버섯, 블랙푸딩(영국식 순대), 토스트, 음료 등으로 이뤄진다. 해시브라운, 주스, 시리얼 등이 추가되기도 한다. 빅토리아 여왕 시절 산업혁명 이후 공장 노동자들의 칼로리 보충을 위해 토스트에 베이컨(소시지), 달걀, 블랙푸딩이 추가되고, 1~2차 대전 이후 구운 토마토, 버섯이 추가되었다. 영국에는 '잉글리시 브랙퍼스트 소사이어티'가 있다. 영국식 아침식사에 대한 보존과 연구를 위한 단체다.

아메리칸 조식(American Breakfast)은 미국식 아침식사로 잉글리시 조식과 마찬가지로 푸짐하다. 팬케이크, 베이컨(햄,소시지), 달걀, 토스트, 시리얼, 과일, 음료 등으로 구성되어 있다. 콘티넨털 조식(Continental Breakfast)은 유럽 호텔에서 제공되는 간단한 아침식사다. Continental은 대륙이란 뜻이다. 서양식 조식 중 가장 간단한 형태다. 간편하게 먹을 수 있는 빵, 스프레드(버터, 치즈, 잼, 꿀), 과일, 음료로 구성된다.

스프레드 (spread)는 나이프를 사용해 빵이나 크래커 등에 바르는 음식을 말한다.

이른 점심인 브런치에 대하여

Breakfast는 '공복(Fast)을 깨는(Break) 식사'란 의미다. 단식 상태(Fasting)를 끝내는 첫 번째 끼니다. 반면, 브런치Bruch는 Breakfast(아침식사)와 Lunch(점심식사)의 합성어다. 아침과 점심 사이에 먹는 이른 점심을 말한다. 브런치의 기원으로는 첫째, 가톨릭 미사 때문이다. 가톨릭에선 미사 중의 성찬식을 위해 금식을 해야 했다. 미사 이후 점심에 두 끼니의 식사를 한 것이 브런치로 발전했다는 것이다. 둘째, 미국 뉴욕 맨해튼의 한 식당에서 브런치 메뉴를 선보인 것이 그 유래라는 것이다. 셋째, 영국에서 사냥 전, 여러 코스로 나누어진 아침식사가 브런치의 원형이라는 것이다. 마지막으로 일요일엔 종교 활동이 없는 유대인들이 베이글 등으로 느긋한 아침을 먹은 데서 유래했다는 설도 있다. 브런치 메뉴로는 팬케이크, 샐러드, 샌드위치, 오믈렛, 프렌치 토스트 등 가벼운 식사 대용 요리가 있다. 뉴욕의 대표적인 브런치 메뉴로는 에그 베네딕트, 치킨와플 등이 있다. 미국 드라마 〈섹스 앤 더 시티〉의 4명의 여주인공들은 뉴욕의 바쁜 일상 속에서 주말 오전 브런치 카페에서 만나 수다를 떤다. 슈탐티슈Stammtisch는 독일식 사교 식사다. 단골 식당에서 친구들과 정기적으로 만나 식사를 하며 이야기를 나누는 방식이다. 단골 식당이기에 자신의 고정자리가 있기도 하다.

잉글리시 머핀과 아메리칸 머핀

머핀Muffin은 '빵을 부드럽게 하는 시간'이라는 프랑스어 Moufflet에서 왔다. 머핀은 잉글리시 머핀과 아메리칸 머핀으로 나뉜다. 잉글리시 머핀은 19세기 빅토리아 여왕 시절에 아일랜드 지역의 집안 요리사가 하인들을 위해 만들었다. 자투리 반죽에 감자를 으깨 프라이팬에 튀겨낸 것이 원조다. 영국에서 아침식사로 먹는다. 맥도날드에서 판매하는 맥모닝에 들어가는 빵이기도 하다. 오마하의 현인 워런 버핏의 아침식사는 맥모닝이다. 머핀은 에그 베네딕트에도 쓰인다. 잉글리시 머핀에 홍차를 곁들이거나 버터, 잼을 발라 먹는다. 오믈렛, 햄, 수프와 함께 먹거나, 샌드위치로 만들어 먹기도 한다. 영국에선 머핀, 영국 밖에선 잉글리시 머핀으로 불린다. 현대의 잉글리시 머핀은 우유, 버터가 들어간 이스트 반죽을 구워낸 것이다. 빵 반죽 위아래에 철판을 대서 평평하고 양면이 납작한 둥근 모양이 되도록 한다. 겉은 바삭하고 속은 폭신폭신하다.

아메리카 머핀은 컵 모양이다. 컵 모양 종이 케이스에 반죽을 넣어 구워내기 때문이다. 반죽은 밀가루, 설탕, 달걀, 우유, 베이킹파우더 등을 더해 만든다. 특히, 화학적 효모인 베이킹파우더로 인해 반죽이 부풀어 오른다. 잉글리시 머핀이 미국으로 건너가 이스트 대신에 베이킹파우더를 넣게 된다. 반죽에 잼, 견과류(블루베리, 크랜베리), 바나나, 초코칩 등도 넣어 만든다. 일반적으로 머핀이라 하면 아메리칸 머핀이 통용된다.

브런치의 여왕, 에그 베네딕트

에그 베네딕트Egg Benedict는 브런치의 여왕이라 불린다. 노른자를 터트려 먹는 뉴욕식 브런치 요리다. 주로 아침이나 브런치로 즐긴다. 반으로 자른 구운 머핀 위에 1)수란Porched Egg, 2)캐내디언 베이컨, 3)네덜란드(홀랜다이즈) 소스를 올린 요리다. 사이드로 샐러드나 감자튀김 등을 곁들이기도 한다. 1)수란은 식초를 넣고 끓인 물에 달걀을 깨서 넣어 흰자만 익힌 걸 말한다. 달걀노른자는 조금 덜 익혀야 노른자가 주르륵 흘러내리며 빵을 촉촉하게 만든다. 2)캐내디언 베이컨은 아이리시 베이컨으로도 불린다. 돼지 등심을 소금과 설탕에 절여 훈제하는데 햄에 가까운 모양이다. 3)홀랜다이즈 소스는 홀랜드(네덜란드) 스타일 소스란 의미다. 프랑스 5대 기본소스 중 하나다. 달걀노른자와 액체 상태의 버터, 레몬즙, 카옌페퍼로 만든 소스다. 1860년 뉴욕 맨해튼 남쪽의 식당(델모니코스)에서 '르그랑 베네딕트 부인'이 새로운 달걀요리를 원했고, 주방에서 새로운 요리를 내놓게 된다. 그리곤 르그랑 베네딕트 부인의 이름을 붙여 에그 베네딕트로 불리게 된다. 또 다른 기원설은 은퇴한 월스트리트 증권 거래인인 '리무엘 베네딕트'가 호텔 아침식사로 버터를 발라 구운 빵에 수란, 베이컨, 네덜란드 소스를 주문하면서 만들어졌다는 설이다. 당시 호텔 담당자가 이 조합을 응용해 아침과 점심 메뉴로 내놓게 되었다는 것이다. 빵을 머핀으로, 베이건 대신에 햄을 넣으면서 말이다.

베이컨 대신에 연어를 쓰면 에그 애틀란틱, 스테이크를 쓰면 에그 오마르라고 한다.

벨기에식 와플과 미국식 와플

벌집이란 뜻을 가진 와플Waffle은 버터 향이 나는 단 디저트다. 밀가루, 버터, 달걀, 설탕과 소금, 물 등으로 반죽을 한다. 와플 메이커라는 벌집 모양 전용 틀에 구워낸다. 와플은 반죽 차이에 따라 벨기에식과 미국식으로 구분한다. 벨기에식 와플은 이스트(발효효모)를 넣어 발효한 반죽에 달걀흰자를 넣어 굽는다. 벨기에 와플은 1)리에주 와플과 2)브뤼셀 와플로 나누어진다. 1)리에주 와플은 벨기에 리에주 지역에서 유래했다. 설탕이 많이 들어가 달콤한 맛을 낸다. 와플을 만들 때 펄 슈가(설탕)를 넣어 반죽한다. 와플 자체에 단맛이 나므로 특별한 토핑 없이 먹는다. 반면, 2)브뤼셀 와플은 벨기에 브뤼셀 지역에서 유래했다. 네모난 모양의 바삭하고 가벼운 식감의 와플이다. 머랭 반죽(달걀흰자 거품 반죽)을 이용하기에 달지 않아, 달콤한 토핑, 과일, 시럽 등을 얹어 먹는다. 뉴욕 세계박람회에서 벨기에인(모리스 베르메쉬)이 브뤼셀 와플을 벨기에 와플로 소개하며 인기를 얻는다. 그 뒤 와플은 벨기에를 대표하는 음식이 된다. 미국식 와플은 이스트 대신에 베이킹파우더나 베이킹소다를 넣는다. 묽은 반죽을 구워내며 생크림, 아이스크림, 과일, 시럽 등을 뿌려 달게 먹는다. 커피와 함께 브런치로 많이 먹는 게 미국식 와플이다. 일본에는 우리 붕어빵과 같은 나이야키 와플도 있다. 묽은 반죽에 단팥 앙금을 넣는다.

와플 위에 프라이드 치킨을 올린 치킨앤와플

치킨앤와플은 와플 위에 프라이드 치킨을 올린 요리다. 17세기 미국 펜실베이니아 더치 지역에서 치킨앤와플을 먹던 걸로 알려졌다. 1938년 뉴욕 할렘지역의 웰스서퍼클럽에서 치킨앤와플이 인기를 얻으며 대중화된다. 당시 웰스서퍼클럽은 재즈 뮤지션이 공연이 끝난 이후 늦은 밤 들르던 식당이었다. 벨기에 와플 위에 흑인의 소울푸드인 프라이드 치킨을 올리고, 버터, 메이플 시럽, 꿀, 팬케이크

시럽 등을 곁들인다.

빵을 달걀, 우유에 적신 프렌치 토스트

프렌치 토스트French Toast는 빵을 달걀, 우유에 적셔서 부드럽게 만든 뒤 구워낸다. 겉바속촉(겉은 바삭, 속은 촉촉) 브런치 메뉴다. 달콤한 시럽, 과일과 곁들이면 더욱 맛이 있다. 사실, 이런 조리법의 역사는 꽤 오래되었다. 고대 로마시대 요리책에도 지금의 프렌치 토스트 조리법이 나온다. 독일에선 '가난한 기사들'이란 의미를 담은 '아르메 리터Arme Ritter라는 요리가 있었다. 저렴한 비용으로 만든 가난한 기사들을 위한 음식이었는데, 프렌치 토스트와 유사한 요리법이었다. 이 요리가 1차 대전 후 다른 지역에 퍼지며 저먼 토스트German Toast로 불렸다. 하지만, 2차 대전 후 독일에 대한 반감이 커지며 저먼은 프렌치로 바뀌었다는 설이다. 또 다른 기원설은 1724년 미국에서 '조셉 프렌치'라는 셰프가 개발했다는 설이다. 그의 이름을 따 프렌치 토스트가 되었다는 거다. 한편, 북미로 이민 간 프랑스인들에 의해 요리법이 전수되어 프렌치 토스트로 불렸다는 설도 있다. 프랑스에서도 팽 패르뒤Pain Perdu라는 말이 있다. 잃어버린 빵, 못 쓰는 빵이란 의미다. 오래되어 딱딱한 빵을 와인, 오렌지 주스 등에 적셔서 부드럽게 한 뒤 구워낸다. 이 역시 프렌치 토스트와 요리법이 비슷하다.

프라이팬에서 얇게 구워낸 팬케이크

팬케이크는 밀가루에 버터, 달걀, 설탕 등을 섞어 프라이팬에 얇게 구워낸다. 핫케이크라고도 한다. 베이컨, 소시지, 스크램블 에그, 해시브라운 등을 곁들여 아침식사나 브런치로 먹기도 한다. 팬케이크가 식기 전에 버터나 시럽과 함께 먹기도 한다. 영국은 팬케이크를 얇게 구워내는 반면, 미국과 캐나다는 두껍게 구워낸다. 브런치로 먹는 시럽 넣은 두꺼운 팬케이크는 미국에서 유래했다. 수플레 팬케이크는 흰자 머랭을 섞어 폭신하게 익힌다. 오븐에 고온으로 구워 부풀어 오르는 독일식 팬케이크도 있다. 곡식을 반죽해서 팬에 구워먹는 요리는 러시아의 블리니, 프랑스의 크레페 등도 있다.

사순절은 예수님이 십자가에 못 박혀 돌아가시고 다시 살아난 부활절 직전 40일 동안이다. 교인들이 예수님의 고난과 고통을 기억하며 금식에 들어가는 기간이기도 하다. 사순절이 시작되는 날을 '재의 수요일'이라 한다. 재의 수요일엔 재를 이마에 바르고 자신의 죄를 고백한다. 재의 수요일의 하루 전날은 '참회 화요일'이라 한다. 이날은 '팬케이크 날'이기도 하다. 사순절 금식기간 전에 칼로리를 충분히 얻기 위한 목적이다. 영국 버킹엄셔주의 올니 마을은 세계에서 가장 오래된 팬케이크 달리기 대회가 있다. 1445년 장미전쟁(랭커스터〈붉은 장미〉와 요크〈흰 장미〉 가문 간 잉글랜드 왕위를 두고 벌인 전쟁) 시기, 한 여성이 교회 종이 울리자, 프라이팬에 팬케이크를 담긴 채 교회로 달려왔다는 전설에서 시작했다. 참가자들은 팬케이크가 담긴 프라이팬을 들고 달린다. 달리기 처음과 끝에 팬케이크를 뒤집을 수 있어야 하며, 달리는 동안 팬케이크가 떨어져서도 안 된다. 팬케이크 날에는 중세축구인 폭도축구도 열렸다. 별다른 규칙도, 선수숫자 제한도 없었다. 그냥 우르르 몰려다니며 공을 찼다. 다만, 19세기 공공도로에서 중세축구가 금지되며 쇠퇴했다. 하지만, 영국 곳곳에선 참회의 화요일에 중세축구를 하는 전통이 남아 있다.

메이플 시럽

설탕단풍나무는 캐나다 국기에 그려진 나무다. 메이플 로드Maple Road는 캐나다 나이아가라(온타리오주)에서 퀘벡시까지 800km의 단풍길이다. 메이플은 단풍나무란 뜻이다. 메이플 시럽은 설탕단풍나무에서 나오는 수액으로 만든다. 나무의 수액 당도가 높아 시럽을 만드는 데 쓰인다. 세계 메이플 시장 대부분은 캐나다산으로 주로 퀘벡 근처에서 만들어진다. 매년 봄 40년 이상 된 단풍나무에 구멍을 뚫고 수액을 받는다. 수액을 오래 보존하기 위해서 메이플 시럽을 만든다. 메이플 시럽은 브런치로 먹는 프렌치 토스트, 팬케이크 등에 뿌려 먹는다. 여러 요리에 설탕 대신에 사용하기도 한다. 눈 속의 단풍Maple in the snow은 메이플 시럽을 눈 위에 뿌리고, 나무젓가락으로 돌돌 말아 사탕처럼 먹는 걸 말한다. 예전 캐나다 원주민들은 나무통에 수액을 담고 불에 달군 돌을 통에 넣어 수액을 졸였다. 그런 다음 졸아든 수액을 추운 겨울까지 먹었다.

미국인에게 집밥 같은 맥앤치즈

맥앤치즈는 마카로니 앤드 치즈의 줄임말이다. 마카로니 파스타(구불구불 짧은 튜브 모양)에 녹인 치즈를 섞는다. 치즈와 마카로니를 함께 먹던 이탈리아 음식에서 유래했다. 치즈가 주는 풍미가 강하다. 맥앤치즈는 미국인에겐 집밥 같은 음식이다. 집이건, 학교이건 자주 먹는 일상 메뉴다. 마카로니를 먼저 익히고, 여기에 치즈소스를 더한다. 치즈소스는 버터를 약한 불에 녹인 다음 밀가루, 우유, 치즈 순으로 넣는다. 밀가루 전분이 걸쭉한 질감을 내주기에, 맥앤치즈 꾸덕함의 핵심은 밀가루다. 밀가루가 옅은 갈색이 될 때까지 약불에 볶은 다음 우유를 천천히 넣으면 된다.

이탈리아산 서부영화, 마카로니 웨스턴

1930~50년대 미국 서부영화는 미국식 영웅주의와 개척정신을 다뤘다. 주인공이 악당을 통쾌하게 물리쳤다. 하지만, 1960~70년대 이탈리아산 서부영화가 그 뒤를 이어간다. 기존의 정의로운 주인공과 달리 이기적이고 거칠다. 이익만을 좇기에 선과 악의 경계도 모호하고 잔인한 장면들이 강렬하다. 이런 스타일의 영화를 마카로니 웨스턴 또는 스파게티 웨스턴으로 부른다. 이 장르의 시작으로는 이탈리아 출신 세르지오 레오네 감독의 <황야의 무법자>1964년, 클린트 이스트우드 주연를 들 수 있다.

타르타르 스테이크에서 시작된 햄버거

햄버거가 중요 모티브가 된 영화 〈터미널〉

영화 〈터미널〉은 스티븐 스필버그 감독, 톰 행크스 주연 영화다. 주인공 나보르스키(톰 행크스)는 동유럽 국가 크라코지아 출신이다. 고향을 떠나 미국 뉴욕을 방문하던 도중 크라코지아에서 반란이 일어나 그의 비자가 쓸모없게 된다. 오도가도 못한 신세가 된 그는 뉴욕 존 F 케네디 공항에서 살게 된다. 영어를 할 줄 모르고, 그의 나라 돈은 쓸모가 없다. 배고픔을 해결하기 위해 공항 카트를 대신 정리해 줬고, 거기서 나오는 동전을 모아 버거킹 햄버거 하나를 사 먹는다. 배고픈 나보르스키가 햄버거를 먹는 장면은 정말 햄버거를 먹고 싶게 만드는 명장면이다. 나중에 그는 와퍼 세트까지 먹게 되지만 공항 보안 감독자는 그의 이 일자리를 빼앗는다. 하지만, 그는 공항

물류 운반 직원의 큐피드(사랑 메시지 전달자)가 되어 기내식을 얻어
먹는다. 또한, 고향에서의 목수 경험을 살려 공항 시설 보수공사에
도 참여해 돈을 얻는다. 그렇게 그는 공항에서 살아남는다. 이 영화
는 1988년부터 10년 넘게 프랑스 샤를 드골 공항에 살았던 이란 출
신 인물의 실화를 바탕으로 했다.

칭기즈칸이 정복전쟁을 펼친 이유

몽골족은 초원을 돌며 가축을 기르는 유목민족이다. 가축이 먹을
풀이 많은 곳을 찾아 유랑생활을 했다. 말이 먹을 풀이 많다면 굳이
이동할 이유가 없었다. 한데, 칭기즈칸이 정복전쟁에 나설 즈음인
13~14세기 몽골 초원지대에 이상건조 기후가 나타났다. 가축을 먹
일 풀이 줄어든 것이다. 칭기즈칸은 몽골 부족들을 통일한 뒤 풀을
찾아 정복전쟁을 벌이게 되었다. 중국, 중동을 지나 동유럽 일부까
지 차지했다. 칭기즈칸은 "성을 쌓는 자 망하고, 길을 가는 자 흥하
리라"는 유언을 남겼다고 한다. 몽골 대제국은 칭기즈칸 이후 황제
직할령인 원나라몽골 본토 및 중국와 4개의 칸국킵차크, 일, 차카타이, 오고타이칸
국으로 나뉜다. 칭키즈칸의 손자 쿠빌라이 칸은 원나라 아래에 있던
남송을 멸망1279년시키고 중국을 통일했다.

훈족, 몽골족, 튀르크족은 기마민족이다. 기마민족은 발 빠른 기
동력으로 세계를 지배했다. 훈족은 게르만족을 밀어내 로마제국의
멸망을 가져왔다. 몽골족은 유라시아에 대제국을 건설했다. 튀르크

족은 오스만제국을 세워 유럽을 위협했다.

타타르족이 기원인 타르타르 스테이크

햄버거 패티의 기원은 타타르족(타르타르 또는 타르타로스)Tartars이 먹던 육회에서 비롯되었다. 타타르족은 튀르크계와 몽골계가 섞인 유목민족이다. 이들은 중앙아시아 초원지대에 살았다. 칭기즈칸 사후 세워진 킵차크한국이 이 지역을 지배하면서, 여러 민족들이 합쳐져 살았다. 유럽인들에게 타타르라 불린 건 그리스 신화의 지옥 타르타로스에서 유래해서다. 13~14세기 유럽인들은 세상을 지배한 몽골인들을 두려워했기 때문이다. 유목민족인 타타르족은 가축들의 먹이인 풀이 있는 곳을 찾아 이동하며 살았다. 그들은 양고기(말고기)를 갈거나 다진 후 말 안장에 넣고 다녔다. 말을 타고 다니다 보면 안장 밑 고기가 부드러워지고 먹기가 편해졌다. 특히, 부드러워진 고기는 말을 타고 이동하며 먹기 간편했다. 이 음식이 유럽에 타르타르Tartar 스테이크로 알려지게 된다. 칭기즈칸은 타르타르 스테이크를 군용식량으로도 썼다. 타르타르 덕에 몽골군대는 말을 타고 빠르게 진격할 수 있었다.

현재도 생고기를 쓰는 타르타르를 프랑스, 독일, 동유럽에서 즐긴다. 신선한 소고기에 양념을 하고 뭉친 다음에 달걀노른자를 얹어 먹는다. 프랑스식 타르타르는 고소한 우리의 육회와 달리 새콤한 맛이 특징이다. 프랑스식 피클(코니숑) 등을 쓰기 때문이다. 연어를 쓰는 연어 타르타르도 인기가 있다. 서양에선 소고기뿐만 아니라 다른 날고기, 날생선 살을 다져 만든 요리를 타르타르라고 한다. 반면, 생고기를 얇게 저며 썰어 접시에 깔고 양념(소스)을 뿌린 요리(샐러드)를 카르파치오(카르파초)라고 한다. 소고기뿐만 아니라 사슴, 문어, 생선도 많이 쓴다. 카르파치오는 1950년 이탈리아 베네치아의 한 바Bar에서 처음 생겨났다. 타르타르란 이름을 가진 타르타르 소스도 있다. 마요네즈에 달걀, 채소 등을 넣어 만든다. 주로 생선, 새우 튀김, 크로켓 등에 곁들이는 소스다. 과거에는 타르타르 스테이크에 날달걀 대신에 타르타르 소스를 곁들였다는 이야기도 있다.

\# 회 하면 생선회를 뜻하지만, 원래 회는 육지 동물의 날고기를 말했다. 지금은 육고기 회는 육회라고 별도로 부른다. 중국에서 발달했던 육회 문화는 송나라 이후 사라지고, 우리와 일본 중심으로 발전해 갔다.

타르타르가 함부르크 스테이크, 햄버거가 되기까지

타르타르 스테이크는 몽골의 지배를 받은 러시아에도 전해진다. 타르타르에 잘게 썬 양파, 소금, 달걀노른자가 들어가며 레시피가 변형된다. 이후 타르타르는 13세기 독일의 항구도시 함부르크에도 전해진다. 함부르크에서는 타르타르를 불에 구워 먹게 되는데, 그 이름도 타르타르 스테이크에서 함부르크 스테이크로 바뀌게 된다. 근세기 독일인들이 미국으로 이민을 가게 되고, 미국에서 고향 음식인 함부르크 스테이크를 팔며 살아간다. 1904년 미국 세인트루이스 만국 박람회에서는 함부르크 스테이크를 빵에 끼워 팔게 된다. 양념 을 한 다진 고기를 구워내고, 야채와 함께 빵에 끼워 먹는 함부르크 스타일 스테이크는 미국인의 입맛을 사로잡게 된다. 접시에 담아 칼 로 잘라 먹던 함부르크 스테이크의 대변신이다. 손으로 들고 먹는 간편식으로 바뀌면서 이름도 햄버거Hamburger가 된다. 햄버거는 함 부르크Hamburg란 도시 이름에 -er을 붙였다. 뜻은 함부르크에서 온 사람이나 물건을 뜻한다. 햄버거 빵인 번(Bun)은 1916년 미국인 월 터 앤더슨이 발명했다. 그 이전에는 식빵에 고기를 끼워 먹는 샌드 위치 느낌이었다.

햄버거의 탄생설로는 1)1885년 '찰리 나가린'이란 사람이 미트볼을 누르고 빵 사 이 끼워서 먹은 게 시작이라는 설, 2)1885년 뉴욕주 햄버그에서 열린 박람회에서 소 고기 패티를 빵 사이 끼워 넣어 팔았다는 설, 3)함부르크 등 독일 북부 지역에서 고 기를 갈아서 먹던 하크 스테이크 Hacsteak가 미국으로 건너가 햄버거가 되었다는 설 도 있다.

미국식 패스트푸드 맥도날드 프랜차이즈 탄생기

1930년대 이후 미국 햄버거 체인점들이 미국의 전통요리 식당으 로 탄생하게 된다. 미국 서부에선 인앤아웃, 동부에선 뉴욕 쉐이크 쉑, 워싱턴DC에선 파이브가이즈, 샌디에이고에선 버거라운지, 남 부에선 왓어버거 등으로 말이다. 고속도로 확장, 자동차의 대량생산 으로 맞게 된 마이카 시대 도래와 함께 차에서 즐기는 햄버거 열풍을 맞이한다. 그래서 햄버거는 식당에 주문하면 빨리 나오는 음식이란 패스트푸드Fast Food로도 불린다. 패스트푸드의 기념비적 시작은 맥도날드에서부터다. 1940년대 맥도날드 형제(딕 맥도날드, 마크 맥도날드)는 당시에 생소했던 스피디 서비스 시스템을 도입했다. 이 시스템은 자동차 공장의 조립생산 방식을 벤치마킹했다. 이 시스템은 현대 패스트푸드 식당의 기본 원리가 된다. 영업사원이었던 레이 크룩이 우연히 맥도날드를 방문하고는, 프랜차이즈 권한을 샀다.1954년 레이 크룩은 1955년 일리노이에 맥도날드 첫 체인 매장을 연 이후 매장을 확장해 나갔다. 미국인들의 소고기 버거 부심은 유별나다. 치킨, 생선튀김에는 감히 버거란 이름을 붙이지 않는다. 치킨샌드, 피시샌드라고 할 뿐이다. 이제 햄버거는 콜라와 함께 미국 자본주의 상징이 되었다.

우리나라에 햄버거는 6.25 전쟁 중에 전해졌다. 당시 햄버거 패티는 소고기가 귀했기에 돼지고기가 대신 쓰였다. 1979년 롯데리아 1호점이 서울 중구 소공동에 생기면서 햄버거 체인이 생기게 된다. 함박스테이크는 햄버거 스테이크의 일본식 표현이다. 햄버거는 비만의 원인이 된다며 정크푸드 (쓰레기 음식)로도 불린다. 섬유질이 부족해 장 안의 독소, 노폐물을 배설하지 못해 건강에 좋지 못한 영향을 준다는 이유에서다. 햄버거 패티가 제대로 익지 않으면 세균에 감염된다는 우려감에 미국에선 햄버거 패티를 150도 이상에서 가열하도록 법 규정이 마련되어 있기도 하다.

몽골인의 고기요리

육포 보르츠, 탈지분유 그리고 순대

유목민족에게 육포는 훌륭한 전쟁식량이었다. 몽골 등 유목민족은 육포를 말에 가지고 다니며 농경민족을 공격했다. 몽골인들은 게르텐트 안에서 소나 양고기를 말려 보르츠라 불린 육포를 만들었다. 겨울에 살코기를 말린 후 가루로 만들었다. 가루를 소의 위나 오줌보에 넣어 보관해 두었다. 소나 양 오줌보에는 소 한 마리 분량의 보르츠가 들어갔다. 보르츠는 가볍고 부피도 작은 데다 장기간 보관도 가능했다. 전쟁 중 불을 피우지 않아도 되니 적에게 노출될 위험도 없었다. 몽골군은 말 안장 밑에 넣어둔 육포 덕분에 보급부대가 필요 없게 된다.

육포와 함께 탈지분유, 순대도 전투식량으로 사용되었다. 탈지분유는 커다란 솥에 우유를 넣고 끓인 후 햇볕에 말려 가루로 만들었다. 육포와 분유를 물에 넣고 끓이면 죽처럼 만들어 먹을 수도 있었다. 순대는 수분을 적당히 유지해 주고, 동물 창자로 밀봉하면 휴대도 편리했다. 순대를 말리면 조리하지 않고 그대로 썰어 먹을 수도 있었다. 고기의 단백질과 지방, 피의 무기질과 염분, 야채의 섬유소까지, 여기에 가축의 내장 속에는 소화효소까지 남아 있었다. 보르츠, 탈지분유, 순대 덕에 유목민족인 몽골군은 말을 바꿔 타며 하루 70km 이상을 이동할 수 있었다.

몽골인의 고기요리 샤부샤부

몽골인들은 고기를 불에 직접 굽지 않는 풍습을 가지고 있다. 몽골인들은 불의 신을 믿고 있었기 때문이다. 고기를 불로 직접 구우면 불의 신이 노한다고 생각했다. 그래서 뼈가 붙은 양고기를 큰 솥에 넣어 끓여 먹었다. 샤부샤부 유래 중 하나는 칭기즈칸이 정복전쟁을 하던 중 탄생했다. 머리에 쓰던 투구를 뒤집고 물을 넣고 끓인 다음, 육포와 야채 등을 익혀 먹은 데서 유래한다. 샤부샤부는 고단백 저칼로리 웰빙요리다. 지금의 샤부샤부 조리법(끓는 물에 살짝 데친 고기, 야채를 소스에 찍어 먹음)은 20세기 일본인들에 의해 상업화되었다. 일본의 오사카 식당 스에히로スエヒロ에서 맨 처음 샤부샤부란 이름으로 팔았다고 한다.1952년 샤부샤부しゃぶしゃぶ란 단어도 물에 가볍게 씻는 모습(찰방찰방)을 나타낸 일본식 표현이다. 영어로도 Shabu Shabu라 쓴다. 샤부샤부는 끓는 국물에 고기, 야채를 데쳐 먹는다. 반면, 일본식 스키야키는 육수와 각종 재료를 동시에 넣고 끓

인다. 샤부샤부는 국물이 많아 고기와 채소를 담가 먹지만, 스키야
키는 국물을 자작하게 먹는다.

'징기스칸'은 일본 홋카이도 요리로 양고기를 얇게 썰어 구워 먹는 요리다. 불에
굽는 요리는 몽골이 아닌 만주족 기원 요리다. 중국 북경(베이징)의 고기구이를 몽
골계 요리로 착각해 징기스칸으로 불렀다.

　쏸양러우는 중국 북경(베이징) 음식이다. 쏸양러우는 데쳐 먹는
양고기란 뜻이다. 샤부샤부 어원이 쏸양러우라는 설도 있다. 쏸양러
우는 원나라 궁중요리에서 기원한다. 칭기즈칸 손자인 원나라 세조
(쿠빌라이 칸)가 지금의 북경(당시 옌징)을 수도로 정하고1260년 반란
군과 전쟁을 벌였다. 전쟁 중 얇게 썬 양고기를 빨리 물에 데쳐 먹었
는데 그게 쏸양러우가 되었다. 쏸양러우는 매운 냄비요리인 쓰촨식
훠궈와 달리 담백한 육수 맛이 특징이다. 중국 훠궈, 태국 수끼도 샤
부샤부 일종이다. 훠궈는 중국 장강 나루 사공들의 음식이었다. 짧
은 휴식 시간 중 빨리 밥을 먹기 위해, 커다란 냄비 하나에 각자 싸
온 값싼 내장 등을 함께 데쳐 먹었다. 상태가 좋지 않은 재료의 냄새
를 잡으려 매콤한 양념을 넣었다. 서로의 재료를 구분하기 위해 냄
비 가운데 '우물 정(井)' 모양 칸막이도 만들었다.

피의 여왕인 영국 메리 1세와
칵테일 블러디메리

메리 1세의 아버지인 괴짜 왕 헨리 8세

잉글랜드 역사에 헨리 8세1491~1547년만 한 괴짜가 있을까? 고삐 풀린 망아지처럼 자기 마음대로 하고 살다 간 왕이다. 일단 결혼만 6번을 하고 부인 6명 중 2명을 참수시켰다. 첫 번째 결혼부터 독특하다. 형인 아서가 결혼하고 얼마 뒤 죽자 형의 부인과 결혼했다. 스페인 왕녀 캐서린으로 스페인을 통일한 페르난도 2세와 이사벨 1세의 딸이다. 백년전쟁으로 강력해진 프랑스를 견제하기 위해 영국은 스페인과 동맹을 원했다. 그 일환으로 왕실 간 결혼을 추진했다. 헨리 8세는 스페인과 동맹을 위한 정략결혼을 형 대신 이어갔다. 형이랑 첫날밤을 치르지 않아서 처녀라며 교황청에 결혼을 승낙해 달라 조른다. 고심 끝에 교황청은 형수와의 결혼을 인정해 줬다. 그런데, 캐서린은 아들을 낳았으나 바로 사망하고 딸 메리 1세만 얻는다. 아들을 원한 헨리 8세는 헤어질 결심을 했다. 결혼 무효를 주장하며 교황청에 허락을 구했다. 하지만, 교황이 들어줄 리 없었다. 교황은 카를 5세스페인 왕이자 신성로마제국 황제의 꼭두각시였다. 캐서린은 카를 5세의 이모였는데, 캐서린이 이혼에 반대했기 때문이다.

이혼을 위해 헨리 8세는 로마 가톨릭과 등지기로 했다. 헨리 8세는 수장령머리 수首, 길 장長, 하여금 령令을 발표했다. 잉글랜드 교회의 1인자수장는 잉글랜드 왕이라는 것이다. 그 주장의 근간에는 왕권신수설이 있었다. 왕은 신이 내린 권력이니 왕이 곧 교회의 1인자다. 이런 주장이 잉글랜드 개신교도들에게 지지를 받는다. 그 결과 잉글랜드 교회가 로마 교황청에서 분리독립하게 되었다. 굿바이 로마 교황! 이름도 성공회The Anglican Domain, 성인 성聖, 공평할 공公, 모일 회會라 짓는다. 성공회의 독립은 경제적인 이유도 있었다. 로마 교황청으로 가던 교회 수입이 성공회 수장인 헨리 8세에게로 가게 된 것이다. 기존 가톨릭 수도원도 헨리 8세 자산이 되었다. 당시 수도원은 잉글랜드 전체 토지의 1/3을 소유했었다. 왕실은 수도원 재산을 매각하게 되는데 기존 젠트리나 요우먼부유농 등이 차지했다. 부유해진 요우먼은 젠트리에 포함된다. 젠트리Gentil, 프랑스어로 귀한 집안 출신는 귀족에 준하는 상류층 계급을 말한다. 그 수가 늘어난 젠트리는 이후 명예혁명, 청교도혁명의 주된 지지기반이 된다.

블러드메리가 된 영국 여왕 메리 1세

메리 1세1516~58년, 재위 1553~58년는 영국 튜더왕조의 여왕이다. 유럽 대륙과 달리 영국은 여자가 왕위를 계승할 수 있었다. 살리카법은 프랑크의 부족법전이다. 이 법전은 여성의 왕위계승을 인정하지 않는다. 유럽 대륙 대부분의 국가는 살리카법에 따라 남성들만 왕위를 계승했다. 메리 1세는 스코틀랜드 여왕 출신 메리 스튜어트 1542~87년와 구분하기 위해 메리 튜더로도 불린다. 헨리 8세와 그의 첫 번째 부인 캐서린 사이에서 낳은 딸이다. 어머니 캐서린은 스페인을 통일한 페르난도 2세(아라곤 왕)와 이사벨 1세(카스티야 여왕)의 딸이다. 스페인 출신이기에 정통 가톨릭 신봉자였다. 메리 1세는 아버지와 어머니 간 이혼 문제로 혼란을 겪었으며, 어머니 캐서린 사망 시에는 장례식에 참석도 못 했고, 공주로서 지위도 인정받지 못했다. 아버지 헨리 8세, 남동생(이복동생) 에드워드 6세 재임기간 동안 가톨릭은 많은 탄압을 받았다. 어머니의 영향으로 메리 1세도 가톨릭 구교도(로마 가톨릭)였다. 즉위 다음 해에 가톨릭의 나라 스페인 펠리페 2세와 결혼했다. 펠리페 2세는 11살 연하의 사촌으로 카를 5세의 아들이다. 메리 2세는 아버지 헨리 8세와 남동생(이복동생) 에드워드 6세의 신교 종교개혁 사업을 전면 부정했다. 대신에 로마 교황청과의 관계를 회복하고 많은 신교도들을 처형했다. 이 때문에 후대에 블러디메리Bloody Mary(피의 메리)로 불렸다.

피의 여왕 메리 1세에서 따온 칵테일 블러디메리

금주법이 시행되던 1920년대 미국에선 토마토주스에 무색無色 술을 섞어 마시는 방법이 비밀리에 유행했다. 색이 붉어 '블러디메리'로 불렸던 칵테일이다. 블러디메리는 영국 여왕 메리 1세의 별명에서 따왔다. 만드는 방법은 토마토주스, 보드카, 레몬즙, 우스터소스, 타바스코, 소금, 후추를 혼합한 다음, 얼음과 함께 내놓는다. 금주법을 피하기 위해 토마토를 넣었다만 토마토는 비타민, 무기질이 풍부하다. 토마토 속 비타민B군과 라이코펜은 알코올 분해를 돕는다. 토마토는 아미노산(글루타메이트)이 풍부해 피로 회복에도 도움이 된다. 블러디메리의 또 다른 기원설은 금주법 시행 후 1년 뒤1921년 프랑스의 '해리스 뉴욕 바' 바텐더페르낭 페티오가 만들었다는 설이다. 당시 이름은 버킷 오브 블러드Bucket of blood였다. 술집 여종업원인 메리는 술집에서 싸움이 나면 바닥의 피를 닦고, 그 물을 버킷에 담아 버렸다. 그 과정에서 그녀의 치마가 붉게 물들었는데, 술 이름을 그녀의 치마색을 따라 블러디메리로 했다는 것이다. 이후 이 레시피가 미국으로 건너가 뉴욕의 '킹 콜 바'에서 자리를 잡았다는 것이다.1933년

블러디메리 기원으로 뉴욕 출신 배우 겸 코미디언 조지 제셀이 만들었다는 설도 있다.1927년 그가 바텐더에게 숙취 해소 음료를 주문했는데, 바텐더가 장난으로 보드카를 건넸고, 그가 토마토주스, 우스터소스 등을 섞어 만들어 냈다는 것이다.

영국인들에게 블러디메리는 해장술로도 알려져 있다. 영화 〈어벤져스: 엔드게임〉에서도 토르가 숙취 해소를 위해 블러디메리를 마

신다. 영국인들은 어젯밤 마신 술집에 다시 가 술을 마시면 숙취가 해소된다고 믿는다. 이 해장술을 개털Hair of the Dog로 부른다. 개에 물렸을 때 그 개의 털을 뽑아 상처에 바르면 낫는다는 속설 때문이다. 영국인 해장음식으로는 얼스터 프라이도 있다. 얼스터 프라이는 북아일랜드식 아침식사다. 베이컨, 소시지, 달걀 프라이, 블랙푸딩, 토마토, 버섯 등을 함께 먹는다.

블러디메리를 직접적으로 만들게 한 미국 금주법

요즈음도 이슬람은 금주법술 금지령이지만, 금주법 하면 미국 알 카포네1899~1947년가 떠오른다. 20살의 알 카포네가 시카고 갱단 중심이 되고, 시카고 암흑가 1인자가 된다.1925년 화무십일홍花無十日紅,열흘 붉은 꽃은 없었다이다만, 매춘, 밀주, 도박장 운영으로 1억 달러 재산을 축적하기도 했다.1927년 당시 미국은 금주법을 선포했다.1919년 1차 대전에 따른 곡물 부족을 주 원인으로 하나, 가톨릭 근본주의자들, 노동자의 음주를 싫어한 사장님들, 적국 독일의 맥주산업에 반감을 가진 이들의 환영도 한몫했다. 금주법으로 인해 미국에서 모든 술의 제조, 판매, 유통은 불법으로 규정되었다. 황당하지만 술을 마시는 건 허용했다. 그로 인해 주류 사재기, 밀수, 밀주 제조가 성행했다. 미국 남부 시골에서 옥수수로 밀주 생산이 시작되었다. 연기를 들키지 않게 밤에만 증류기를 돌렸는데 이를 문샤이닝Moon(달)+Shine(비추다)이라 했다. 합법적인 술 시장이 사라져 밀주를 생산하는 갱단이 최대 혜택을 본다. 술집도 간판을 떼고 단골들만 비밀번호를 대고 이용할 수 있게 했다. 이를 스피크이지Speakeasy바라고 한다. 당시 경찰에 걸리지 않고 밀주를 공급하기 위해 성능 좋은 자동차와 운전 실력이 뛰어난 운전기사가 발전하게 된다. 금주법에도 교회 미사용 포도주, 의료처방용 독주는 합법이었다. 이로 인해 병원을 찾는 환자가 늘었다고 한다. 포도즙을 발효하면 포도주가 되고, 이를 증류하면 브랜디가 되다 보니 포도즙 시장도 커졌다. 공급보다 수요가 많으니 밀주 가격이 급등했다. 가난한 이들은 질 낮은 술을 찾게 되고 건강이 나빠지기도 했다. 술을 구하지 못해 마약에 빠지는 경우도 있었다. 미국 대공황1929년으로 금주법은 반전의 계기가 된다. 미국 정부는 주류 판매를 통한 세수 확대와 음지에 있는 양조업계를 살리기로 결정한다. 루스벨트는 금주법 폐지를 제1 공약으로 내세워 미국 대통령에 당선된다. 대공황 이후 금주법을 폐지하기1933년까지 14년간이나 술 없는 세상이었다. 밀주가 사라지면서 마피아도 설 자리를 잃는다.

숙취를 해소하는
나라별 음식은 무엇!

독일의 숙취 해소 요리로 롤몹스Rollmops가 있다. 소금과 식초에 절인 청어를 양파절임에 싸 먹는 요리다. 청어에는 간의 해독을 돕는 아스파라긴산이 풍부하다. 아스파라긴산은 콩나물 뿌리에도 들어있다. 양파는 토하는 구역감을 줄여준다. 네덜란드에서도 숙취 해소로 청어를 먹는다. 프랑스는 어니언(양파) 그라탕인 아 루아뇽을 먹는다. 아 루아뇽은 양파의 단맛, 뜨거운 치즈가 조화를 이룬다. 옛날 새벽시장 노동자의 음식이었지만 지금은 와인을 즐기는 프랑스식 대표 해장음식이 되었다. 이탈리아는 독특하게도 에스프레소 커피로 숙취를 잡는다. 다만, 커피는 숙취 해소를 방해할 수 있다. 수분은 알코올 분해에 중요한데, 커피 속에 든 카페인의 이뇨작용(오줌 배출)으로 인해 수분이 빠져나갈 수 있다. 커피보다는 물을 마셔서 수분을 채우는 게 더 나을 수 있다. 이탈리아는 숙취 해소 요리로 채소와 해산물을 넣고 끓인 토마토 수프도 먹는다.

그리스는 레몬주스에 커피 원두를 타 마신다. 레몬즙이 이뇨작용을 도와 알코올의 배출을 돕는다. 그리스인은 음주 전 날달걀, 버터를 미리 먹어두고 위장벽을 보호하기도 한다. 스페인은 스페인 전통 요리인 달콤한 추로스로 해장을 한다. 추로스를 초콜릿에 찍어 먹거나 초콜릿 음료와 함께 먹는 방식이다. 카카오에 들어 있는 폴리페놀이 숙취 해소에 도움이 된다. 그런 의미에서 초코우유를 즐기는데, 안타깝게도 우리의 초코우유에는 코코아 분말이 1% 수준이다. 오히려 우유는 위산을 증가시켜 위장에 부담을 준다. 폴란드에선 피클즙을 먹는다. 수분 보충을 촉진하는 전해질이 풍부해서 갈증 해소를 돕는다.

미국의 숙취 해소 요리로는 프레리 오이스터Prairie Oyster가 있다. 날달걀에 토마토주스, 여러 소스 등으로 간을 해 만든 음료다. 빨개진 눈이란 의미의 레드아이Red Eye도 있다. 레드아이는 토마토주스와 맥주를 섞은 음료다. 미국에선 피자나 햄버거 등 기름진 음식으로 해장을 하기도 한다. 다만, 기름진 음식이나 지방이 많은 고기는 소화가 더뎌서 오히려 위에 부담을 준다. 즉, 알코올을 분해하는 간에 영양소를 빨리 공급하지 못하게 하므로 해장음식으로는 별로다. 러시아에는 라솔이 있다. 양배추, 오이즙에 소금을 섞어 만든 음료다.

일본은 쌀죽인 '오카유'에 매실 장아찌인 '우메보시'를 먹는다. 또한 오차즈케를 먹기도 한다. 오차즈케는 녹차에 다시마, 다랑어 국물 등을 붓고 밥을 말아 먹는 음식이다. 중국도 숙취 해소에 녹차를 즐긴다. 녹차는 해독작용, 알코올 분해 촉진, 숙취 제거 등에 효과가 있다. 홍콩에선 당분을 보충하기 위해 끓인 콜라를 먹는다. 끓인 콜라에 얇게 썬 레몬이나 생강을 넣기도 한다. 홍콩인들은 감기약으로도 끓인 콜라를 자주 마신다. 원래 콜라는 미국 애틀란타 지역 약사인 존 펨버턴이 소화제로 개발했으니 말이 된다고 해야 하나.

건강학적으로 본 올바른 숙취 해소법

해장음식으로는 해조류, 단백질 음식이 좋다. 미역, 다시마 등 해조류는 칼슘과 철이 많이 들어간 알칼리성 음식이다. 클로렐라도 알코올 해독, 간 보호, 항산화 작용으로 음주 후 좋다. 콩, 두부 등 식물성 단백질 음식은 해독 작용을 돕는 아미노산이 많다. 북엇국에도 메티오닌이란 아미노산이 들어 있다. 콩나물국에는 아스파라긴산이, 조갯국엔 타우린이 들어 있다. 타우린은 간의 해독 작용을 돕는다. 수분 섭취도 중요하다. 보리차, 생수를 마시거나, 술로 인해 떨어진 혈당을 높이는 꿀물, 식혜, 과일주스, 이온음료도 도움이 된다. 술을 마시면 소변으로 미네랄, 전해질 등이 빠져나간다. 이온음료로 이들 성분을 보충할 수 있다. 꿀물은 술로 인해 떨어진 혈당을 빨리 올려 숙취 해소에 효과적이다. 다만, 꿀물도 손상된 위에 부담이 덜 되도록 차갑게 마시는 게 좋다. 위 점막은 알코올로 화상을 입어 벗겨진 상태이기 때문이다. 갈증 해소, 칼륨 보충을 해주는 과일과 야채로는 배와 오이가 좋다.

헤밍웨이 칵테일인 모히토,
다이키리, 쿠바 리브레

쿠바에 살며 『노인과 바다』를 쓴 어니스트 헤밍웨이

미국 작가 어니스트 헤밍웨이1899~1961년는 방랑벽이 있었을까? 그는 쿠바, 아프리카, 스페인, 미국 남부 등 온 세계를 돌아다니며 살았다. 자유로운 영혼답게 아내도 넷이나 두고, 연인은 수없이 많던 바람둥이이기도 하다. 그러다 보니 세계 유명도시, 유명 호텔이나 바 등은 온통 헤밍웨이와 추억을 엮는다. 헤밍웨이를 팔아 돈을 벌어볼 심산이다. 쿠바 주요 여행지도, 미국 플로리다 남부 키웨스트, 스페인 론다도 온통 헤밍웨이 이야기다. 매년 7월 키웨스트에선 헤밍웨이 닮은 꼴 콘테스트가 열리기까지 한다. 키웨스트는 미국 최남단 섬으로 미국에서 쿠바와 가장 가깝다. 헤밍웨이가 두 번째 아내와 살던 곳이기도 하다.

헤밍웨이는 그가 겪은 1~2차 대전, 스페인 내전 등을 작품에 담아냈다. 미국 일리노이주에서 태어난 헤밍웨이는 고교 졸업후 기자를 한다. 1차 대전1914~18년이 발발하고 전쟁에 참가하려 했지만, 시력이 나빠 육군에 입대하지 못한다. 전쟁 막바지인 1918년에서야 적십자 구급차 운전사로 이탈리아 전선에 투입된다. 하지만 박격포를 다리에 맞아 밀라노 육군병원에서 치료받는다. 거기서 간호사아그네스 본 쿠로프스키를 사랑하게 된다. 1929년 1차 대전 생사를 넘나드는 경험을 『무기여 잘 있거라』란 반전反戰, 전쟁반대소설로 그려낸다. 소설의 내용을 보면 1차 대전에 참전한 미국인이 영국인 간호사와 사랑에 빠진다. 하지만, 아내와 아이가 목숨을 잃는다. 전쟁의 참혹한 모습을 그려낸 수작이다. 1차 대전이 끝나면서 헤밍웨이는 미국으로 돌아간다. 거기서 토론토 데일리스타지에 취직한다. 7년간 프랑스 파리 특파원으로 거주하며 예술가들과 교류한다. 또한 첫 장편소설『태양은 다시 떠오른다』를 집필한다.

전쟁이 끝나고 30대 헤밍웨이는 자유롭게 여행하며 산다. 아프리카에서 사냥도 하고, 카브리해에서 청새치를 낚시하고, 스페인에서 투우를 즐긴다. 그 와중에 스페인에 대한 헤밍웨이의 관심이 커졌다. 스페인 내전1936~39년이 일어나자, 1936년 2월 스페인 총선거에서 공화파가 승리한다. 이에 프랑코 장군의 군부가 반란을 일으킨다. 헤밍웨이는 공화파 지지 모금운동에 참여하고, 1937년엔 직접 종군기자로 취재하기도 한다. 이후 스페인 내전을 배경으로 한 소설

『누구를 위하여 종은 울리나』를 쓰게 된다.1940년 소설의 내용은 미국의 대학교수인 로버트 조던이 스페인 내전에서 반(反)프랑코파 게릴라 부대에 참여하는 내용을 담고 있다.『누구를 위하여 종은 울리나』란 제목은 영국 성공회 성직자였던 존 던1572~1631년의 기도문을 인용했다. 존 던이 살던 당시 영국에선 누군가 사망하면 교회 종을 울렸다. 종이 울리면 귀족들이 하인을 시켜 누구의 죽음인지를 확인하게 했다. 존 던의 기도문은 누구의 죽임이든 소중하니 애도하라는 메시지를 담았다. 헤밍웨이도 서로 간의 연대를 강조하려고 이 제목을 썼다고 한다.

스페인 내전 취재 후 헤밍웨이는 쿠바에 거주한다. 2차 대전 중 쿠바에서 그는 독일 유보트(잠수함) 순찰에 참여하고, 2차 대전 중인 1944년에는 노르망디 상륙작전 종군기자로도 참여한다. 노르망디 상륙작전은 2차 대전 막바지 미국, 영국 등 연합군이 프랑스 노르망디 해안에 상륙한 작전이다. 그는 연합군이 파리에 입성할 때 기자로 함께 입성한다. 2차 대전이 끝나고 그는 쿠바에 계속 머문다. 쿠바에서 낚시 경험을 소설로 그려낸다. 바로 그의 마지막 역작인『노인과 바다』1952년다. 이 작품은 퓰리처상과 노벨문학상을 안겨준 수작이기도 하다. 이후 미국 아이다호에서 거주하던 헤밍웨이는 61세에 권총으로 자살한다.

모히토, 다이키리, 쿠바 리브레

어니스트 헤밍웨이가 쿠바에 거주했으니, 쿠바와 헤밍웨이를 엮어봐야겠다. 바로, 어니스트 헤밍웨이가 사랑한 칵테일 이야기다. 어니스트 헤밍웨이와 엮인 칵테일로는 모히토, 다이키리 그리고 쿠바 리브레다. 모히토, 다이키리, 쿠바 리브레 모두 사탕수수로 만든 럼을 사용한 대표 칵테일이기도 하다. 모히토Mojito는 헤밍웨이가 낮술로 즐겼던 칵테일이다. 모히토는 럼, 라임, 민트, 설탕 등을 넣어 만든다. 모히토를 남미에서 쿠바로 가져왔다는 설도 있지만 모히토는 쿠바 전통 칵테일로 불린다. 모히토의 어원은 '젖어 있다'는 의미의 스페인어 모자르Mojar다. 모자르도 16세기에 만들어진 엘 드라케El Drague가 기원이다. 엘 드라케는 쿠바 아바나를 방문1586년한 영국 해적 출신인 프란시스 드레이크의 이름을 땄다.

다이키리Daiquiri는 쿠바 광산마을의 이름이기도 하다. 광산 엔지니어 제닝스 콕스가 친구들을 위해 다이키리를 처음 만들었다. 당시 쿠바는 스페인에서 독립한 뒤 미국에서 광산 엔지니어가 많이 파견되었던 시절이다. 그들이 더위를 식히기 위해 주변의 재료를 이용해 술을 만들어 마셨다. 미국 해군의 장교가 워싱턴DC로 레시피를 가져오면서 다이키리가 미국에도 알려진다. 다이키리는 클래식과 프로즌 두 타입으로 즐긴다. 클래식 타입은 칵테일 제조기인 칵테일 셰이커를 이용해 만든다. 반면, 프로즌Frozen(냉동된) 타입은 블렌더(믹서)에 얼음과 함께 넣고 갈아 슬러시(셔벗)로 만든다. 다이키리

재료로는 럼, 라임, 슈거 시럽 등을 쓴다. 프로즌 다이키리는 헤밍웨이에게 『노인과 바다』를 쓰게 한 원동력이 되기도 했다.

쿠바 리브레는 '쿠바의 자유를!' 정도 되겠다. 미국-스페인이 벌인 전쟁 이후인 1900년 쿠바 수도 아바나에 근무하던 미국 장교가 만든 칵테일이다. 그 미국 장교는 술집에서 바카디(바카디는 1862년 쿠바에 설립된 럼 회사) 럼에 콜라와 라임 즙을 넣었다. 그리곤 쿠바 리브레를 외쳤다. 그 외에도 쿠바에는 엘 프레시덴테, 엘 나시오날, 칸찬차라 등의 칵테일이 유명하다.

\# 헤밍웨이가 쿠바의 호텔(엠보스 문도스 Ambos Mundos)에서 살 당시 단골 술집 이름은 '라 보데기타'와 '엘 플로리디타'다. 오죽하면 "나의 모히토는 라 보데기타, 나의 다이키리는 엘 플로리디타"라고 했을 정도다.

미국 금주법이 불러온 쿠바 칵테일의 발전

미국은 칵테일이란 단어가 처음 등장하고 정의 내려진 곳이다. 특히, 미국 루이지애나주 뉴올리언스에서 유래했다는 설이 있다. 1795년 주요 내용은 약사인 페이쇼가 달걀 등을 넣은 음료를 조합해 프랑스어로 'Conquetier(작은 술잔)'을 만들었다는 것이다. 1803년에는 신문더 파머스 캐비닛에 칵테일이란 단어가 최초로 기록되었다고도 한다. 19세기 중엽부터 칵테일은 미국을 중심으로 유행하게 된다.

다양한 칵테일이 개발되고 칵테일 소비가 폭발적으로 늘어난 건 금주법Prohibition Law 시기(1920년 초반~1933년)다. 모든 술의 제조가 금지되다 보니 불법(편법)으로 술을 만들게 되었고, 저급한 술이 유통되었다. 이 저급한 맛을 보완하기 위해 여러 맛을 섞은 칵테일 문화가 발달하게 된다. 금주법 시대를 떠올리는 칵테일로는 '프렌치 75'가 있다. 청량감과 톡 쏘는 맛의 프랑스산 샴페인에 진, 레몬주스를 넣는다. 프렌치75라는 이름은 1차 대전에 쓰인 프랑스 대포인 75mm 곡사포에서 이름을 따왔다.

미국-스페인 전쟁 이전에 쿠바는 칵테일 문화가 활발하지 않았다. 미국 금주법의 풍선효과가 쿠바 칵테일의 발전을 부른다. 쿠바와 미국은 지척이다. 여기에 아름다운 해변과 저렴한 물가는 덤이다. 미국에서 금주법이 시행되자, 일자리를 잃은 바텐더들이 쿠바로 넘어오게 된다. 여기에 미국인들도 술을 마시려고 쿠바로 모여든다. 쿠바 바텐더들은 몰려드는 관광객들의 입맛을 붙잡기 위해 다양한 칵테일 레시피를 연구하게 된다. 오늘날 쿠바가 칵테일 천국으로 불리게 된 계기다.

칵테일(숏 드링크 vs. 롱 드링크)과 목테일

칵테일은 혼성주의 하나다. 혼성주는 술(위스키, 브랜디, 진, 보드카, 럼)에 과일주스, 시럽, 향신료 등을 혼합한 술이다. 혼성주는 숏Short

드링크와 롱Long 드링크로 나눌 수 있다. 숏드링크는 소량을 짧은 시간에 마신다. 마티니, 맨해튼 등의 칵테일이 그 예다. 반면, 롱드링크는 긴 시간 마시는 술이다. 대형 글라스에 얼음과 함께 제공된다. 하이볼, 펀치 등이 그 예다. 위스키 하이볼Whisky Highball은 일본인들이 선호하는 칵테일이다. 도수 높은 위스키에 탄산수를 섞은 칵테일이다.

목테일Mocktail은 술이 들어가지 않는 무알코올 칵테일이다. '흉내내는'이란 의미의 목Mock과 칵테일이 합쳐진 말이다. 레모네이드, 골드메달리스트 등이 그 예다. 칵테일 이름에 Virgin(버진)이 들어가면 목테일일 가능성이 높다. 칵테일은 칵테일 셰이커, 믹싱 글라스, 바 스푼 등을 도구로 쓴다. 칵테일 제조 기법으로는 1)빌딩, 2)쉐이킹, 3)스티어링, 4)머들링 등이 있다.

칵테일 제조기법들

1)빌딩Building은 글라스에 재료를 직접 넣고 섞는 방식이다. 별도의 조리기구가 필요없는 간단한 주조법이다. 2)쉐이킹Shaking은 셰이커에 재료를 넣고 흔들어서 만든다. 3)스티어링Stirring은 바 스푼으로 얼음과 재료를 부드럽게 저어주는 걸 말한다. 4)머들링Muddling은 재료를 으깨거나 섞어서 향을 더해주는 기법이다.

<아메리칸 셰프>의 푸드트럭과 쿠바노 샌드위치

아들과 떠나는 푸드트럭 요리 여정, 〈아메리칸 셰프〉

〈아메리칸 셰프〉는 저예산 음식 로드무비 코미디물이다. 〈아이언 맨〉 시리즈 1탄과 2탄을 연출한 존 파브로 감독이 각본과 더불어 주연까지 맡았다. 스칼렛 요한슨, 로버트 다우니 주니어가 카메오 출연을 하는 것도 흥미롭다. 일류 식당 고용셰프가 푸드트럭에 도전하며 아들과의 행복을 찾아간다. 진정 자신이 하고픈 요리를 하면서 말이다. 셰프Chef, 주방장는 요리사들의 대장Chief이다. 가게 주인(오너)이냐 월급쟁이(Executive Chef, 총괄 셰프)냐가 다를 뿐이다. 안타깝게도 월급쟁이 셰프는 주인이 하자는 대로 따라야 하는 숙명이 있다. 영화 〈아메리칸 셰프〉의 주인공 칼(존 파브로)은 월급쟁이 셰프다. 자신이 펼치고픈 요리세계가 번번이 가게 주인 리바(더스틴 호프

먼)에게 허락되지 않는다. 이혼한 칼에겐 아들 퍼시가 있는데, 일주일에 한 번씩 만나서 놀아줘야 한다. 한데, 일이 바쁘다는 핑계로 무성의한 아빠다. 어느 날 유명 음식평론가가 식당에 찾아오고, 칼은 창의적인 메뉴를 준비한다. 하지만, 가게 주인 리바에게 막히고, 기존에 선보인 그저 그런 요리를 내놓는다. 그 결과 평론가는 트위터에 혹평을 남기게 된다. 트위터 사용법도 모르던 칼은 트위터에 가입해 욕설 댓글을 달아준다. 모두가 알 거라는 사실은 까맣게 모른 채 말이다. 여기에 더해 직접 얼굴을 맞대고 쌍욕까지 해준다. 트위터 조롱거리로 전락한 칼은 홧김에 식당도 그만둔다. 일자리를 잃고 실의에 빠진 그에게 전 부인 이네즈(소피아 베르가라)가 자신의 친정인 마이애미에 가길 권한다. 아들과 함께 말이다. 억지로 끌려간 듯 도착한 마이애미에서 그는 흥을 돋우는 남미 음악에 맞춰 쿠바식 샌드위치 쿠바노Cubano 맛에 흠뻑 빠진다. 쿠바노는 스페인어로 '쿠바 사람'을 뜻하기도 한다.

미국은 이혼한 뒤에도 아주 쿨하다. 전 부인인 이네즈는 본인의 전전 남편인 마빈(로버트 다우니 주니어)에게 칼을 도와주라 부탁한다. 칼은 마빈의 도움으로 낡디 낡은 푸드트럭을 한 대 얻는다. 아들과 함께 낡은 트럭을 닦아내고 개·보수해 쿠바노를 만들어 판매한다. 최고의 셰프답게 그의 쿠바노는 맛있었고 손님이 몰려들기 시작한다. 이에 아들과 과거 식당에서 함께한 요리사 마틴(존 레귀자모)과 함께 마이애미에서 집인 LA까지 약 4,400km에 이르는 요리 여정을 떠난다.

쿠바에는 없는 쿠바식 샌드위치 쿠바노

쿠바노 샌드위치는 '쿠바 사람'이란 이름을 가지고 있지만, 미국에서 탄생했다. 미국 플로리다주 탬파에서 쿠바 노동자들이 먹던 샌드위치에서 유래했다. 미국 마이애미나 플로리다 남부 지역의 명물이다. 정작 쿠바에는 없는 샌드위치다. 쿠바의 설탕과 담배 사업이 활황이었던 시기 미국에 뿌리 내린 듯하다. 땀을 많이 흘리는 노동자들의 음식이어서 짭조름하다. 길쭉한 쿠바식 빵 위에 녹인 버터를 바른 뒤 햄을 올려준다. 그 위에 모조Mojo소스(올리브 오일에 레몬, 식초, 마늘 등이 들어간 매콤한 맛의 쿠바식 소스)라 불리는 쿠바식 양념을 더한 훈제 돼지 목살, 스위스 치즈, 살라미 소시지, 피클을 올린다. 마지막으로 빵에 머스타드를 바른 뒤 덮어준다. 그리곤 기계로 꾸욱 눌러주면 끝이다. 불에 달궈진 치즈가 흘러나오는 건 덤이다. 이탈리아 샌드위치인 파니니처럼 바삭바삭한 식감의 쿠바노 샌드위치 완성이다.

푸드트럭의 역사

푸드트럭Food Truck은 길거리에서 음식이나 음료를 파는 자동차를 말한다. 푸드트럭은 농장이나 목장의 취사 마차인 '척 왜건Chuck Wagon'에서 시작했다. 척 왜건은 미국 텍사스 목장주찰스 굿나이트가 카우보이에게 식사를 제공하기 위해 개발했다. 1866년 마차 내부에 조리 도구, 식재료를 담아두는 선반과 서랍을 됐다. 마차 뒤에는 척박스라는 바퀴 달린 상자가 달려 있었다. 척박스를 펼치면 요리 작업대가 된다. 냉장시설이 개발되기 전이라 상하지 않는 재료들을 이용해 간단히 요리해 카우보이들을 먹였다. 미국 서부개척 역사에도 척왜건은 이동하며 요리할 수 있는 쓸모를 다 했다. 자동차가 발명되면서 마차 대신 트럭이 그 역할을 대신한다. 미국에선 1950년대 이동식 아이스크림 트럭이 인기를 얻는다. 그 여파로 오늘날과 같은 모습의 푸드트럭이 1960년대에 등장하게 된다. 건설현장이나 공장 등의 노동자에게 점심을 주는 목적이었다. 이동식 함바집(건설현장 식당, 일본어로는 Hanba)인 셈이다. 1970년대가 되며 푸드트럭의 영업장소가 도로변으로 바뀐다. 미국 서해안 도심과 고속도로변에 타코 등 저렴한 멕시칸 음식을 파는 푸드트럭이 생기면서다.

푸드트럭 요리의 고급화

2000년대 후반 경기침체는 고급식당 요리사의 해고로 이어졌다. 해고된 고급 요리사들은 창업비용이 덜드는 푸드트럭에 눈길을 돌리게 된다. 혹여 한 곳에서 실패하더라도 다른 곳에서 다시 도전하면 되니까 말이다. 그동안 푸드트럭이 저렴한 패스트푸드 개념의 식당이었다면, 고급식당 요리사는 미식 관점에서 접근하게 된다. 고급 요리를 가벼운 비용으로 즐길 수 있으니 이 아니 좋을소냐. SNS(소셜네트워크)가 발달하면서 푸드트럭의 위치와 정보, 맛에 대한 평가 등이 더해지며 푸드트럭의 인기가 좋아졌다. 요즈음은 야구나 축구를 보러 오는 관중들에게도 인기다. 요리의 메뉴도 케밥, 핫도그, 샌드위치, 타코에서 다양해졌다. 세계적인 레스토랑 가이드북인 자갓ZAGAT도 푸드트럭 카테고리를 제공할 정도가 되었다.

\# 푸드트럭에서는 콜롬비아 음식, 일식 볶음국수, 마카로니, 소고기 안심, 바닷가재 샌드위치, 자메이카 음식, 한국식 불고기 등에 더해 와인을 팔기도 한다.

미슐랭 가이드 별 3개를 받은 푸드트럭 고급요리

프랑스 마르세유의 푸드트럭 요리사 알렉상드르 마지아가 미쉐린 가이드 최고등급인 별 3개를 받기도 했다. 2021년 메뉴는 10~20유로대의 길거리 음식 가격이다. 별 3개를 받는 식당은 수십만 원대를 호가하는 고급식당들이 대부분인데 말이다. 또한 프랑스 내에서도 별 3개는 아주 희소하다. 푸드트럭의 인기 메뉴는 캐비아를 올린 훈제가지와 우유를 먹여 키운 송아지 고기로 만든 샌드위치다. 하루 60개 한정으로 내놓고 있으니 먹기 위한 경쟁도 치열하다. 코로나19로 인해 실내 활동을 금지하며 고급식당들도 타격을 받았다. 반면, 푸드트럭은 실외에서 음식을 파는 게 이점이 되었다. 별 3개를 받은 프랑스 요리사도 코로나19에 따른 실내 영업 정지가 계기가 되어 길거리 영업에 나서게 된 경우다. 밤이 무서운 도시 LA의 밤도 푸드트럭이 변화시키고 있다. 낮에는 직장인들에게 가벼운 식사를 제공하고, 밤에는 불을 밝히며 사람들을 모으고 있다. 보는 눈이 많아지며 야경꾼(밤 사이 화재, 범죄를 살피는 자) 역할에 충실하다. 덕분에 야간 범죄가 줄어드는 건 덤이다.

프랑스 타이어 회사가 만든 미슐랭가이드

미쉐린 가이드Michelin Guide는 타이어 회사인 미쉐린사에서 발간하는 여행 정보 안내서다. 프랑스식 발음으로 미슐랭가이드라고도 한다. 자동차 여행 정보를 제공하면 자동차 판매가 늘 거란 생각에 무료 여행 안내 책자를 만들었다.1900년 지도, 타이어 교체방법, 주유소 위치, 먹을 곳과 잘 곳 등을 담았다. 처음 발간할 때는 식당 정보 비중이 크지 않았다. 20년이 지나고 창업자 앙드레 미쉐린이 한 타이어 가게를 방문했을 때 가이드북이 작업대 받침으로 쓰이는 걸 보게 된다. 그는 돈을 내고 산 물건만 가치를 인정받는다는 원칙을 깨닫고, 유료 가이드북을 7프랑에 판매하기 시작했다.1920년 유료 판매 전환 후에는 유료광고를 싣지 않기로 한다. 미쉐린 가이드는 1)레스토랑에 별점을 부과하는 레드 시리즈, 2)여행 정보 소개용 그린 시리즈로 나뉜다. 레스토랑 섹션의 영향력이 커지자, 미쉐린 가이드는 '비밀 평가단'을 모집했다. 오늘날 미쉐린 평가단도 신분을 숨긴 채 익명으로 활동한다. 최고의 레스토랑에는 등급에 따라 별을 1개부터 3개까지 부여할 수 있다. 별을 줄 정도는 아니나 합리적인 가격미국 40달러 등에 훌륭한 음식을 제공하는 경우는 빕 그루망이다. 별이나 빕 그루망 아래인 더 플레이트도 있다.

내게 요리책 집필에 영감을 준 영화
〈리틀 포레스트〉

요리 관련된 영화를 꼽으라면 단연코 〈리틀 포레스트〉다. 일본 만화(이라가시 다이스케 원작)를 모티브로 했다. 요리 화면과 소리가 주는 즐거움, 여기에 다큐를 써 내려가는 독백 내레이션이 좋다. 영화를 보다 보면 허기짐에 요리를 먹고 싶은 충동이 강하게 밀려든다. 일본에서 1)2014년 〈리틀 포레스트: 여름과 가을〉, 2)2015년 〈리틀 포레스트2:겨울과 봄〉 2편이 나왔다. 2017년엔 2편을 묶어 사계절 편이 추가로 나왔다. 영화는 여주인공 이치코의 귀농일기이자 자급자족하는 삶을 그려낸다. 도시 생활에 지쳐가던 젊은 처자 이치코(하시모토 아이 분)는 시골 고향마을 코모리로 돌아온다. 아니, 도시에서 도망쳐서 왔다는 게 더 맞는 표현이다. 코모리는 어릴 적 이치코가 엄마와 추억이 있던 곳이다. 엄마는 고등학교 시절 집을 나가서 연락두절이다. 이치코도 고등학교를 졸업하고는, 도시로 가 살았다. 코모리는 외딴 시골이라 마트 가기도 버겁다. 먹고 살기 위해선 직접 채소를 키우는 것뿐만 아니라, 논에 모를 심고 잡초를 뽑는 게 당연한 시골이기도 하다. 영화에선 어떤 계절에 어떤 작물이 자라고, 그 작물을 어떻게 요리해서 먹는지를 친절히 알려준다. 그녀는 엄마에게 배운 요리 솜씨를 영화 내내 맛깔스럽게 보여준다. 우스터 소스, 산수유 잼부터 제빵까지 하면서 말이다. 장작을 패서 불을 지피고, 그 열로 자연발효시킨 수제 빵을 굽는다. 여기에 오랜 친구들과의 만남, 이웃과의 소소한 일상까지. 일본의 사계절 변화를 보여주며 요리와 삶을 찬찬히 그려나간다.

우리나라에서도 2018년에 임순례 감독, 김태리 주연으로 한국판 〈리틀 포레스트〉가 나왔다. 일본판이 요리에 집중했다면, 한국판은 우리만의 우정 스토리가 가미되었다. 원작이 일본 요리가 메인이라면, 한국판은 정겨운 시골밥상이 주된 주제다.

〈리틀 포레스트〉엔 다양한 사계절 요리가 나온다. 그중 두 나라 영화에 동시에 나오는 요리가 있는데 바로 수제비다. 일본에선 수제비를 핫토라 부른다. 반죽해 숙성한 밀가루를 손으로 찢어 넣어 끓인다. 나는 유튜브 '침착맨'에 나와 '사과듬뿍 김치 순두제비'란 요리를 선보인 적이 있다. 내게 수제비는 어릴 적 어머니가 추운 겨울 해주던 마음의 고향 같은 음식이다. 지금도 추억이 그리울 땐 만들곤 한다. 물론 어머니의 손맛은 안 나오지만 말이다. 수제비 한 그릇에 어릴 적 그리움과 추억이 아련하다. 그 아련함처럼 이 책을 독자들이 오랫동안 기억해 주길 바란다.

최고민수 요리 역사 특강

초판 1쇄 발행 2026년 3월 10일

지은이 최고민수(박민수)
브랜드 온더페이지
출판 총괄 안대현
편집 김효주, 심보경, 정은솔, 이수빈, 이제호
마케팅 김윤성
표지 디자인 스튜디오 포비
본문 디자인 스튜디오 보글

발행인 김의현
발행처 (주)사이다경제
출판등록 제2021-000224호(2021년 7월 8일)
주소 서울특별시 강남구 테헤란로33길 13-3, 7층(역삼동)
홈페이지 cidermics.com
이메일 gyeongiloumbooks@gmail.com(출간 문의)
전화 02-2088-1804 **팩스** 02-2088-5813
종이 다올페이퍼 **인쇄** 재영피앤비

ISBN 979-11-94508-74-8 (03900)